交通运输部交通强国建设推荐教材
交通运输部综合交通运输理论系列教材
交通运输科技丛书

综合交通运输案例集

《综合交通运输案例集》编委会　编

人民交通出版社股份有限公司

北　京

图书在版编目(CIP)数据

综合交通运输案例集/《综合交通运输案例集》编委会编. — 北京：人民交通出版社股份有限公司，2023.6

ISBN 978-7-114-18816-9

Ⅰ.①综… Ⅱ.①综… Ⅲ.①综合运输—交通运输—案例 Ⅳ.①F512.4

中国国家版本馆 CIP 数据核字(2023)第 092740 号

审图号：GS 京(2023)1215 号

Zonghe Jiaotong Yunshu Anliji

书　　　名：	综合交通运输案例集
著　作　者：	《综合交通运输案例集》编委会
责任编辑：	李　晴　杨　思
责任校对：	孙国靖　卢　弦
责任印制：	张　凯
出版发行：	人民交通出版社股份有限公司
地　　　址：	(100011)北京市朝阳区安定门外外馆斜街 3 号
网　　　址：	http://www.ccpcl.com.cn
销售电话：	(010)59757973
总　经　销：	人民交通出版社股份有限公司发行部
经　　　销：	各地新华书店
印　　　刷：	北京市密东印刷有限公司
开　　　本：	787×1092　1/16
印　　　张：	17.75
字　　　数：	413 千
版　　　次：	2023 年 6 月　第 1 版
印　　　次：	2023 年 6 月　第 1 次印刷
书　　　号：	ISBN 978-7-114-18816-9
定　　　价：	96.00 元

(有印刷、装订质量问题的图书，由本公司负责调换)

交通运输部综合交通运输理论系列教材
编审委员会

主　　任：杨传堂　李小鹏

副 主 任：戴东昌　徐成光　付绪银　赵冲久　宋志勇
　　　　　费东斌

常务委员：李天碧　李国平　黄小平　刘鹏飞　李良生
　　　　　岑晏青　黄　如　方守恩　王稼琼　刘　昕
　　　　　石宝林　刘书斌　张劲泉　易振国　韩　敏
　　　　　徐鹏展　孙永红　张华勤　孙玉清

委　　员：舒　驰　张大为　时　骏　林　强　张星臣
　　　　　金　石　顾祥林　闫学东　初北平　刘　韬
　　　　　胡　昊　吴超仲　杨　丹　丁水汀　唐庆如
　　　　　于　剑　金敬东　王先进　刘占山　李　斌
　　　　　张　杰

《综合交通运输案例集》
编 委 会

主　　　任：孙玉清（大连海事大学）

执行主任：初北平（大连海事大学）

　　　　　梁雪峰（交通运输部人事教育司）

　　　　　汪水银（交通运输部科技司）

　　　　　弓永军（大连海事大学）

副 主 任：匡海波（大连海事大学）

　　　　　贾　鹏（大连海事大学）

　　　　　李　欣（大连海事大学）

委　　　员：（按姓氏笔画排序）

　　　　　王　欣（大连海事大学）

　　　　　王　祺（交通运输部科技司）

　　　　　王显光（交通运输部科学研究院）

　　　　　王壹省（交通运输部天津水运工程科学研究院）

　　　　　孙忠华（交通运输部管理干部学院）

　　　　　杜利楠（交通运输部水运科学研究院）

　　　　　祝　昭（交通运输部公路科学研究院）

　　　　　简艳春（交通运输部规划研究院）

秘 书 组：孙　玺（人民交通出版社股份有限公司）

　　　　　骆嘉琪（大连海事大学）

序
Foreword

　　在党的坚强领导下,我国交通运输事业走过了沧桑巨变的历程,与经济社会发展的关系经历了从"整体滞后"到"瓶颈制约",再到"总体缓解""基本适应"的转变,从根本上改变了基础薄弱、整体落后的面貌,大踏步赶上了时代前进的步伐,创造了"当惊世界殊"的奇迹。我国已成为名副其实的交通大国,正在加快向交通强国迈进。

　　党中央、国务院高度重视综合交通运输体系建设,习近平总书记多次作出重要指示,为现代综合交通运输体系发展指明了方向、提供了根本遵循。习近平总书记强调,综合交通运输进入了新的发展阶段,在体制机制、方式方法、工作措施上都要勇于创新、敢于创新、善于创新,各种运输方式都要融合发展,提高效率和质量,支撑经济发展和民生不断改善;要做立体的规划,整体设计综合交通运输;要加快形成安全、便捷、高效、绿色、经济的综合交通体系。习近平总书记系列重要指示,充分体现了我们党对新形势下综合交通运输发展规律的深刻把握,进一步丰富和发展了综合交通运输理论体系,为构建现代综合交通运输体系、加快建设交通强国提供了理论和实践指引。

　　理论来源于实践。从本质上讲,综合交通运输是现代交通运输发展的一种科学理念和实践活动。新中国成立初期,我国交通基础设施薄弱,综合交通运输理论研究处于起步阶段。1956年,《一九五六——一九六七年科学技术发展远景规划纲要(修正草案)》首次提出现代运输和综合发展的概念,并启动了交通项目建设和运输生产组织等生产性研究。改革开放后,各种运输方式都得到了较快发展,交通基础设施网络初步形成,综合交通运输理论在探索中不断拓展,建设全国统一的综合交通运输网络体系逐渐成为共识。1996年,国务院领导同志提出"我国交通的发展应该以铁路为骨干,公路为基础,充分利用内河、沿海和远洋运输的资源,积极发展航空事业,形成各具不同功能、远近结合、四通八达、全国统一的综合交通运输网络体系"。进入新世纪,交通运输管理体制改革进一步深化，国家组建交通运输部，要求统筹规划铁路、公路、水路、民航以及邮政行业发展，促进了综合交通运输理论研究更加注重不同运输方式协同治理、交通基础设施网络高效衔接和一体化运输服务。党的十八大以来，我国交通运输事业发展取得历史性成就、发生历史性变革。党的十九大作出了建设交通强国的战略部署，习近平总书记发出了加快建设交通强国的动员令。党中央、国务院相继印发《交通强国建设纲要》《国家综合立体交通网规划纲要》，现代综合交通运输体系建设进入加速推进、发挥整体效能的重要时期。为适应新形势新任务，综合交通运输理论更加突出安全、便捷、高效、绿色、经济的价值取向，更加注重大部门治理、经济外部性和全球视野，更加注重探索建立完整系统的理论体系。

理论指导并推动实践。回顾新中国成立七十多年来我国交通运输发展历程，综合交通运输理论不断丰富和拓展，推动交通运输事业爬坡过坎、一路向前，走出了一条有中国特色的现代综合交通运输体系发展道路。立足新发展阶段，我们必须完整、准确、全面贯彻新发展理念，构建新发展格局，这要求我们持续深入开展综合交通运输理论研究，更好指导综合交通运输一体化发展，着力打造一流设施、一流技术、一流管理、一流服务，加快建设人民满意、保障有力、世界前列的交通强国。

交通运输部高度重视综合交通运输理论研究，面向交通运输专业本科生、研究生和行业管理人员，组织编写了《综合交通运输导论》《综合交通运输学》《综合交通运输干部读本》系列教材和《综合交通运输案例集》，旨在帮助交通运输相关专业学生和干部职工坚持系统思维，深刻认识和全面理解交通运输，进而成为综合交通运输事业发展的实践者和推动者。系列教材将结合综合交通运输发展实践和理论研究，及时进行修订完善，确保始终用最新的科学理念和理论方法来教育培养交通运输专业学生和干部职工，为加快建设交通强国、全面建设社会主义现代化国家提供智力和人才支撑。

综合交通运输理论系列教材编审委员会

2021 年 8 月 25 日

前 言
Preface

新中国成立以来,党和国家始终高度重视综合交通运输。1959年,中国科学院成立综合运输研究所,开始探索综合交通运输理论与实践问题。尽管国家对交通运输的管理体制多次变更,但向综合交通运输改革的大方向始终没有改变。2008年,国家组建交通运输部,综合交通运输行政管理体制改革取得重大突破。党的十八大以来,我国交通运输进入了加快建设现代综合交通运输体系的新阶段。2014年,交通运输部提出加快综合交通、智慧交通、绿色交通、平安交通"四个交通"工程建设,正式吹响了向交通强国迈进的号角。

2017年10月,党的十九大报告提出建设交通强国的宏伟战略,交通运输行业近千万干部职工欢欣鼓舞,在各自岗位上为建设交通强国奉献聪明才智与辛勤汗水。中共中央、国务院于2019年9月印发《交通强国建设纲要》,2021年2月印发《国家综合立体交通网规划纲要》,"双纲要"规划出了"建设人民满意、保障有力、世界前列的交通强国"宏伟蓝图。2022年1月,国务院印发《"十四五"现代综合交通运输体系发展规划》,将建设现代综合交通运输体系的工作任务逐一分解落实。2022年10月,党的二十大报告提出加快建设交通强国,我国现代综合交通运输体系建设驶入了快车道。

改革开放四十多年来,几代交通人正如习近平主席在第二届联合国全球可持续交通大会开幕式上的主旨讲话中指出的那样,"逢山开路、遇水架桥,建成了交通大国",特别是党的十八大以来的这十年,"四个交通"工程进入高速度与高质量建设期,大量全球领先的科技成果应用于交通运输行业,使我国交通运输的科技水平从追赶到弯道超车到领跑。我国已经建成全球规模最大的高速铁路网与高速公路网,以及世界级的港口群,铁路、公路、水运、民航客货周转量及港口货物吞吐量等主要指标连续多年位居全球首位。习近平主席在第二届联合国全球可持续交通大会上向各国来宾宣布："我们坚持创新引领，高铁、大飞机等装备制造实现重大突破，新能源汽车占全球总量一半以上，港珠澳大桥、北京大兴国际机场等超大型交通工程建成投运，交通成为中国现代化的开路先锋。"

现代综合交通运输体系建设是一个规模浩大且极为复杂的系统工程，需要工学、理学、管理学、经济学、法学、艺术学、军事学等诸多学科交叉互融、相互支撑。党的十八大以来，我国积极探索现代综合交通运输体系的建设路径，建成了一大批标志性与示范性工程。我们将这些工程用通俗易懂的案例形式梳理出来，便于交通运输行业广大干部职工以理论联系实际的方式阅读与理解。我们在综合立体交通网规划、区域和城市群交通一体化、综合客运服务、综合货运体系和多式联运、综合交通枢纽、综合交通运输信息化、综合交通运输安全和应急、综合交通运输可持续发展、综合交通运输治理等九大方面共梳理出60余个典型案例，同时在附录中编入了全球其他地区和国家在综合交通运输领域可供我国借鉴的5个典型案例。

我们梳理出来的每个典型案例都是一座历史丰碑。从北京大兴国际机场到上海虹桥综合交通枢纽，从青岛自动化码头到天津智慧港口，从成渝现代化综合立体交通枢纽到雄安面向未来的综合立体交通体系，每一项标志性工程都已成为展现我国交通强国形象的亮丽名片。我国交通运输事业的发展始终立足于满足人民群众的生产生活需求，交通运输部通过铁路提速、高速公路网建设、"国家公交都市建设"、打造"四好农村路"、推进"村村通"与"快递下乡"工程等一系列行之有效的举措，不断提升着人民福祉。我国在改革开放之初就提出"要想富先修路"，国家在铁路、公路、港口、机场、枢纽等交通基础设施建设的投资成为拉动国内生产总值高速增长的引擎，大型交通基础设施的建设投资无论是乘数效应还是溢出效应都远远超出预期，为我国经济增长作出了重要贡献。

我们梳理出来的每个典型案例都是一个创新典范。改革开放以来，我国交通运输事业之所以能取得举世瞩目的成就，与整个行业崇尚科技创新、管理创新、投融资创新是分不开的。中国高铁、中国港口、中国路桥、新能源汽车、大飞机、智慧交通数据平台等标志性工程或产品，都是由科技创新引领的。党的十八大以来，我国在大型交通基础设施工程管理、大型交通枢纽运营管理、大都市公共交通组织管理、交通运输应急管理与安全管理等方面走在世界前列，都是由管理创新引领的。交通基础设施建设不仅投资额大、建设期长，且投资回报率低、回收期长，为化解投融资风险，我国在交通基础设施投融资领域不断开拓创新，逐步探索出了"中央投资、地方筹资、社会融资、利用外资"的新模式，建立起了一套完整的"多元筹资、规范高效"的投融资体制。

我们梳理出来的每个典型案例中都隐含着一种无私奉献精神。新中国成立以来，我国由"交通弱国"成为"交通大国"，正在向"交通强国"迈进，这是几代交通人怀着伟大理想，自力更生、艰苦奋斗、无私奉献取得的成绩。从60余个典型案例中，我们可以深刻感受到新时代交通人为国家民族作出的杰出贡献。在交通运输行业中，许多岗位的从业人员长年工作在外、法定节假日在岗、特殊时期战斗在一线，他们或在深山施工，或在高原护路，或在大洋漂泊，或在高空工作，他们爱岗敬业，凝结出了"两路"精神、青藏铁路精神等交通精神。交通人不忘初心，使命必达，做到了始终不负人民群众的信任重托。

我们编写《综合交通运输案例集》是一个尝试，所收集的典型案例仍需不断更新和补充。由于水平所限，书中难免有疏漏和不足之处，敬请广大读者批评指正。

《综合交通运输案例集》编委会
2022 年 12 月 12 日

目 录
Contents

第一章　综合立体交通网规划 ··· 001
　　综合立体交通网规划案例 ··· 001

第二章　区域和城市群交通一体化 ·· 017
　　京津冀区域交通一体化 ·· 017
　　粤港澳大湾区交通一体化 ··· 021
　　成渝地区双城经济圈交通一体化 ·· 025
　　长三角区域交通运输更高质量一体化发展 ·· 029

第三章　综合客运服务 ··· 033
　　广佛两市实施同城化战略，推进公轨协同发展 ·· 033
　　舒城县发展全域公交，支撑乡村振兴 ·· 038
　　北京、上海建设出行即服务平台，打造智慧出行服务新模式 ······························ 043
　　重庆市打造观光交通，实现交旅融合 ·· 048
　　国道G217线构建"交通+旅游"示范工程，完善区域旅游体系 ······························ 053

第四章　综合货运体系和多式联运 ·· 058
　　西安港建设"一带一路"内陆中转枢纽陆海空多式联运示范项目 ···························· 058
　　青岛市构建前港后站、多点支撑的海铁联运创新典范 ······································· 062
　　重庆市推动形成"一带一路"和长江黄金水道无缝衔接的铁水联运新格局 ··············· 067
　　河南省机场集团有限公司打造"空中丝绸之路"空陆联运示范工程 ························ 072
　　武汉市推进"一带一路"、长江经济带集装箱铁水联运示范工程 ··························· 076
　　宁波舟山港实施集装箱海铁公多式联运示范工程 ··· 080
　　建设集装箱铁水联运六条示范线路和物联网示范工程 ······································· 084
　　苏州市城市绿色货运配送示范工程 ··· 089
　　深圳市城市绿色货运配送示范工程 ··· 093
　　长沙市城市绿色货运配送示范工程 ··· 097

安阳市城市绿色货运配送示范工程 ·················· 100

浙江宁海县以"标准引领、信息助推"思路发展农村物流 ·················· 103

四川蓬溪县打造"交通运输+快递超市+网络平台"服务品牌 ·················· 107

江苏如皋市打造"交邮融合、客货同网"服务品牌 ·················· 112

第五章 综合交通枢纽 116

国际航空枢纽：北京大兴国际机场 ·················· 116

上海国际航运中心核心工程：洋山深水港区 ·················· 120

世界级空铁协同枢纽：上海虹桥综合交通枢纽 ·················· 125

现代化站城一体化开发枢纽：雄安站枢纽 ·················· 129

国际陆港枢纽：成都青白江 ·················· 135

第六章 综合交通运输信息化 139

数智赋能港口发展，打造世界一流智慧港口 ·················· 139

构建长江干线数字航道系统，打造航道管理与服务高质量发展新模式 ·················· 144

建设智慧路网，提升服务效能 ·················· 148

中国快递大数据平台 ·················· 153

北京市轨道交通运行监测与智慧指挥调度平台系统 ·················· 157

应用区块链技术创新，推进航运数字化转型 ·················· 161

全国道路货运车辆公共监管与服务平台 ·················· 165

建设综合交通大数据体系，提升数字交通服务治理能力 ·················· 169

开创政企合作模式，打造全国首个出行数据开放应用平台 ·················· 173

京畿坦途，雄心"智"造——京雄智慧高速与未来同行 ·················· 177

网络货运新业态信息化监测监管 ·················· 182

建设交通基础设施科学观测网，打造全寿命周期大数据平台 ·················· 184

第七章 综合交通运输安全和应急 186

全力做好交通物流保通保畅工作 ·················· 186

强化路网服务保障，提升冬奥交通环境 ·················· 189

推进安全生产体系建设，共享平安交通发展成果 ·················· 193

交通运输调度与应急指挥平台 ·················· 197

突发事件和重大工程的公路交通跨省运输保障 ·················· 202

第八章 综合交通运输可持续发展 206

国家公交都市建设 ·················· 206

公路长大桥梁结构健康监测系统建设 ………………………………… 211
江苏省开展绿色出行创建行动，构建绿色出行环境 …………………… 214
上海市便利老年人交通出行，推进"一键叫车" …………………………… 216
加快新能源汽车推广应用，推进绿色低碳交通发展 …………………… 218
长江经济带船舶和港口污染防治 ………………………………………… 220
碧海行动贯彻绿色发展理念，做好海上"污染防治攻坚战"示范 ……… 222
节能降碳减污协同增效，生态环境质量持续改善 ……………………… 224
实施绿色公路建设，助力人与自然和谐共生 …………………………… 226
津冀沿海打造绿色低碳港口 ……………………………………………… 228

第九章 综合交通运输治理 ………………………………………… 230

主动融入国土空间规划"一张图"，多措并举优化交通运输规划 ……… 230
以"标准化"引领综合客运枢纽高质量发展 ……………………………… 232
服务构建新发展格局，建设全要素"大交管"基础型 …………………… 234
交通基础设施投融资政策创新案例 ……………………………………… 236
交通运输行业科技创新人才推进计划 …………………………………… 238
推动中央科技改革举措先行先试，激发创新创造活力 ………………… 240
"四好农村路"高质量发展案例 …………………………………………… 242
以"互联网+新业态"理念，打造出行新模式 …………………………… 247
打造"零待时"服务品牌，促进水运供应链提质增效 …………………… 249

附　录　全球综合交通运输典型案例 ……………………………… 251

区域交通一体化典型案例——欧盟 ……………………………………… 251
轨道上的城市典型案例——日本 ………………………………………… 254
大航空集群典型案例——美国 …………………………………………… 257
多网融合典型案例——英国 ……………………………………………… 260
国际航运中心典型案例——新加坡 ……………………………………… 263

第一章
综合立体交通网规划

综合立体交通网规划案例

案例摘要

为加快建设交通强国,构建现代化高质量国家综合立体交通网,支撑现代化经济体系和社会主义现代化强国建设,2021年2月,中共中央、国务院印发了《国家综合立体交通网规划纲要》(简称《纲要》)。《纲要》对我国未来30年的综合立体交通网进行了系统谋划,规划对象为铁路、公路、水运、民航和邮政的国家级交通基础设施,主要解决全国范围跨区域综合交通网络和枢纽布局问题。《纲要》把握"综合"和"立体"两个关键,充分发挥各种运输方式的比较优势和组合效率;把握高质量发展要求,从推进安全发展、智慧发展、绿色发展和人文建设,提升治理能力等方面强化了指导;在研究过程中创新规划方法,建立各种运输方式统一的需求预测分析框架、地理信息平台,构建了综合交通网络规划模型。各省市进一步贯彻落实国家规划,陆续研究出台了本地区综合立体交通网规划,成为统筹推进现代化综合立体交通网建设的指导性文件。

关键词

综合立体、统筹融合、高质量发展

第一节 《国家综合立体交通网规划纲要》的研究背景与基本思路

(一)研究背景

改革开放特别是党的十八大以来,我国综合交通运输发展取得了举世瞩目的成就,基础设施网络规模与运输服务能力居世界前列,人民群众获得感明显增强,有效促进了国土空间开发保护、城乡区域协调发展、生产力布局优化,为决胜全面建成小康社会提供了有力支撑。进入新时代,与全面建设社会主义现代化强国、满足人民日益增长的美好生活需要相比,我国交通运输发展还存在一些短板,不平衡不充分问题仍然突出,主要表现为:综合交通网络布局仍需完善,结构有待优化,互联互通和网络韧性还需增强;综合交通统筹融合亟待加强,资源集约利用水平有待提高,交通运输与相关产业协同融合尚需深化,全产业链支撑能力仍需提升等。

对此,党中央、国务院高度重视交通运输发展。党的十九大作出了建设交通强国的战略部署。2019年9月,中共中央、国务院印发《交通强国建设纲要》,明确提出建设现代化高质量综合立体交通网络。2020年10月,党的十九届五中全会提出加快建设交通强国,完善综合运输大通道、综合交通枢纽和物流网络。为贯彻落实党中央、国务院决策部署,在刘鹤副总理任组长的交通强国建设纲要起草组领导下,交通运输部会同有关部门和单位成立了《纲要》研究总体组、协调组、6个行业组、12个专题组、32个地方组和7个区域组,协同开展纲要研究工作,形成了"1+5+32+7"的成果体系。

《纲要》属于国家发展规划体系中重要的专项纲要,对我国未来30年的综合立体交通网进行了系统谋划,研究对象为铁路、公路、水运、民航和邮政的国家级交通基础设施,主要解决全国范围跨区域综合交通网络和枢纽布局问题,对各行业纲要、区域及省级综合立体交通网纲要研究具有重要的指导作用。

(二) 基本思路

《纲要》以习近平新时代中国特色社会主义思想为指导,深入贯彻党的十九大和十九届历次全会精神,坚持系统观念,创新理论方法,坚持问题导向、目标导向与需求导向相结合,统筹考虑国际与国内、当前与长远、存量与增量、传统与新型、发展与安全,加强顶层谋划,充分体现了"统、合、联"的基本思路。

"统",即加强统领统筹。长期以来,各种运输方式布局规划更多侧重自身行业发展,在资源配置上缺乏统筹,集约发展不足,需要加强各种运输方式规划、结构、功能和布局的系统谋划。一是强化战略统领,以支撑服务国家重大战略实施、全面建设社会主义现代化强国统领综合交通运输体系发展,全面落实《交通强国建设纲要》重点任务。二是强化规划统筹,统筹铁路、公路、水运、民航、邮政等国家级基础设施规划建设,系统设计我国综合立体交通网空间布局和形态。

"合",即加强整合融合。充分契合各方面发展需求、融合各运输方式规划,形成工作合力。一是契合需求,通过建立统一的综合交通运输需求预测分析模型,充分考虑各运输方式技术经济比较优势,全面响应各行业发展诉求。二是融合规划,对各运输方式国家级中长期布局规划、32个省级中长期布局规划进行衔接平衡,不断反复优化调整,优化存量资源利用,扩大优质增量供给。三是形成合力,各行业组、地方组、专题组充分对接,强化行业互动、上下联动、部门协同。

"联",即加强联接联通。着力推进各种运输方式补短板、促联接,全面提升交通基础设施的网络化水平和衔接转换效率。一是完善各种运输方式网络布局,提高通达程度,充分发挥网络效应。二是加强各种运输方式联接,着力推进立体互联,构筑多层级、一体化的综合交通枢纽系统。三是加强国际与国内运输通道联接、城市群之间综合运输大通道联接、城市群内部城际交通联接、中心城市与卫星城镇联接、城市内外交通衔接。

根据上述思路,在大量研究工作的基础上,中共中央、国务院印发《纲要》,明确了我国综合立体交通网的发展目标,并就优化国家综合立体交通网布局、推进综合交通统筹融合发展、推进综合交通高质量发展作出了总体部署。各省市贯彻落实国家纲要,陆续研究出台了本地区综合立体交通网规划纲要,成为统筹推进现代化综合立体交通网建设的指导性文件。

第二节 国家综合立体交通网布局

(一)内容简介

1. 研究思路

坚持目标导向与需求导向相结合,坚持统筹存量与增量、传统与新型交通发展,统筹考虑国家政治、经济、社会,以及国土、生态、安全等方面的要求,充分利用全行业数据、移动通信和互联网大数据,搭建多种运输方式一体的网络预测分配模型,按照"空间协调、功能融合、定量支撑、综合衔接"的布局思路,以重要城市、产业集群、区域通道、主要枢纽节点和口岸等为切入点,以着力完善网络布局、优化体系结构、加强衔接协调、提升服务品质和增强系统韧性为思路,对各种运输方式的规划研究方案进行统筹优化和衔接平衡。

一是空间协调。充分考虑国家未来国土空间开发格局,以及人口、产业和生产力布局的空间特征,经聚类分析,提出多中心、多层次、网络化的国家综合立体交通网空间布局基本形态。结合客货运输量流向、空间分布特点及演变趋势,围绕城市群、城市圈、中心城市、重要工业能源生产消费区域和主要口岸等重要节点,布局形成各种运输方式资源优化配置、比较优势充分发挥、运输强度最大的交通主动脉。

二是功能融合。各种运输方式依据各自发展需要和功能定位,以两阶段规划目标为导向,继续优化规模结构、完善功能布局、提升发展质量,以县级行政单元为基础节点,在同一尺度下提出各种运输方式的规划布局方案。以此为基础,在统一框架下统筹考虑铁路、公路、水运、民航、管道和邮政的需求特征,按照减少土地占用、提高资源利用效率的总体要求,对各种运输方式的规划方案进行统筹协调,着力优化存量,精化增量。

三是定量支撑。从客货运输服务的功能和本质出发,建立铁路、公路、水运、民航、管道、邮政等统一的分析框架、地理信息系统(GIS)平台和基础数据库,结合对各种运输方式技术经济特征的量化处理,综合研究客货运输的发生、吸引和分布,采用以枢纽为转换节点的网络分配模型,为实现各运输方式的高效集约提供量化支撑。

四是综合衔接。以需求预测及理论模型为研究基础,强化定量与定性、理论与实践相统一,结合国家经济产业布局和国土空间发展格局,充分考虑政治、国土均衡等功能需求,深入做好与国土、城市、环境及国民经济发展规划的衔接协调,不断完善国家综合立体交通网布局方案。

2. 布局方案

(1)国家综合立体交通网布局方案

到2035年,国家综合立体交通网实体线网总规模合计70万公里左右(不含国际陆路通道境外段、空中及海上航路和邮路里程)。其中,铁路长20万公里左右,公路长46万公里左右,高等级航道长2.5万公里左右。沿海主要港口有27个,内河主要港口有36个,民用运输机场有400个左右,国家邮政快递枢纽有80个左右。

铁路方面,国家铁路网包括高速铁路、普速铁路,合计20万公里左右。其中,高速铁路长

7万公里(含部分城际铁路),普速铁路长13万公里(含部分市域铁路)。形成"八纵八横"高速铁路主通道为骨架、区域性高速铁路衔接的高速铁路网;若干条纵横普速铁路主通道为骨架、区域性普速铁路衔接的普速铁路网。京津冀、长三角、粤港澳大湾区、成渝地区双城经济圈等重点城市群率先建成城际铁路网,其他城市群城际铁路逐步成网。研究推进超大城市间高速磁悬浮通道布局和试验线路建设。

公路方面,包括国家高速公路网、普通国道网,合计46万公里左右。其中,国家高速公路网长16万公里左右,由7条首都放射线、11条纵线、18条横线及若干条地区环线、都市圈环线、城市绕城环线、联络线、并行线组成;普通国道网长30万公里左右,由12条首都放射线、47条纵线、60条横线及若干条联络线组成。

水运方面,包括国家航道网和全国主要港口。国家航道网由国家高等级航道和国境国际通航河流航道组成。其中,"四纵四横两网"的国家高等级航道长2.5万公里左右;国境国际通航河流主要包括黑龙江、额尔古纳河、鸭绿江、图们江、瑞丽江、澜沧江、红河等。全国主要港口合计63个,其中沿海主要港口有27个、内河主要港口有36个。

民航方面,包括国家民用运输机场和国家航路网。国家民用运输机场合计400个左右,基本建成以世界级机场群、国际航空(货运)枢纽为核心,区域枢纽为骨干,非枢纽机场和通用机场为重要补充的国家综合机场体系。按照突出枢纽、辐射区域、分层衔接、立体布局,先进导航技术为主、传统导航技术为辅的要求,加快繁忙地区终端管制区建设,加快构建结构清晰、衔接顺畅的国际航路航线网络;构建基于大容量通道、平行航路、单向循环等先进运行方式的高空航路航线网络;构建基于性能导航为主、传统导航为辅的适应各类航空用户需求的中低空航路航线网络。

邮政快递方面,包括国家邮政快递枢纽和邮路。国家邮政快递枢纽主要由北京天津雄安、上海南京杭州、武汉(鄂州)郑州长沙、广州深圳、成都重庆西安等5个全球性国际邮政快递枢纽集群、20个左右区域性国际邮政快递枢纽、45个左右全国性邮政快递枢纽组成。依托国家综合立体交通网,布局航空邮路、铁路邮路、公路邮路、水运邮路。

(2)国家综合立体交通网主骨架布局方案(图1-1)

国家综合立体交通网主骨架是我国区域间、城市群间、省际以及连通国际运输的主动脉,是支撑国土空间开发保护的主轴线,是各种运输方式资源配置效率最高、运输强度最大的骨干网络。

国家综合立体交通网主骨架实体线网里程长29万公里左右。其中,国家高速铁路长5.6万公里,普速铁路长7.1万公里;国家高速公路长6.1万公里,普通国道长7.2万公里;国家高等级航道长2.5万公里。

加快构建6条主轴,是要加强京津冀、长三角、粤港澳、成渝4极之间联系,建设京津冀—长三角、京津冀—粤港澳、京津冀—成渝、长三角—粤港澳、长三角—成渝、粤港澳—成渝6条综合性、多通道、立体化、大容量、快速化的交通主轴,充分发挥促进全国区域发展南北互动、东西交融的重要作用。

加快构建7条走廊,是要强化京津冀、长三角、粤港澳、成渝4极的辐射作用,加强极与组群和组团之间联系,建设京哈、京藏、大陆桥、西部陆海、沪昆、成渝昆、广昆7条多方式、多通道、便捷化的交通走廊,优化完善多中心、网络化的主骨架结构。

第一章　综合立体交通网规划

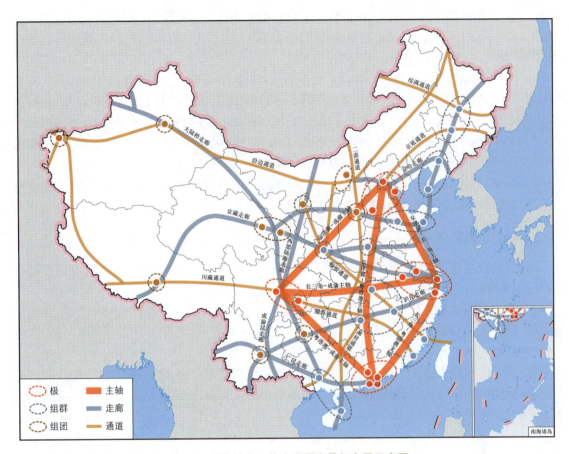

图 1-1　国家综合立体交通网主骨架布局示意图

加快构建 8 条通道,是要强化主轴与走廊之间的衔接协调,加强群与组团之间、组团与组团之间联系,加强资源产业集聚地、重要口岸的连接覆盖,建设绥满、京延、沿边、福银、二湛、川藏、湘桂、厦蓉 8 条交通通道,促进内外连通、通边达海,扩大中西部和东北地区网络覆盖。

(3) 国家综合交通枢纽系统布局方案

国家综合交通枢纽系统布局方案提出要建设综合交通枢纽集群、枢纽城市及枢纽港站"三位一体"的国家综合交通枢纽系统;建设面向世界的京津冀、长三角、粤港澳大湾区、成渝地区双城经济圈 4 大国际性综合交通枢纽集群;加快建设 20 个左右国际性综合交通枢纽城市以及 80 个左右全国性综合交通枢纽城市;推进一批国际性枢纽港站、全国性枢纽港站建设。

一是建设国际性综合交通枢纽集群。要形成以北京、天津为中心联动石家庄、雄安等城市的京津冀枢纽集群,以上海、杭州、南京为中心联动合肥、宁波等城市的长三角枢纽集群,以广州、深圳、香港为核心联动珠海、澳门等城市的粤港澳大湾区枢纽集群,以成都、重庆为中心的成渝地区双城经济圈枢纽集群。

二是加快建设国际性综合交通枢纽城市。要建设北京、天津、上海、南京、杭州、广州、深圳、成都、重庆、沈阳、大连、哈尔滨、青岛、厦门、郑州、武汉、海口、昆明、西安、乌鲁木齐等 20 个左右国际性综合交通枢纽城市。

三是推进建设国际性综合交通枢纽港站:

国际铁路枢纽和场站方面，要在北京、上海、广州、重庆、成都、西安、郑州、武汉、长沙、乌鲁木齐、义乌、苏州、哈尔滨等城市以及满洲里、绥芬河、二连浩特、阿拉山口、霍尔果斯等口岸建设具有较强国际运输服务功能的铁路枢纽场站。

国际枢纽海港方面，要发挥上海港、大连港、天津港、青岛港、连云港港、宁波舟山港、厦门港、深圳港、广州港、北部湾港、洋浦港等国际枢纽海港作用，巩固提升上海国际航运中心地位，加快建设辐射全球的航运枢纽，推进天津北方、厦门东南、大连东北亚等国际航运中心建设。

国际航空（货运）枢纽方面，要巩固北京、上海、广州、成都、昆明、深圳、重庆、西安、乌鲁木齐、哈尔滨等国际航空枢纽地位，推进郑州、天津、合肥、鄂州等国际航空货运枢纽建设。

国际邮政快递处理中心方面，要在国际邮政快递枢纽城市和口岸城市，依托国际航空枢纽、国际铁路枢纽、国际枢纽海港、公路口岸等建设40个左右国际邮政快递处理中心。

（二）借鉴意义

国家综合立体交通网布局方案的研究思路和方法，对于各行业、各地区的综合交通规划研究工作具有十分重要的指导和借鉴意义。

一是各种方式综合化。立足我国综合交通进入连网贯通的阶段特征，把握"综合"和"立体"两个关键，充分发挥各种运输方式的比较优势和组合效率，完善综合交通网络布局，实现了"宜铁则铁、宜公则公、宜水则水、宜空则空"。

二是空间布局立体化。综合立体交通网主骨架包括空中走廊、陆路通道、海上航线和交通枢纽等，统筹综合交通通道规划建设，集约节约利用通道资源，促进了交通通道由单一向综合、由平面向立体发展。

三是规划研究方法的创新。运用系统理论、运筹学和运输经济理论，构建综合交通网络规划模型，建立各种运输方式统一的需求预测分析框架、地理信息平台和基础数据库，综合研究客货运输生成和目标年运输需求分布，通过量化各方式技术经济特征进行方式划分，合理分配各方式运量，为各种运输方式高效集约布局提供了量化支撑。

四是工作机制的创新。建立工作机制，创新组织方式，充分发挥行业、部门、地方优势，组建总体组、协调组、6个行业组、7个区域组、32个地方组和12个专题组，组织近千名专家和人员协同开展工作，加强横向沟通、上下联动，形成工作合力。成立由铁路、公路、水运、民航、管道、邮政各行业规划研究单位人员组成的工作专班，紧密配合、相互支撑、集中工作、联合攻关，最大限度提高工作效率，确保了工作质量。

第三节 《江苏省综合立体交通网规划纲要》

（一）内容简介

江苏省位于我国东部地区，经济社会和交通运输发展水平处于全国领先位置。为贯彻落实《国家综合立体交通网规划纲要》，全面推进交通强省建设，打造交通运输现代化示范区，江苏省研究编制了《江苏省综合立体交通网规划纲要》，从便捷顺畅、经济高效、低碳集约、智能先进、安全可靠等五个维度提出了具体发展目标和指标，并展望了到21世纪中叶的发展目标。

一是提出到2035年，基本建成便捷顺畅、经济高效、低碳集约、智能先进、安全可靠的现代化高质量综合立体交通网,具有世界级城市群特征的综合立体交通网络高效畅达,有力支撑"123 出行交通圈"(1 小时都市圈通勤、2 小时畅行江苏、全国主要城市 3 小时覆盖)和"123 快货物流圈"(国内 1 天送达、周边国家 2 天送达、全球主要城市 3 天送达)。交通基础设施质量、智能化与绿色化水平居世界前列。

二是强化国家综合立体交通网主骨架在省域内的连通和延伸。深入实施国家区域重大战略,强化国家综合立体交通网"6 轴、7 廊、8 通道"主骨架在省域范围内的连通和延伸,加强主轴、走廊、通道之间的衔接协调,进一步拓展江苏接轨长三角、京津冀、粤港澳大湾区和成渝地区双城经济圈等多通道、立体化、快速化的交通主轴。加快省域一体化发展,着力推动综合交通主骨架更高水平的网络化,做好区域互补、跨江融合、南北联动,服务全省国土空间总体格局和沿江沿河沿湖沿海空间布局优化。总体上形成"七纵六横"综合运输通道格局和以南京为核心的"一核九向"放射状通道形态(图 1-2)。

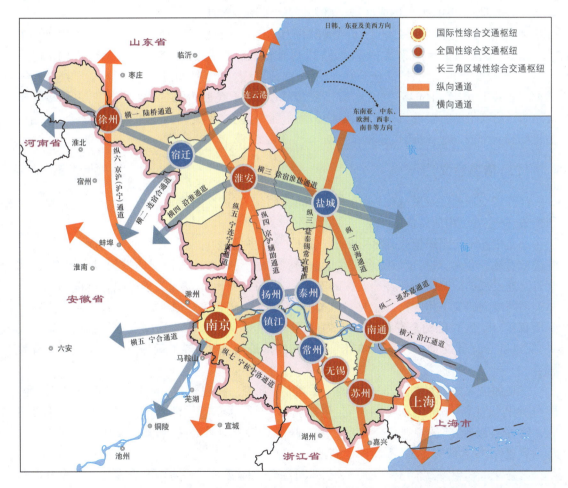

图 1-2　江苏省"七纵六横,一核九向"省域综合运输通道布局示意图

三是以"加减乘除"促进交通网络的优化与提升。做加法,补交通基础设施短板,对外"紧密周边、经略世界",对内"从系统最大到系统最优",持续加大力度补齐铁路、航空、过江通道等突出短板,加速提升省域综合交通运输体系的网络效应和整体效率。做减法,优化交通网络

功能结构，在城市群和都市圈地区突出规划统筹，实现供给和需求更高水平的动态平衡，突出绿色发展，对一些生态敏感的特殊区域作减量化考虑。做乘法，存量优化和增量建设并举，做好存量设施的功能优化调整、绿色智能改造，同时展望未来，关注在特定区域可能会率先突破既有设施标准、规则等的新设施，实现交通系统乘数效应。做除法，着力破除体制掣肘，进一步完善交通规划机制，综合考虑资金、土地、环保等要素约束，积极探索城市群地区综合交通规划的机制创新，把握长三角一体化发展契机，探索从项目协同走向区域一体化制度创新，为全国其他城市群地区交通一体化发展提供样本。

四是以"融合共享"打造综合立体交通枢纽三大板块。提出打造融合共享的综合立体交通枢纽，建设宁镇扬、苏锡常通泰盐、连徐淮宿三大枢纽板块。既可以推动各城市以枢纽板块整体优势，在更高层次参与区域合作竞争，吸引高端要素集聚，又可以通过构建一体联动、协同高效的枢纽板块，打破"行政区经济"束缚，打通要素流通"看不见的边界"，从而充分发挥枢纽城市的辐射带动作用，助力形成区域经济发展的"新引擎"。

到 2035 年，全省综合交通干线网规模约为 3.54 万公里，交通网络结构进一步优化。干线、城市群城际和都市圈市域（郊）铁路长约 8300 公里，在综合交通干线网中占比提升至 23.4%；公路网络不断完善，高速公路长约 7100 公里，占比约为 20.1%，普通国省干线公路长约 16000 公里，占比约为 45.2%；水运优势持续发挥，干线航道长约 4000 公里，占比提升至 11.3%。沿江沿海主要港口有 5 个，其中国际枢纽海港有 1 个；内河主要港口有 3 个；民用运输机场有 9 个或以上；邮政快递枢纽有 7 个。

（二）借鉴意义

江苏省交通运输发展基础较好、水平较高，致力于打造交通运输现代化示范区，其规划组织模式、研究方法均值得借鉴。

一是创新工作组织模式，整体谋划省市县三级交通规划。江苏省交通运输厅与各设区市党委政府逐一会商、对接市域综合交通运输发展规划，厅市共建共议交通发展重大问题，推动全省交通发展的战略谋划与各地发展的实际需求有机融合。印发《关于组织开展市县综合立体交通网规划研究工作的指导意见》，在全国率先将综合立体交通网规划研究编制工作布置到所有县（市、区），推动全省各设区市、71 个县（市、区）综合立体交通网规划研究取得稳定成果，促进综合立体交通网主骨架在市、县层面的落地落实，实现了国家、省与地方发展有效融合。

二是加强规划研究论证，深入开展一系列专项研究。构建了省、市、县三级规划组织体系，即"1 个省级规划 +6 个省级专项研究（包括铁路、公路、水运、民航、邮政、管道）+13 个市级研究 +71 个县级研究"的规划研究体系。多次赴国家部委沟通汇报，加强衔接协调。广泛征求意见和建议，深入研究论证，不断深化完善。

三是深入领会"综合立体"关键要义，推进综合立体交通网络协调融合发展。注重各运输方式间的立体互联、交通与空间要素的融合发展、交通对经济产业的支撑引领。强化与国土空间规划衔接，组织各公铁水空条线、各设区市开展交通基础设施国土空间控制规划工作，建立与省自然资源厅、生态环境厅常态化沟通机制，推动重大交通项目清单及电子地图纳入全省国土空间规划，强化了通道线位资源预控。

第四节 《安徽省综合立体交通网规划纲要》

(一)内容简介

安徽省位于我国中部地区,正在加快融入长三角地区交通运输更高质量一体化进程。为贯彻落实《国家综合立体交通网规划纲要》,加快建设交通强省,支撑新阶段现代化美好安徽建设,安徽省研究编制了《安徽省综合立体交通网规划纲要》。安徽省综合立体交通网通道枢纽布局示意如图1-3所示。

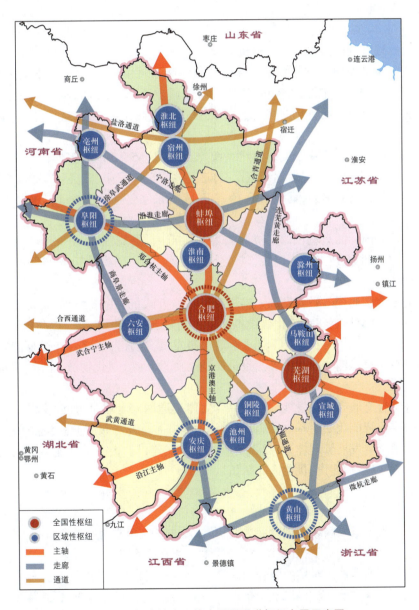

图1-3 安徽省综合立体交通网通道枢纽布局示意图

一是提出到 2035 年，基本建成便捷顺畅、经济高效、绿色集约、智能先进、安全可靠的现代化高质量综合立体交通网，实现旅客联程运输便捷顺畅，货物多式联运高效经济，有力支撑"安徽 123 出行交通圈"和"安徽 123 快货物流圈"。交通运输高质量发展水平显著提升，为新阶段现代化美好安徽建设提供有力支撑。到本世纪中叶，全面建成现代化高质量综合立体交通网，拥有全国一流的交通基础设施体系，清洁化、自动化、智能化交通运输装备广泛应用，实现"人享其行、物优其流"，全面建成交通强省，为全面建成新阶段现代化美好安徽提供先行保障。

二是构建完善的综合立体交通网。到 2035 年，安徽省综合立体交通网实体线网总规模合计 5.8 万公里左右（不含空中航路、邮路里程）。其中，铁路长约 1.1 万公里，公路长约 3.6 万公里，干线航道长约 3300 公里，油气管道干线网长约 8500 公里。内河港口有 16 个，民用运输机场有 11 个，区域级及以上邮政快递枢纽有 16 个。

三是打造"4 轴 5 廊 6 通道"的安徽省综合立体交通网主骨架。打造京港澳、武合宁、沿江、郑合杭 4 条综合性、立体化、大容量、快速化的交通主轴，建设沿淮、商阜景、连芜黄、宁洛、徽杭 5 条多方式、多路径、便捷化的交通走廊，建设徐阜武、盐洛、合青、合西、合福、武黄 6 条交通通道。

四是建设多层级一体化综合交通枢纽系统。建设"1+5+10"的多层次综合交通枢纽城市，培育合肥 1 个国际性综合交通枢纽城市，打造芜湖、蚌埠、阜阳、安庆、黄山 5 个全国性综合交通枢纽城市，建设滁州、宿州、马鞍山等 10 个区域性综合交通枢纽城市。建设 70 个左右综合客货运枢纽港站。

五是完善面向国际的运输网络。立足安徽更大范围、更宽领域、更深层次对外开放新格局，以国际性综合交通枢纽港站为龙头，以对外综合运输大通道为依托，构筑水陆空邮四位一体的国际运输体系。

六是推进综合交通统筹融合发展。推进各种运输方式统筹融合发展，统筹综合交通通道规划建设，推进综合交通枢纽一体化建设。推进区域交通运输协调发展，提高与沪苏浙地区交通运输一体化水平，推进"一圈五区"交通运输协调发展，提升合肥综合交通枢纽能级。推动城市内外及城乡交通运输一体化发展。推进交通与邮政快递、现代物流、旅游、装备制造等相关产业融合发展。

七是推进综合交通高质量发展。提升综合立体交通网安全水平，加强交通运输保障体系建设。建设数字化智能化交通基础设施，推进运输服务智能化升级，构建交通运输智能化管理体系。构建绿色交通发展管理体系，加强交通运输人文建设。提升治理能力，深化行业改革，优化营商环境，加强法治建设，优化人才队伍。

（二）借鉴意义

安徽省高度重视融入国家区域发展战略，积极参与长三角交通一体化对接，着力提高与沪苏浙地区交通运输一体化水平，其思路方法、具体举措值得借鉴。

一是强化与沪苏浙地区对接的综合立体交通网主骨架建设，重点打造武合宁、沿江、郑合杭 3 条主轴，沿淮、连芜黄、宁洛、徽杭 4 条走廊，徐阜武、盐洛、合青、合福、武黄 5 条通道。统筹规划建设省际通道，打通省际"断头路"，畅通省际航道，提升省际互联互通水平。形成连通江苏的铁路 14 条、高速公路省际出口 28 个、干线航道 5 条，连通浙江的铁路 5 条、高速公路省际出口 8 个、干线航道 1 条。

二是打造优势互补、分工协作、互利共赢的长三角枢纽集群，协同推进港口群、机场群建设，共同谋划新基建发展，实现整体效益最大化，打造交通高质量发展先行区。

三是加强合肥都市圈与上海大都市圈、南京都市圈、杭州都市圈互联互通，加强长三角区域城市公交系统互联互通互认，提高区域运输市场一体化水平，共建长三角地区交通运输物流公共服务平台，统筹区域运力配置与运输组织，提升长三角运输服务一体化水平和效率。

第五节 《重庆市综合立体交通网规划纲要（2021—2035 年）》

（一）内容简介

重庆市位于我国西部地区，是国际性综合交通枢纽城市。为贯彻落实《国家综合立体交通网规划纲要》，构建现代化高质量综合立体交通网，更好服务现代化经济体系和社会主义现代化建设，重庆市研究编制了《重庆市综合立体交通网规划纲要（2021—2035 年）》。

一是提出到 2035 年，基本建成西部国际综合交通枢纽，基本形成"123 出行交通圈"（成渝地区双城经济圈提出的 4 个"1 小时交通圈"，即成渝双核之间 1 小时通达、成渝双核至周边主要城市 1 小时通达、成渝地区相邻城市 1 小时通达、重庆都市圈 1 小时通勤；市域 2 小时畅行；全国主要城市 3 小时覆盖）和"123 快货物流圈"，基本建成便捷顺畅、经济高效、绿色集约、智能先进、安全可靠的现代化高质量综合立体交通网，交通基础设施高质量、现代化水平居全国前列，交通产业发展水平全国领先。

二是构建面向国际、畅通全国的"4 向 3 轴 6 廊"对外运输大通道。构建"4 向通道"，即南向打造西部陆海新通道物流和运营组织中心，西向推动中欧班列（成渝）高质量发展，东向优化畅通长江经济带综合交通主轴，北向拓展渝满俄国际铁路班列辐射范围，同时强化国际航空枢纽功能。构建"3 条主轴"，即建设重庆至京津冀、长三角、粤港澳大湾区交通主轴，强化与国家综合立体交通网其他"极"之间的联系。构建"6 条走廊"，即建设重庆至北部湾、至滇中、经成都至拉萨、经兰西至天山北坡、至宁夏、至海峡西岸等交通走廊，加强重庆与国家综合立体交通网"极"与"组群""组团"之间联系。

三是构建"1 带 1 圈 2 射 4 联"市域交通主骨架（图 1-4）。打造 1 条成渝主轴发展带，构建成渝地区双城经济圈北线、中线、南线 3 条交通轴，形成综合运输复合通道，实现成渝双核 1 小时畅达。打造 1 个都市交通圈，着眼重庆主城都市区强核提能级、扩容提品质，推动轨道交通"四网融合"，优化高快速公路空间布局，形成"4 环 10 线 5 横 6 纵"骨架网络。打造 2 条综合射线通道，构建连接重庆主城都市区与渝东北城镇群、渝东南城镇群之间综合射线通道，实现重庆"一区"和"两群"中心城市 1 小时快速通达、市域 2 小时全覆盖。打造 4 条联络通道，强化成渝地区双城经济圈毗邻地区一体化发展，实现 1 小时通达。

四是构建绿色低碳、便捷舒适的城市交通网络。以轨道交通引领城市发展，构建以城市轨道交通为骨干、公共汽电车为主体的城市公共交通系统，有序发展共享交通，促进城市交通多方式协同，提高出行品质。

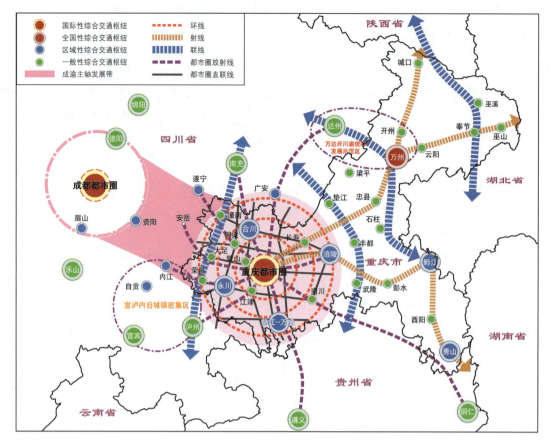

图 1-4 重庆市域交通主骨架布局示意图

五是建设成渝地区双城经济圈国际性综合交通枢纽集群。按照"三位一体"综合交通枢纽体系构建要求,打造"1+1+6+22"多层级一体化综合交通枢纽体系,即建设 1 个国际性综合交通枢纽城市、1 个全国性综合交通枢纽、6 个区域性综合交通枢纽、22 个一般性综合交通枢纽。

六是统筹综合交通融合发展。推动成渝地区双城经济圈交通一体化发展、"一区两群"交通协调发展、城乡交通运输一体化发展。通过综合交通通道统筹建设、综合交通枢纽一体化规划建设,推进各种运输方式一体化发展。推进交通与重庆市轨道交通、新能源及智能网联汽车、航空器等优势产业集群融合发展,推进重庆临空经济示范区建设,大力发展枢纽经济。

七是推进交通运输高质量发展。推动智慧公路、智慧港口、智慧航道、智慧枢纽等新型基础设施建设,培育优质高效的交通服务新业态,创建协同开放的交通科创新高地。推进绿色发展和人文建设。完善跨部门、跨区域综合交通运输发展协调机制,加快建立统一开放、竞争有序的交通行业市场。

(二) 借鉴意义

重庆市是我国西部内陆地区开放高地,是国际性综合交通枢纽城市。该纲要对强化枢纽功能、支撑本地区国土空间布局均有深入研究,其思路方法值得类似地区借鉴。

一是以建设国际性综合交通枢纽为核心,开展综合立体交通网规划纲要研究。《重庆市综合立体交通网规划纲要(2021—2035 年)》聚焦国际性综合交通枢纽城市战略定位,布局内外通道网络与港站枢纽体系,可作为构建枢纽集群、枢纽城市、枢纽港站"三位一体"综合交通枢纽体系的优秀典范。

二是以支撑各层级重大战略为导向,研究布局综合立体交通网方案。纲要按照"以全局谋划一域、以一域服务全局"的思路,围绕有力支撑国家重大战略和区域经济布局,积极发挥了交通对重庆国土空间开发保护、产业发展、"一区两群"协调发展格局以及建设内陆开放高地的先行引领和基础支撑作用。

三是以经济社会与交通运输发展实际为基础,充分体现重庆特色。纲要基于重庆市经济社会、交通运输所处发展阶段与实际条件,在发展目标中提出成渝地区双城经济圈建设 4 个"1 小时交通圈"、市域 2 小时畅行、全国主要城市 3 小时覆盖。在任务体系中,纲要结合重庆山城特点布局城市交通网络,结合优势产业集群谋划交通与装备制造等产业融合发展,从而确保了符合重庆实际,发挥引领作用。

第六节 《甘肃省综合立体交通网规划纲要》

(一)内容简介

甘肃省位于我国西部地区,在丝绸之路经济带建设中具有十分重要的战略地位。为深入贯彻《国家综合立体交通网规划纲要》,努力把甘肃交通打造成为支撑国家战略实施的枢纽通道新高地和促进区域经济发展的运输服务新高地,甘肃省研究编制了《甘肃省综合立体交通网规划纲要》。

一是提出到 2035 年,基本建成便捷顺畅、经济高效、绿色集约、智能先进、安全可靠的现代化高质量综合立体交通网,基本形成"123"出行交通圈和快货物流圈,旅客出行全链条便捷程度显著提高,运输结构更加优化,物流成本进一步降低。铁路网覆盖全面拓展,基本实现市级行政中心 45 分钟上高速铁路、县级行政中心 60 分钟上铁路;国省干线公路畅达城镇,实现县级行政中心 15 分钟上国道、30 分钟上高速公路;民用运输机场布局进一步完善,基本实现市级行政中心 60 分钟到机场;水运、邮政等基础设施持续完善,在综合交通运输体系中的比较优势充分发挥。综合交通网络衔接转换更加顺畅,交通基础设施无障碍化率大幅提升。综合运输通道资源利用的集约化、综合化水平大幅提高,基本实现交通基础设施全要素、全过程、全周期绿色化、数字化。交通网络韧性和应对各类重大风险能力显著增强,设施安全隐患防治能力大幅提升。交通运输有效满足人民日益增长的美好生活需要。此外,纲要从便捷顺畅、经济高效、绿色集约、智能先进、安全可靠等五个维度提出了具体发展目标和指标,并展望了到本世纪中叶的发展目标。

二是提出以统筹融合为导向,着力补短板、重衔接、优网络、提效能,注重存量资源优化利用和优质增量供给,完善铁路、公路、水运、民航、邮政快递等基础设施网络,构建以铁路为主干、公路为基础,水运、民航比较优势得到充分发挥的全省综合立体交通网。到 2035 年,全省综合立体交通网实体线网总规模合计 4.8 万公里左右(不含空中航路、邮路里程)。其中,铁路长 0.9 万公里左右,公路长 3.8 万公里左右,内河航道长 0.1 万公里左右。内河港口有 4 个,民用(含军民合用)运输机场有 14 个,通用机场有 50 个左右。围绕区域发展战略、国土空间开发保护格局和《国家综合立体交通网规划纲要》,构建形成全省"三廊六通道"的综合立体交通网主骨架(图1-5),全方位提高甘肃综合立体交通协同发展、内畅外联和衔接转换水平。综合立体交通网主骨架实体线网里程长 2.6 万公里左右。其中,铁路长 0.8 万公里左右,公路长 1.8 万公里左右。

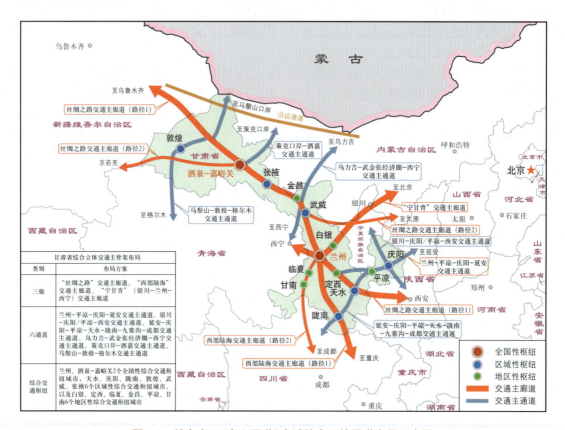

图 1-5　甘肃省"三廊六通道"省域综合运输通道布局示意图

三是提出打造由综合交通枢纽城市、综合交通枢纽场站构成的多层级一体化综合交通枢纽系统。加快建设兰州、酒泉—嘉峪关 2 个全国性综合交通枢纽城市,天水、庆阳、陇南、武威、张掖、敦煌 6 个区域性综合交通枢纽城市,争取将天水培育成为全国性综合交通枢纽城市,同步加快白银、定西、临夏、金昌、平凉、甘南 6 个地区性综合交通枢纽城市建设,构建形成"一心、两翼、多极多点"综合交通枢纽城市格局。推进建设 50 个左右综合交通枢纽场站。

四是提出统筹区域交通发展,加快推进城市群、都市圈快速通道建设,提高交通互联互通水平,推进城市快速路、绕城环线和公共交通设施建设,强化城市轨道交通与其他交通方式衔接,构建一体化区域交通网。

五是为推进全省交通运输转型升级和高质量发展,提出对外通道畅通工程、互联互通提升工程、乡村振兴助力工程、交旅融合发展工程、交通产业拓展工程、数字交通创新工程、交通文明培育工程7项重点工程。

(二) 借鉴意义

该纲要在全面贯彻落实国家规划纲要的基础上,密切结合甘肃省实际,突出本地特色,特别是注重以点带面、示范引领,提出了以7项重点工程为关键抓手,相关举措方法值得借鉴。

一是全面对标落实国家目标要求,科学谋划甘肃省重点任务。紧紧围绕《交通强国建设纲要》《国家综合立体交通网规划纲要》和《交通强国甘肃方案》确定的各项目标任务,把握甘肃省交通运输发展特点,坚持目标导向,全面对标国家综合立体交通网各项发展目标指标,全面落实国家通道线网枢纽在省内布局方案。坚持问题导向,着力补短板、重衔接、优网络、提效能,系统谋划构建完善的综合立体交通网,建设高效率综合立体交通网主骨架,建设多层级一体化综合交通枢纽系统,推进区域交通统筹协调发展等重点任务,确保了国家各项目标任务的细化、落实和落地。

二是紧密结合省情实际,充分发挥交通运输基础支撑和先行引领作用。立足甘肃省地理区位和资源禀赋条件,统筹优化全省综合交通基础设施规模、布局、结构、功能,强化与全省国土空间开发保护格局相吻合,与全省人口资源产业分布相匹配,与全省新型城镇化和对外开放新格局构建相一致,全面提升甘肃省在全国和区域交通格局中的地位和作用,为甘肃省全面建设社会主义现代化提供了有力的交通保障。

三是注重重大工程牵引带动,探索和打造交通强国建设的甘肃模式。立足甘肃省交通运输发展阶段特征,把握交通强国建设总体要求,紧紧抓住甘肃省交通运输转型升级和高质量发展的关键问题,注重以点带面、示范引领,以7项重点工程为关键抓手,着力推动交通运输更高质量、更有效率、更加公平、更可持续、更为安全地发展,探索形成了交通强国建设的甘肃方案和甘肃模式。

案例执笔人

交通运输部规划研究院马衍军、李乾(第一节)

交通运输部规划研究院马衍军、蒋斌(第二节)

交通运输部规划研究院简艳春(第三节)

交通运输部规划研究院马衍军、韩舒怡(第四节)

交通运输部规划研究院李鹏林、战国会(第五节)

交通运输部规划研究院高翠、蒋斌(第六节)

素材提供人

交通运输部规划研究院马衍军、李乾（第一节）

交通运输部规划研究院马衍军、蒋斌（第二节）

江苏省交通运输厅董刚、席燕、张媛瑗（第三节）

安徽省交通运输厅孙冬根、陈方红（第四节）

重庆市交通局李灼、薛飞龙（第五节）

甘肃省公路网规划办公室雷鸣涛、刘佳（第六节）

第二章

区域和城市群交通一体化

京津冀区域交通一体化

案例摘要

京津冀协同发展是习近平总书记亲自谋划、亲自部署、亲自推动的重大国家战略。习近平总书记要求,要把交通一体化作为推进京津冀协同发展的先行领域,加快构建三地快速、便捷、高效、安全、大容量、低成本的互联互通综合交通网络。在《京津冀协同发展交通一体化规划(2014—2020年)》和《京津冀协同发展交通一体化规划(2019—2035年)》规划指引下,多节点、网格状、全覆盖的交通网络布局不断完善,运输服务一体化水平和交通智能化水平显著提升,交通协同发展机制持续健全,为京津冀协同发展提供了坚实保障。

关键词

交通一体化、网络化布局、智能化管理、一体化服务

做法与成效

(一)区域概况

为解决北京"大城市病"问题,优化调整区域空间布局和经济结构,走出一条人口密集地区优化发展的新路,2014年2月26日,习近平总书记在京主持召开座谈会,专题听取京津冀协同发展工作汇报并发表重要讲话。2018年11月,中共中央、国务院要求以疏解北京非首都功能为"牛鼻子"推动京津冀协同发展,调整区域经济结构和空间结构,推动河北雄安新区和北京城市副中心建设,探索超大城市、特大城市等人口经济密集地区有序疏解功能、有效治理"大城市病"的优化开发模式。

(二)交通现状

京津冀协同发展战略实施以来,通过统筹推进网络化布局、智能化管理、一体化服务,交通一体化发展取得了显著成效,以高速铁路、高速公路为骨干,普速铁路、国省干线公路为基础,与港口、机场共同组成的"四纵四横一环"的综合运输通道基本形成,多节点、网格状、全覆盖

的区域交通基础设施网络不断完善，运输一体化服务和组织效率显著提升，法制政策标准一体化深入推进，为京津冀协同发展提供了坚实基础与保障。

（三）规划目标

到2022年，多节点、网格状、全覆盖的综合交通网络基本形成，城际铁路主骨架建设有序推进，公路网络基本完善，港口群、机场群运营管理与服务力争达到国际先进水平，安全、便捷、高效、绿色、经济的一体化综合交通运输体系基本建成，为京津冀协同发展提供坚实基础与保障。

到2035年，形成国际领先的现代化综合交通运输体系，网络设施完备衔接、运输结构合理优化、系统运行智能高效、运输服务高效便捷、排放水平显著降低，世界级综合交通枢纽全面建成，交通运输与经济社会发展深度融合，为建设具有较强国际竞争力和影响力的世界级城市群提供有力支撑。

（四）重点任务

以现有通道格局为基础，着眼于京津冀"一核、双城、三轴、四区、多节点"总体空间布局，统筹雄安新区、北京城市副中心以及北京冬季奥运会等发展重点，适应和引导北京非首都功能疏解和产业空间布局调整，强化互联互通，加快构建"四纵四横一环"的网络化综合运输大通道格局。

一是持续完善综合交通网络化布局。二是加快打造世界级综合交通枢纽。三是努力提升运输服务一体化水平。四是打造绿色畅达的城市交通。五是推动交通绿色智能安全发展。六是推动体制机制改革创新。

借鉴意义

（一）充分发挥规划引领作用，确保交通一体化一张蓝图绘到底

在《京津冀协同发展规划纲要》的指引下，国家发展改革委和交通运输部联合编制了《京津冀协同发展交通一体化规划（2014—2020年）》和《京津冀协同发展交通一体化规划（2019—2035年）》，密集出台了《京津冀地区城际铁路网规划》《京津冀核心区铁路枢纽总图规划》《加快推进津冀港口协同发展工作方案》《推进京津冀民航协同发展实施意见》等数十个专项规划、政策性文件，并对雄安新区、北京城市副中心、北京冬季奥运会等重点区域和重大事项的交通规划、方案作出总体谋划，区域交通规划体系不断健全，顶层设计更加完善，有力指导了三省市综合立体交通网规划、交通强国示范区创建、综合交通"十四五"规划等的编制工作和综合交通发展，确保了京津冀交通一体化一张蓝图绘到底。

（二）建立上下联动的协同推进机制，凝聚交通一体化发展合力

京津冀是全国区域协同发展改革引领示范区，交通肩负着探索区域协同发展新模式的重任，通过改革创新和探索完善，协同发展机制不断健全，有效保障了交通一体化工作顺利推进。国家层面，2014年6月，国务院率先成立京津冀协同发展领导小组，2014年7月，由交通运输

部牵头、国家局和三省市共同参与的京津冀交通一体化领导小组正式成立,为协调解决跨地区推进交通一体化发展过程中的重大问题提供了重要保障。区域层面,三省市交通主管部门联合成立了京津冀三省市区域交通一体化统筹协调小组,确立了京津冀交通一体化联席会议机制,通过定期召开会议、专项对接工作,凝心聚力、共同推进交通一体化具体事项。上下联动的协同推进机制为破解区域交通一体化发展难题发挥了关键作用。

(三)互联互通的交通网络不断完善,交通一体化发展框架基本形成

"四纵四横一环"综合运输大通道基本形成,交通网络化格局持续优化。"轨道上的京津冀"初步建成,区域内地级以上城市全部实现高速铁路覆盖,高速公路覆盖所有县城,相邻城市间基本实现铁路1.5小时通达,形成了京雄津保"1小时交通圈",北京和天津中心城区与新城、卫星城之间的"0.5小时通勤圈"。公路交通网络日益完善通畅,"单中心、放射状"的路网结构得到有效改善,"待贯通路""瓶颈路"基本消除。现代化津冀港口群基本建成。天津港初步建成国际一流枢纽港口,2020年港口货物吞吐量达到5.03亿吨,集装箱吞吐量达到1835.3万标准箱,新华·波罗的海国际航运中心发展指数排名较2018年跃升10位。津冀港口协同分工和合作不断深化,后方集疏运体系日臻完善。世界级机场群基本形成,构建了"双核两翼多节点"的总体布局,机场群分工合作、优势互补的格局初步形成,机场陆侧交通保障体系不断完善。

(四)以资本为纽带,创新模式、探索机制,切实推动基础设施投资建设和运营服务一体化

中国国家铁路集团有限公司和京津冀三省市政府共同组建了京津冀城际铁路投资有限公司,通过推动京唐、京滨、津兴铁路、城际铁路联络线等城际铁路项目的投资、建设及运营,探索了铁路投融资改革、土地综合开发、站城融合发展和资本运营新模式新机制。天津港集团和唐山港集团共同组建津唐国际集装箱码头有限公司,实现了两港之间的集装箱资源统筹和航线共享。天津港和河北港口集团联合成立渤海津冀港口投资发展有限公司,联合对河北和天津港口基础设施和业务运营进行投资和管理,对推进津冀港口资源集约利用、促进两地港口提质增效作用明显。首都机场集团有限公司统一管理京津冀三省市枢纽机场,实现了机场管理体制的重大革新,真正构建起了航空枢纽协同发展机制,对促进区域机场群合理定位、优势互补、协调发展发挥了重要保障。

(五)跨区域行政分割和市场壁垒有效破除,一体高效的运输服务快速发展

"京津冀综合运输服务示范区"建设成果突出,交通基本公共服务共建共享水平快速提升。京津冀已累计发行"交通联合"互通卡700余万张,在基本实现区域内主要城市、各种公共交通方式"一卡全覆盖"的基础上,与全国288个城市实现了互联互通。三省市169个二级及以上客运站可提供跨省(市)联网售票功能,推出了互联网、手机等多种服务接口,"互联网+便捷交通"服务理念深入人心。北京实现了38条跨省市公交线路常态化运营,服务廊坊、保定、张家口、承德的17个县(市、区),方便了环京地区居民日常和通勤出行。京津冀完成了平谷至遵化、宝坻、蓟州等6条省际客运班线公交化试点改造,沿途40余个村庄、8万余人出

行更加便捷。北京大兴国际机场推出空轨联运票价优惠政策,旅客在地铁草桥站办理值机和行李托运,可实现"一站式服务"。依托港口、货运枢纽、物流园区建设,开行了京津冀海铁、公铁联运班列,多式联运覆盖范围持续扩大,与"一带一路"沿线、东盟等国家联系更加紧密。

(六)高水平、高标准、高质量推进重点区域和重点领域综合交通发展

高水平规划建设北京城市副中心交通体系,初步构建了以北京城市副中心为交通枢纽门户的对外综合交通体系,北京城市副中心与主城区、周边区域交通衔接更加顺畅。坚持世界眼光、国际标准、中国特色、高点定位,扎实推进雄安新区综合交通建设,着力打造交通强国建设先行区。京雄城际引入智能建造手段,打造中国智能化高铁建设"新标杆",京雄高速全线贯穿智慧创新理念,聚焦车路协同式自动驾驶产业发展,助力雄安未来之城数字化、智能化、融合化发展。天津港全球首创传统集装箱码头全自动化升级改造项目全面运营。为保障北京冬季奥运会和冬季残奥会举办,构建了以铁路公路为主、航空为辅的基础设施网络和以公共交通为导向的运输服务系统,圆满完成了赛前筹办和赛事期间交通运输保障任务。

经过近十年的发展,京津冀交通一体化发展取得了丰富的实践成果,探索了我国城市群地区交通发展新路径,树立了区域交通发展新标杆,尤其是在规划引领、机制协同、互联互通、运输一体等方面先行先试,取得了宝贵经验,可为我国城市群和区域交通一体化发展提供重要借鉴。

案例执笔人

交通运输部规划研究院刘梦涵、李娜

素材提供人

北京市交通委员会徐晓燕,天津市交通运输委于冉冉,河北省交通运输厅李四辉

粤港澳大湾区交通一体化

案例摘要

为充分发挥粤港澳综合优势,提升粤港澳大湾区在国家经济发展和对外开放中的支撑引领作用,2019年2月,中共中央、国务院印发了《粤港澳大湾区发展规划纲要》,明确提出要加强基础设施建设,畅通对外联系通道,提升内部联通水平,推动形成布局合理、功能完善、衔接顺畅、运作高效的基础设施网络,构建现代化的综合交通运输体系,形成极点带动、轴带支撑的网络化空间格局。为进一步贯彻落实粤港澳大湾区发展战略,2020年,《粤港澳大湾区交通基础设施互联互通规划》《粤港澳大湾区城际铁路建设规划》相继印发,切实推动了大湾区内交通运输基础设施的一体化发展。

关键词

粤港澳大湾区、综合交通、一体化

做法与成效

(一)区域概况

一是区位优势明显。粤港澳大湾区地处我国沿海开放前沿地带,以泛珠三角区域为广阔发展腹地,是我国西南、中南地区出海大通道的重要门户,也是我国对外贸易和对外开放的重要窗口和平台,在"一带一路"倡议中具有重要地位。

二是经济实力雄厚。2019年,大湾区经济总量约为12万亿元,经济发展水平全国领先。区域内产业体系完备,集群优势明显,经济互补性强,香港、澳门服务业高度发达,珠三角九市已初步形成以战略性新兴产业为先导、先进制造业和现代服务业为主体的产业结构。

三是国际化水平领先。2019年,大湾区商品进出口总额达2.08万亿美元,占全国的45%,已跻身世界一流湾区行列。香港作为国际金融、航运、贸易中心和国际航空枢纽,连续多年获评全球最自由经济体。澳门作为世界旅游休闲中心和中国与葡语国家商贸合作服务平台的作用不断强化。珠三角九市是内地外向度最高的经济区域和对外开放的重要窗口。

四是合作基础良好。香港、澳门与珠三角九市文化同源、人缘相亲、民俗相近、优势互补。近年来,粤港澳合作不断深化,在基础设施、投资贸易、金融服务、科技教育、休闲旅游、生态环保、社会服务等领域合作成效显著,已经形成了多层次、全方位的合作格局。

(二)交通现状

改革开放特别是党的十八大以来,粤港澳大湾区交通运输发展取得显著成就。交通运输基础设施发展水平全国领先,高速公路网密度位居全球湾区之首,是世界上沿海港口和机场分布最为密集的地区之一,内河高等级航道里程位居全国前列。综合交通骨架网基本形成,依托干线铁路、国家高速公路以及西江航道等交通干线,基本构建起了以广州为核心,以沿海为扇面,辐射泛珠三角等广大内陆地区的综合交通网络。港口群、机场群枢纽地位显著,形成了以香港、广州、深圳为核心的世界级港口群和世界级机场群。综合交通运输服务水平显著提升,已实现"县县通高速、市市通高铁",大湾区与陆路相邻省份有3条以上高速公路和1条以上铁路连接,机场航线网络通达全球、覆盖国内主要城市,沿海港口国际集装箱班轮航线联通全球大部分国家,跨境运输便利化程度明显改善。

与此同时,粤港澳大湾区交通运输发展不平衡、不充分的问题仍然比较突出,与打造国际一流湾区和世界级城市群的目标要求相比,交通运输结构、服务水平、能力和效率仍不适应未来发展需要。各种运输方式发展不平衡,铁路和内河运输发展相对滞后,综合运输整体优势有待提升。对外运输通道网络有待完善,主要通道能力紧张,连接国内主要城市群的高质量快速化通道有待加强,跨珠江通道"瓶颈"问题突出。港口群、机场群协同发展水平和国际竞争力有待提升,国际交通枢纽地位有待增强。区域交通协调发展机制有待完善,粤港澳三地交通运输互联互通和一体化发展水平有待提高。

(三) 规划目标

到2035年,形成布局合理、功能完善、衔接顺畅、运作高效的交通基础设施网络,促进各类资源要素高效便捷流动,为粤港澳大湾区经济社会发展提供有力支撑,实现对周边地区的引领带动能力进一步提升。

(四) 重点任务

一是提升珠三角港口群国际竞争力。巩固提升香港国际航运中心地位,支持香港发展船舶管理及租赁、船舶融资、海事保险、海事法律及争议解决等高端航运服务业,并为内地和澳门企业提供服务。增强广州、深圳国际航运综合服务功能,进一步提升港口、航道等基础设施服务能力,与香港形成优势互补、互惠共赢的港口、航运、物流和配套服务体系,增强港口群整体国际竞争力。以沿海主要港口为重点,完善内河航道与疏港铁路、公路等集疏运网络。

二是建设世界级机场群。巩固提升香港国际航空枢纽地位,强化航空管理培训中心功能,提升广州和深圳机场国际枢纽竞争力,增强澳门、珠海等机场功能,推进大湾区机场错位发展和良性互动。支持香港机场第三跑道建设和澳门机场改扩建,实施广州、深圳等机场改扩建,开展广州新机场前期研究工作,研究建设一批支线机场和通用机场。进一步扩大大湾区的境内外航空网络,积极推动开展多式联运代码共享。依托香港的金融和物流优势,发展高增值货运、飞机租赁和航空融资业务等。支持澳门机场发展区域公务机业务。加强空域协调和空管协作,优化调整空域结构,提高空域资源使用效率,提升空管保障能力。深化低空空域管理改革,加快通用航空发展,稳步发展跨境直升机服务,建设深圳、珠海通用航空产业综合示范区。推进广州、深圳临空经济区发展。

三是畅通对外综合运输通道。完善大湾区经粤东西北至周边省区的综合运输通道。推进赣州至深圳、广州至汕尾、深圳至茂名、岑溪至罗定等铁路项目建设,适时开展广州经茂名、湛江至海安铁路和柳州至肇庆铁路等区域性通道项目前期工作,研究广州至清远铁路进一步延伸的可行性。有序推进沈海高速（G15）和京港澳高速（G4）等国家高速公路交通繁忙路段扩容改造。加快构建以广州、深圳为枢纽，高速公路、高速铁路和快速铁路等广东出省通道为骨干，连接泛珠三角区域和东盟国家的陆路国际大通道。

四是构筑大湾区快速交通网络。以连通内地与港澳以及珠江口东西两岸为重点，构建以高速铁路、城际铁路和高等级公路为主体的城际快速交通网络，力争实现大湾区主要城市间1小时通达、主要城市至广东省内地级城市2小时通达、主要城市至相邻省会城市3小时通达。打造"轨道上的大湾区"，完善大湾区铁路骨干网络，加快城际铁路建设，有序规划珠三角主要城市的城市轨道交通项目，形成"轴带支撑、极轴放射"的多层次铁路网络。加快深中通道、虎门二桥过江通道建设。创新通关模式，更好发挥广深港高速铁路、港珠澳大桥作用。推进莲塘/香园围口岸、粤澳新通道（青茂口岸）、横琴口岸（探索澳门莲花口岸搬迁）、广深港高速铁路西九龙站等新口岸项目的规划建设。加强港澳与内地的交通联系，推进城市轨道交通等各种运输方式的有效对接，构建安全便捷换乘换装体系，提升粤港澳口岸通关能力和通关便利化水平，促进人员、物资高效便捷流动。

五是提升客货运输服务水平。按照零距离换乘、无缝化衔接目标，完善重大交通设施布局，积极推进干线铁路、城际铁路、市域（郊）铁路等引入机场，提升机场集疏运能力。加快广州—深圳国际性综合交通枢纽建设。推进大湾区城际客运公交化运营，推广"一票式"联程和"一卡通"服务。构建现代货运物流体系，加快发展铁水、公铁、空铁、江河海联运和"一单制"联运服务。加快智能交通系统建设，推进物联网、云计算、大数据等信息技术在交通运输领域的创新集成应用。

借鉴意义

（一）强化顶层设计

强化顶层设计，印发了《粤港澳大湾区基础设施互联互通规划》《交通运输部关于支持粤港澳大湾区交通运输发展的实施意见》《交通运输部关于推进海事服务粤港澳大湾区发展的意见》《民航局关于支持粤港澳大湾区民航协同发展的实施意见》《关于促进粤港澳大湾区邮政业发展的实施意见》《粤港澳大湾区城际铁路建设规划》。

（二）推动基础设施一体化

推动基础设施一体化，港珠澳大桥（图2-1）、虎门二桥（图2-2）建成通车，深中通道、黄茅海通道、狮子洋通道、穗莞深城际铁路等重点项目稳步实施，莲花山通道、广佛二高速公路、惠肇高速公路等国家高速公路繁忙段改扩建前期工作加快推进，加快实现了大湾区内城市之间的便捷连通。

（三）推动运输服务一体化

推动运输服务一体化，制定出台《广东省直通港澳道路运输管理办法》，解决了粤港澳跨境冷链物流发展受限等问题，配合做好"港车北上""澳车北上"相关政策推进和落地实施。印发《粤港澳大湾区"一票式"联程客运试点（一期）创建方案》，打造城际客运、城市智慧出行两种"一票式"客运新业态,推动了粤港澳大湾区"一票式"联程客运服务体系建设。以深圳前海、广州南沙、珠海横琴等自由贸易试验区为重点,推进了运输"一张网"、出行"一卡通"、货运"一单制"、服务"一站式"、监督"一号通"。

图 2-1　港珠澳大桥

图 2-2　虎门二桥

(四)推动行业治理一体化

推动召开海事服务粤港澳大湾区建设推进会,与香港、澳门海事机构签署《粤港澳大湾区海事合作协议》,促进了大湾区海事合作项目活动的实施。逐步完善粤通卡发行系统,为香港单牌车办理粤通卡提供了技术保障。配合海关部门将原来的进出口两次报关精简为"一次申报、一次查验、一次放行",实现 24 小时自动放行,有效提高通关效率,大幅压减了通关时间和运输成本。

案例执笔人

交通运输部规划研究院赵羽、马衍军

素材提供人

广东省交通运输厅钟君叶

成渝地区双城经济圈交通一体化

案例摘要

2020年11月,党中央、国务院印发《成渝地区双城经济圈建设规划纲要》,为成渝地区双城经济圈建设描绘了宏伟蓝图,指明了前进方向。2021年2月,党中央、国务院印发《国家综合立体交通网规划纲要》,首次将成渝地区双城经济圈与京津冀、长三角、粤港澳大湾区共同列为全国交通4极,规划为面向世界的国际性综合交通枢纽集群。为贯彻落实党中央、国务院关于成渝地区双城经济圈建设的系列决策部署,川渝地区交通运输系统不断深化合作,工作同轨、规划同图、建设同步,结合交通强国建设试点任务,加快推动区域基础设施、运输服务、交通治理3个"一体化",为成渝地区双城经济圈打造"一极一源""两中心两地"当好了开路先锋,提供了重要基础支撑。

关键词

交通一体化、工作同轨、规划同图、建设同步

做法与成效

(一) 区域概况

2020年1月3日,习近平总书记主持召开中央财经委员会第六次会议,作出推动成渝地区双城经济圈建设、打造高质量发展重要增长极的重大决策部署,为未来一段时期成渝地区发展提供了根本遵循和重要指引。《成渝地区双城经济圈建设规划纲要》明确提出,要推动成渝地区双城经济圈形成有实力、有特色的双城经济圈,打造带动全国高质量发展的重要增长极和新的动力源,使其成为具有全国影响力的重要经济中心、科技创新中心、改革开放新高地、高品质生活宜居地。2021年6月,国家发展改革委、交通运输部联合印发了《成渝地区双城经济圈综合交通运输发展规划》。

(二) 交通现状

改革开放特别是党的十八大以来,成渝地区双城经济圈综合交通网络加快完善,运输服务水平显著提升,交通一体化发展取得明显成效,有力支撑了经济社会发展。

一是内畅外达的综合交通网络初步形成。基本建成以干线铁路、高速公路和长江黄金水道为主体的多向对外联系通道,多层次轨道交通网络骨架逐步形成,公路连通覆盖水平显著提升。

二是一体衔接的综合交通枢纽初具优势。建成了一批集多种运输方式的立体换乘、无缝衔接综合交通枢纽,国际航空枢纽基本形成,长江上游航运中心地位凸显,国际铁路港功能领

先,围绕枢纽的土地综合开发利用取得了突破性进展。

三是集约高效的运输服务水平不断提升。机场旅客吞吐量、中欧班列开行量位居全国前列,铁路公交化运营、省际城际公交开行和铁海铁水联运稳步推进,成渝"双核"之间基本实现1小时通达。

四是协同联动的体制机制初见成效。以规划编制、重大项目建设等为重点,初步建立了横向联动、纵深推进的协同工作机制,重点领域合作持续深化。

(三)规划目标

到2025年,以补短板、强弱项为重点,着力构建多种运输方式无缝衔接的综合立体交通网络。一体衔接联通设施网络总体形成。对外运输大通道、城际交通主骨架、都市圈通勤网基本完善。

到2035年,以一体化发展为重点,全面建成设施互联互通、运行智能安全、服务优质高效的现代化综合交通运输体系,全面实现对外开放通道通欧达海、立体互联,重庆、成都国际门户枢纽联通全球,运输组织水平、创新能力、体制机制一体化合作国内领先。

(四)重点任务

一是构建高品质对外运输网络。依托国家综合立体交通网主骨架,主动服务和融入国家重大发展战略,加快构建陆海互济、四向拓展的综合运输大通道,实现国内通达、国际开放,支撑打造内陆开放战略高地。

二是完善成渝"双核"辐射综合交通网络。以轨道交通为骨干、公路网络为基础,推进一体化综合交通网络建设,基本形成成渝"双核"之间、"双核"与两翼等区域中心城市之间1小时交通圈、通勤圈,分类打造绿色高效城市综合交通体系,优化城乡融合交通网络。

三是打造高品质出行服务系统。按照"出行即服务"发展方向,加快构建便捷舒适、服务优质的客运服务系统,积极推进旅游交通便捷服务网络建设,满足多样化、个性化的美好出行需要,支撑打造高品质生活宜居地。

四是构建高效率物流体系。以重庆、成都国家物流枢纽为核心,建设多层次物流枢纽,合力强化国际物流服务网络,提升多式联运和城乡货运物流服务水平,推动物流与制造业融合发展。

五是提升绿色智能安全发展水平。将生态优先、绿色发展理念贯穿综合交通运输体系建设全过程,以科技创新为引领,加快推动第五代移动通信(5G)、物联网、大数据、人工智能等先进技术在交通领域应用,增强综合交通运输发展韧性。

六是创建一体化协同治理样板。创新协同治理体制机制,以要素市场化配置改革为指引,探索共建共享利益联结机制,搭建联合建管平台,协调解决交通基础设施投资、建设、运营等重大问题,推进一体化发展。

借鉴意义

(一)建立高层次协同推进机制,打造一体化合作平台

两省市成立了由分管副省(市)长牵头、交通部门具体负责的成渝地区双城经济圈交通互

联互通专项工作组,建立厅局级定期沟通磋商机制,开展常态化工作对接,共同签署年度工作任务要点,先后召开7次联席会议、10余次协调会议,统筹协调推进区域交通一体化发展。完善领导小组议事机制,组建了资源保障、项目推进等专项工作组,推动试点任务事项化、清单化落实,并制定考核办法,将重点任务纳入重点督办事项、目标管理绩效考核。联合举办成渝地区双城经济圈交通发展高峰论坛,督促指导川渝毗邻地区加强工作衔接,推动毗邻市(县)在规划、建设、服务和管理等方面深化合作,为万达开川渝统筹发展示范区、川南渝西融合发展试验区、遂潼川渝毗邻地区一体化发展先行区等10个川渝功能平台建设当好了开路先锋。

(二)坚持规划引领,高水平共谋发展蓝图

成渝地区双城经济圈交通一体化发展成功纳入川渝两省市交通强国建设试点任务,重庆出台20条支持政策,明确"十四五"期间投入市级财政资金1150亿元用于交通建设,为历史最高,优先支持成渝地区双城经济圈建设项目纳入"十四五"规划,优先安排项目立项和资金补助,优先保障用地需求和并联审批,确保试点任务早出成效。川渝联合编制《共建长江上游航运中心建设实施方案》《跨省城际公交开行指导意见》,发布全国首个智慧高速公路地方标准暨川渝首个区域地方标准,共同推动民航局印发《关于加快成渝世界级机场群建设的指导意见》,共同签订了《成渝地区双城经济圈交通发展三年行动方案(2020—2022年)》《协同推进成渝地区双城经济圈交通融合发展合作协议》《推进成渝地区双城经济圈交通一体化发展2021年重点任务》等框架合作协议。

(三)同步推进建设,实现区域设施网络互联

同步制定推动成渝地区双城经济圈建设重大交通基础设施建设任务分解方案,协同建立"十四五"规划项目库,统筹川渝省际高速公路、普通国省干线、快速通道、航运枢纽及航道等级提升项目建设计划,按照节点一致、标准一致的要求,建立月报机制,加强调度协调,力争同步开工、同步投用。"锁定"重点建设项目,针对用地、用林、环保、资金等要素保障问题系统梳理研究解决方案。一批标志性、引领性重大项目加快推进,成渝中线高铁、成达万高铁启动建设,成渝客运专线完成提质改造,双核之间高铁通行时间缩短至近1小时;合川至安岳等高速公路建成通车,两江新区和天府新区实现高速直连,成渝主轴3个通道均布局有2条及以上高速公路,毗邻县(市、区)均布局有高速公路直连。

(四)强化资源统筹,提升一体化服务水平

服务川渝毗邻地区群众便捷出行,开行遂宁至潼南等30条跨省城际公交线路(图2-3),升级改造8条跨省农村客运班线。推动道路客运联网互售,打通川渝两地联网售票系统平台数据,实现了川渝两地370余个汽车客运站、260余条线路联网互售。推动实现成渝公共交通"一卡通""一码通",11条川渝省际高速公路"电走廊"全面建成。川渝货运专线常态化运行,打通了铁水联运货运通道。共建长江上游航运中心,港口航务合作持续深化,泸州、宜宾港至重庆港"水水中转"班轮稳定开行,广安、广元、南充至重庆集装箱班轮航线成功开通。嘉陵江15座通航建筑物全部实现联合调度,为全国首个跨省域航道联合调度案例,船舶待闸时间压缩约1/3。

图 2-3　2020 年 4 月 24 日,西部首条跨省公交(遂宁至潼南)开通

(五)推动协同管理,打通跨省交通治理堵点

深化川渝证照互认通办,联合印发《交通运输电子证照共享应用方案》,联合组建了交通运输"川渝通办"工作专班,11 个"川渝通办"事项线下"异地可办"、线上"全程网办"。川渝共同组建跨区域联合执法队伍,开启了两地交通运输"跨界+联合"执法新模式。建成成渝地区双城经济圈交通大数据共享中心,从总体技术要求、智慧化分级、路侧设施设置规范、车路协同系统数据交换 4 个方面出台智慧高速公路川渝区域地方标准,成为全国首个智慧高速公路地方标准,也是川渝两省市在智慧高速公路建设领域发布的首个统一标准。

成渝地区双城经济圈是国际性综合交通枢纽集群,其交通一体化发展经验可为跨省域城市群交通发展提供经验借鉴。

案例执笔人

交通运输部规划研究院刘晨

素材提供人

重庆市交通局刘美君,四川省交通运输厅杨奎

长三角区域交通运输更高质量一体化发展

案例摘要

2018年4月,习近平总书记批示要求长三角地区实现更高质量一体化发展,对长三角地区交通运输一体化提出了新的更高要求。2018年11月5日,在首届中国国际进口博览会开幕式上,习近平总书记指出将支持长江三角洲区域一体化发展并上升为国家战略。为深入贯彻落实习近平总书记重要批示和讲话精神,国家发展改革委、交通运输部组织编制了《长江三角洲地区交通运输更高质量一体化发展规划》,紧扣"一体化"和"高质量"两个关键,以服务人民为中心,以互联互通为目标,以改革创新为动力,发挥上海的龙头带动作用,苏浙皖各扬所长,推动区域对外交通、城际交通、都市圈交通高效衔接和有机融合,提升港口群和机场群辐射能级,将全面提高一体化运输效率、服务品质和融合水平。

关键词

一体化、高质量、龙头作用、各扬所长

做法与成效

(一)区域概况

长三角是我国经济最具活力、开放程度最高、创新能力最强的区域之一。2019年12月,中共中央、国务院印发《长江三角洲区域一体化发展规划纲要》,围绕"一极三区一高地"(全国发展强劲活跃增长极、全国高质量发展样板区、率先基本实现现代化引领区、区域一体化发展示范区、新时代改革开放新高地)战略定位,明确了长三角地区当前和今后一个时期一体化发展的时间表和路线图。

(二)交通现状

作为我国交通需求最集中、综合交通网络密度最高、运输服务最完善、发展后劲最强的区域之一,长三角区域综合交通运输体系初步建成,交通一体化发展取得明显成效,总体适应经济社会发展需要。2021年,长三角高铁营业总里程达到6542公里,高速公路总里程约1.6万公里,将三省一市、41个地级市"抱"得更紧、"联"得更畅。2021年,长三角区域集装箱货物吞吐量突破1亿标准箱,港口货物吞吐量在全国占比达到41.8%,机场货邮吞吐量达624.6万吨,机场旅客吞吐量达1.7亿人次,互联互通、互济保供的长三角现代基础设施体系正在加快构建。

(三)规划目标

到2025年,长三角区域综合交通运输体系将取得4个方面的发展成效。一是一体化交通基础设施网络总体形成,对外运输大通道、城际交通主骨架、都市圈通勤网高效联通,基本建成"轨道上的长三角",世界级机场群和港口群全球竞争能力显著增强。二是一体化运输服务能力大幅提升,中心城市之间享受1~1.5小时客运服务,上海大都市圈以及南京、杭州、合肥、苏锡常、宁波都市圈内享受1小时公交化通勤客运服务,现代化多式联运与城乡物流配送效率明显提升。三是一体化发展机制更加完善,三省一市协同共建机制更加健全,政策、标准等充分对接,城际轨道交通一体化运营管理机制取得突破,民航、港口一体化协同发展取得更大进展。四是智能绿色安全发展水平大幅提高,大城市中心城区绿色出行分担率超过65%,交通科技创新体系基本形成,交通环境污染和排放联防联治取得积极成效,资源利用效率明显提升。

到2035年,长三角区域将以更高质量发展为重点,全面建成供需能力精准匹配、服务品质国际一流、资源集约高效利用的长三角地区现代化综合交通运输体系,形成与国土空间开发、产业布局优化、人口要素流动、生态环境保护良性互动的发展格局,以上海为龙头的国际门户枢纽影响力辐射全球,以智能绿色为导向的交通科技创新水平领先世界,运输规则、标准规范、一体化机制引领国际。

(四)重点任务

一是以轨道交通为骨干构建一体化设施网络。以轨道交通为骨干,公路网络为基础,水运、民航为支撑,以上海、南京、杭州、合肥、苏锡常、宁波等为主要节点,构建对外高效联通、内部有机衔接的多层次综合交通网络。

二是建设世界级机场群和港口群。巩固提升上海国际航空枢纽地位,优化提升杭州、南京、合肥区域航空枢纽功能,增强宁波、温州、苏南硕放机场等区域航空服务能力,有序推进以货运功能为主的机场建设。

三是推进交通运输服务一体化。围绕客运"一体化"、货运"一单制"、交通"一卡通"和信息服务"一站式",加快完善长三角地区品质高端、经济高效的客货运输服务供给体系。

四是协同共建现代化智能交通系统。以智能化信息化为手段,加快打造智能交通系统,提升交通运输技术装备综合保障能力,实现运输服务水平提升和管理组织模式创新。

五是推动交通绿色低碳可持续发展。推动交通运输与生态环境和谐发展,大力推进节能减排和资源集约节约高效利用,强化生态保护和污染防治,构建可持续发展长效机制。

六是构建一体化协同体制机制。以重点领域先行先试为突破,建立健全交通运输全链条协同体制机制,逐步消除交通运输更高质量一体化发展的体制机制障碍。

(五)主要成效

《长江三角洲区域一体化发展规划纲要》发布实施以来,长三角地区交通运输一体化水平进一步提高,人民对交通的满意度持续提升,有力支撑了交通强国等国家战略落实。

一是枢纽协同一体化,枢纽定位和能级进一步提升。截至2021年底,长三角地区共有运输机场24个,覆盖94%的县级节点和96%的人口,以上海机场为核心,南京、杭州、合肥等机场为重点的长三角机场群初具规模。航线联通全球约50个国家及国内主要城市,机场旅客吞吐量和货邮吞吐量在全国占比分别达到19%和36%。世界级港口群辐射能级进一步提升,已拥有17个亿吨级大港,其中上海港、宁波舟山港、苏州港货物吞吐量排名位列全球前十名,万吨级及以上泊位超 1000 个,港口货物吞吐量占全国比重高达 42%。

二是网络设施一体化,立体互联的综合交通网络基本成型。长三角地区铁路运营里程超过 1.3 万公里,沪宁杭合之间基本实现高频次 1 小时快速通达。高速铁路里程超过 6500 公里(占全国 16%),覆盖区域内 95% 以上的设区市。17 个省际断头路项目中,7 条建成通车、10 条在建。近三年新增高速公路里程约 960 公里,陆域实现"县县通"。长三角地区高等级航道网规模超 4100 公里,初步建成以长江、京杭运河等为骨干的干线航道网络。新建成沪苏通长江公铁大桥、商合杭芜湖长江公铁大桥等 5 座过江通道。

三是运输服务一体化,便捷高效的运输服务品质不断提高。累计开通省际毗邻公交线路 71 条,有效解决了跨省出行"最后一公里"难题。长三角区域设区市城区公交"一卡通"基本实现,跨省毗邻公交服务标准进一步统一。徐萧城际公交自 2019 年 3 月起开通运营,单日客流由 500~1000 人次提升至 2000 余人次,方便了苏皖两地毗邻地区百姓的公共交通出行。长三角地区共有 7 个多式联运示范工程入选国家级多式联运示范项目。联合推进海铁联运发展,实现了沿海港口功能向内陆延伸。

借鉴意义

一是抓规划:坚持加强顶层设计和统筹谋划,发挥规划的引领作用。国家发展改革委、交通运输部以及长三角三省一市交通运输部门从多个层级、多个方面开展了系统谋划和顶层架构,先后发布了《长江三角洲地区交通运输更高质量一体化发展规划》《关于携手推动长三角地区交通运输现代化建设的共同宣言》等多部门顶层设计,上海、江苏、浙江、安徽先后多轮编制了融入长三角地区交通更高质量一体化的实施方案和行动计划。

二是推改革:坚持深化交通领域改革,构建完善的综合运输体制机制。上海从 2004 年开始进行综合交通管理体制机制的改革探索,实现了从规划、建设、管理和运营组织的全面体制整合;江苏于 2007 年率先形成公铁水空齐抓共管的省级大交通管理体制架构;浙江、安徽逐步建立了省级综合交通统筹协调机制。

三是破壁垒:坚持打破行政区域、行业壁垒等体制机制障碍,加强体制机制创新。三省一市坚持全局谋划一盘棋,完善工作协同推进机制、重点领域合作机制,省级层面共签订 26 项区域合作协议和备忘录,有力推动了一批省际项目和合作事项落地。

四是促联通:多举措协同推进交通"硬联通"和"软联通"。2018 年 6 月,三省一市共同签署《长三角地区打通省际断头路合作框架协议》,明确了第一批重点推进的 17 个省际断头路项目。新增沪苏通铁路(图 2-4)一期省际高铁接口,解决了南通"铁路向南不通"的问题。社保卡加载交通出行功能,省际毗邻公交开通线路覆盖面不断拓展,使跨省出行更加方便。

五是重创新:坚持创新驱动发展战略,将智库统筹作为现代化的重要切入点。建立交通行业发展研究平台,成立长三角交通一体化研究中心,汇集了国家和三省一市具有代表性的研究智库,加强了规划、规范、标准等方面的协同,陆续出台了《高速公路区域协作框架协议》《长三角省际毗邻公交运营服务规范》等一体化标准和政策。

六是强整合:坚持抓好资源整合利用,提高资源利用效率。通过"一省一集团、一省一平台"改革推动港口和机场资源整合,加快推进港口和机场一体化发展,提高资源利用效率,避免了区域无序竞争,提升了区域整体竞争力。

图 2-4　沪苏通铁路

案例执笔人

交通运输部规划研究院孙鹏、耿彦斌

素材提供人

上海市交通委员会盛苗,江苏省交通运输厅,浙江省交通运输厅,安徽省交通运输厅

第三章

综合客运服务

广佛两市实施同城化战略,推进公轨协同发展

案例摘要

为解决我国区域交通一体化发展进程中轨道交通与常规公交协同发展面临的难点和痛点问题,广州和佛山两市贯彻落实国务院批复要求,通过坚持规划引领、同城合作,稳步有序推进广佛同城化发展;以合作框架协议和多层级联席会议工作机制,突破传统行政管理边界和区域发展壁垒;运用管理和技术手段,实现区域多层次交通运输方式的深度融合,构建了广佛区域轨道交通与常规公交"一张网、一张票、一座城"新模式。广佛同城化发展实现了轨道交通与常规公交的深度衔接和协同服务,全方位提升了区域公共交通资源利用率,在降低乘客出行成本的同时极大减少了对环境的污染,经济、社会和环境效益显著。

关键词

区域一体化、广佛同城化、轨道交通、公共交通、协同服务

做法与成效

(一)案例背景

近年来,随着我国轨道交通的持续快速发展,城际铁路、市郊铁路和城市轨道交通等轨道交通系统在城市公共交通体系中所扮演的角色越来越重要。从区域城市公共交通总体情况看,随着多层次轨道交通网络的完善和客运分担量的增加,城市轨道交通势必与城市常规公交形成直接竞争关系。但是,无论是常规公交系统还是轨道交通系统,都因各自的局限性而无法满足不同人群的出行需求,只有将轨道交通与常规公交两种交通方式结合起来,以系统性思维审视和发展二者的协同竞合关系,优化调整监管机制、设施布局和运输计划,才能充分发挥区域公共交通的整体效能,使轨道交通线网与常规公交线网最终实现"双赢"发展。

(二)总体情况

为解决广州和佛山区域交通一体化发展进程中轨道交通与常规公交协同发展面临的难点

和痛点问题,两市贯彻落实国务院批复要求,坚持规划引领、同城合作,稳步有序推进广佛同城化发展,以合作框架协议和多层级联席会议工作机制,打破传统监管边界和行政壁垒,运用多种管理和技术手段,在轨道交通与常规公交行车组织、客运组织、票制票价、换乘衔接等方面持续发力,实现了包括轨道交通和常规公交在内的区域多层次交通运输方式的深度融合,构建了广佛区域公共交通"一张网、一张票、一座城"的发展新模式。

自广佛实施同城化战略以来,两市将交通基础设施建设作为广佛同城化的突破口及工作的重中之重,高度重视交通基础设施的衔接工作,尤其是轨道交通与道路交通网络的衔接建设。其中,轨道交通与常规公交的衔接作为缩短两市时空距离的重要方面,对于提升区域协同发展效率、提高综合交通运输体系的延伸度和可达性具有重要意义。

(三)典型做法和经验

1. 顶层设计,推进广佛同城化发展

2007年以来,在广东省和广佛两市的积极推动下,广佛同城化发展取得实质性进展,交通基础设施建设突飞猛进,形成了围绕两市中心城区的环状放射路网格局,并逐步实现了从项目推动到制度引领,以创新协同治理促进区域高质量发展的新模式。广佛同城化深度发展,为区域轨道交通和常规公交的协同发展与高水平服务创造了良好条件。

2. 建立跨区域协同监管工作机制

2009年3月,两市政府签署了同城化建设合作框架协议及城市规划、交通基础设施、产业协作和环境保护4个对接协议,建立了完善的同城工作机制(图3-1)。2015年12月,广佛肇清云韶经济圈市长联席会议及其办公室正式成立并开始运作。上述工作机制的建立,推动了广佛在交通规划、交通政策、交通基础设施建设和交通运营管理等方面的全方位合作协调,提高了各方面资源的利用效率。

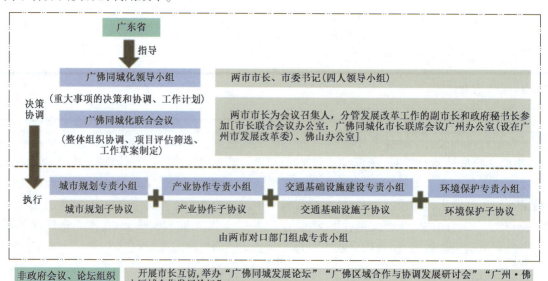

图3-1 跨区域协同监管机制

3. 协同编制区域交通一体化规划

2009年,两市协同编制《广佛同城化发展规划(2009—2020年)》《区域交通一体化规划》,引领并指导广佛同城化建设;2011年,组织研究广佛同城交通规划实施保障机制;2016年,编制《广佛同城化"十三五"发展规划(2016—2020年)》;2019年,编制《广佛两市道路系统衔接规划》,加密骨架路网联络线。

4. 因地制宜拓展城市公交服务范围

在政府和两地交通运输主管部门的积极推进下,以轨道交通(广佛线)为骨干,广佛快巴、广佛城巴、普通客运班线、广佛公交为主体,出租车和其他方式为补充的区域公共交通体系逐步形成。其中,广佛公交为城市公交性质,由两地交通运输主管部门协商,利用各自公交线路资源在对方区域进行延伸或新开,并优先覆盖城际铁路、地铁等轨道交通站点。

5. 丰富供给,提供多元化服务

两市在原广佛城际客运班车基础上改造形成了广佛城巴和快巴,以公交化模式运行,但按照公路客运方式管理,即线路的起终点均为公路客运枢纽,沿途在轨道交通车站等重点集散点增加设置若干个停靠站点或配客站场。

6. 积极推进城际铁路公交化运营

相关交通运输主管部门积极探索广珠城际铁路、广佛肇城际铁路等涉及两市主要交通廊道的轨道交通线路的公交化运营模式,将城际客流与国铁线路客流根据各自特征、车站条件等采用不同客流组织模式进行区分,采用多元化的售票方式,并设置了便捷换乘通道,提高了换乘效率。

(四)案例创新

1. 组织创新

两市坚持规划引领、同城合作,始终以推动两市一体化发展为目标,稳步有序推进广佛同城化发展,为区域轨道交通与常规公交协同服务和高质量发展打下了坚实基础。

2. 管理创新

突破行政管理边界和区域发展壁垒,建立了由"领导小组、市长联席会议、同城协调会议、专责部门"构成的跨区域协调工作机制,为推动广州和佛山在交通规划、交通政策、交通基础设施建设和交通运营管理等方面的全方位合作协调创造了条件,为区域轨道交通与常规公交的协同发展和高水平服务提供了环境。

3. 模式创新

准确把握轨道交通与常规公交协同服务的痛点和难点,突破行政、监管、经营、技术等多维度边界,实现了区域多层次交通运输方式的深度融合,构建了"一张网、一张票、一座城"新模式。

(五)应用效果

1. 经济效益

一是降低了运输企业的经营成本和人力投入。按照传统的轨道交通和常规公交运营模式,两种交通方式在衔接上面临诸多壁垒,运输企业的经营总成本和人力投入较大,但实际提供的服务效果并不尽人意。通过区域一体化发展、建立协同工作机制等措施,两市克服了轨道交通与常规公交在协同服务方面的壁垒,既提高了区域交通运输网络的总体效能,又降低了运输企业的人力资源投入和经营成本。

二是提高了区域交通运输效率。一方面,拓展城市公交范畴和服务范围,打通两市行政区划壁垒,以差异化、多元化、公交化的服务供给实现了轨道交通与常规公交的深度衔接。另一方面,通过有效整合路网各类资源,区域轨道交通企业能够摆脱传统城际铁路班次少、时间段固定、与公交等其他交通方式衔接性差等束缚,以公交化模式提供运输服务,极大提高了满载率,改善了乘客体验,进而对区域交通运输效率的提高产生了积极影响。

2. 社会效益

通过推进区域轨道交通与常规公交协同发展和高水平服务,有效构建了区域多层次交通运输体系,形成了以城市轨道交通为主,城际铁路、有轨电车、常规公交、个性定制巴士等为辅助的综合公共交通体系。此外,区域轨道交通满载率的提高对于促进广佛两市交通运输方式由以道路运输为主向以轨道交通为主、公交和小汽车为辅转变,从高快速路承担主要交通流量向轨道交通发挥骨干作用、城市干道均衡分布转变,具有积极作用和重要意义。

3. 环境效益

轨道交通具有显著的绿色低碳属性,区域轨道交通与常规公交协同服务深度发展,大大减少了以往依靠常规公交等道路运输方式出行的乘客量,有助于提高区域轨道交通运输效率,实现交通运输向更低碳环保的方式转变,显著降低了资源消耗和污染排放,对我国交通运输行业做好"双碳"相关工作具有重要的示范意义。

借鉴意义

(一) 坚持顶层设计,确保规划先行

以《珠江三角洲地区改革发展规划纲要(2008—2020)》为根本遵循,推动《广州市、佛山市同城化建设合作框架协议》及城市规划、交通基础设施、产业协作和环境保护4个对接协议正式签订,压茬推进相关规划落地实施,确保"一张蓝图干到底""区域一盘棋、一张网",打造了区域一体化协同发展的新生态,提升了轨道交通和常规公交全过程协同服务能力,降低了企业经营成本和乘客出行成本。

(二) 打破行政壁垒,创新监管机制

以监管机制协同和创新为发力点,通过建立多层级跨区域协调工作机制,打破行政壁垒,实现"两城变同城""城际变市内",为推动广州和佛山在交通规划、交通政策、交通基础设施建设和交通运营管理等方面全方位的合作协调创造了条件,为区域轨道交通与常规公交的协同发展和高水平服务提供了环境。

(三) 深化协同服务,实现融合发展

聚焦轨道交通与常规公交协同服务的难点和痛点,打出"城际公交城市化""城际巴士公

交化""轨道交通公交化"等组合拳,突出轨道交通的骨干作用,提高常规公交的线网密度和服务范围,实现轨道交通与常规公交的深度融合发展,对提升区域公共交通服务水平和效能,改善乘客出行体验具有重要作用。

案例执笔人

交通运输部科学研究院李松峰、冯旭杰、宋晓敏

素材提供人

广东省交通运输档案信息管理中心张军

舒城县发展全域公交，支撑乡村振兴

案例摘要

舒城县位于安徽省中部，面积为2092平方公里，人口为102万人，辖21个乡镇、394个建制村，集山区、库区、大别山革命老区、巢湖生态屏障及合肥引用水源保护区于一体，曾是国家开发扶贫重点县。长时间以来，老百姓出行难和出行贵的问题制约了县域发展，成为群众脱贫致富的瓶颈之一。在"以人民为中心"发展思想的指导下，县委、县政府积极响应交通运输部推进城乡交通运输一体化发展的号召，把经济社会发展的"红利"释放为基本公共服务的"福利"，立足民生需求，坚持依法治理，推行"财政兜底、一元普惠、城乡一体"的民生公共交通服务模式，推进普惠公交、智能公交、绿色公交建设，实现了城乡公交线路、票价、服务全面一体融合发展，方便了群众出行，带动了经济发展，净化了市场环境，取得了良好的经济和社会效益，先后获得了"全国城乡交通运输一体化示范创建县"和"全国'四号农村路'示范县"两项重要荣誉。

关键词

保障民生、基本公共服务、一元公交

做法与成效

2012年前，舒城县仅有县城公交车辆30台，县域公交服务能力有限；个体经营农村客运车辆达到286台，违规涨价、超载、抢客等负面问题时有发生，县域客运服务质量整体低下，安全生产形势严峻。为破解农村客运"散、乱、差"的历史难题，舒城县将"城乡公交一体化"作为一项重要的民生工程，提升到政府层面，大力推进"公交优先"和"公交下乡"。

舒城县经过深入调研和方案比较，坚持统筹谋划、依法治理，采取"集中力量，分步推进，成熟一条改造一条"的工作策略，有序退出了原个体经营的农村客运车辆；由县委、县政府牵头，完善城乡公交一体化机制，全面建成了以县城公交为主体、乡镇公交为骨架、乡村公交为末梢的连通城镇、覆盖行政村和居民集中居住点的全域便捷公交网络体系；深入探索"公交普惠"政策，提供高品质城乡公交服务，坚持"财政兜底、民生普惠、城乡一体"的理念，实行"全县一个价、全年一个价、上车一块钱"和70岁以上老人等5类人群免费乘车惠民政策；试点创优特色公交并积极推广绿色公交。

"十三五"以来，为打破城乡客运二元结构，统筹城乡融合发展，舒城县共投入4.5亿元，构筑起功能完备的全域公交网络，形成了畅达、舒适、惠民、便捷的城乡公交服务体系，全体系年行驶里程达1500万公里，年旅客运输量达2800万人次，共惠及群众约100万人，每年为广大群众节约出行成本约2.5亿元，彻底解决了群众出行难题，最大限度满足了经济社会发展和群众的出行需要。

(一) 坚持政府主导,高站位谋划客运改革

舒城县委、县政府坚持在加快推进城乡公交一体化进程中坚持发挥政府主导地位和作用。

一是健全组织强保障。成立以常务副县长为组长的改造工作领导组,统筹规划,定期召开交通、公安、财政、信访、宣传部门及乡镇负责人参加的协调会,研究制定工作预案和实施方案,压实部门、乡镇责任。

二是广泛宣传政聚合力。根据不同农村客运个体经营者情况,因车施策、因人施策,由县直部门、属地乡镇派员与交通运管人员编组,实行分片包干,对农客车主实施逐一包保,全方位宣传解释,争取经营者支持;通过媒体、广播等广泛宣传,争取社会各界支持。

三是依法稳妥促退出。按照"依法终止、合理补偿、安排就业、有情操作"的工作思路,县财政一次性投入 9000 万元,淘汰 286 辆老旧客车,车均补贴 14 万元,从原 280 余名个体经营者中吸纳 152 人担任公交驾驶员,实现了平稳过渡。

四是推动集约经营。依据交通运输部《关于积极推进城乡道路客运一体化发展的意见》,坚持城乡公交公益属性,严格按照"公车公营"和"六统一"(统一线路编码、统一车型标志、统一车辆调度、统一运价标准、统一安全管理、统一服务规范)的公交化模式运营管理,开通了城市、城乡、镇村三级客运网络。

(二) 坚持民生普惠,高品质运营城乡公交

舒城县坚持规划先行和品质运营的城乡公交发展战略。

一是注重规划引领。编制《舒城县城乡一体化公共交通规划(2019—2030 年)》,明确了农村客运发展模式、运营规划、线网规划、车辆配置规划和保障措施。推行"县乡合办、乡镇为主"的管理模式,推动城乡公交与城市公交线路接驳融合,直达城区中心。

二是加强规范管理。县域公交由县国有独资企业通运公交有限责任公司运营管理,镇村公交运营亏损由县乡两级财政共同承担,县财政对站场建设、营运公交车辆予以标准补贴,并对公交场站用地和道路通行管理给予政策支持;制定并严格执行《舒城县城乡公交一体化工程运营管护办法》《舒城县城乡公交一体化工程运行管护工作考评细则》,明确相关县直部门、属地乡镇对城乡公交的管护职责,对公交运营企业从安全、服务、成本三个层面进行了细化考核。

三是注重普惠民生。将城乡公交一体化纳入县级重要民生工程,坚持"财政兜底、民生普惠、城乡一体"理念,实行"全县一个价、全年一个价、上车一块钱"和 70 岁以上老人等 5 类人群免费乘车惠民政策,执行全程 1 元票价和福利性票价优惠政策,对农村客运公交化改造进行财政补贴,并执行公交成本规制。与未实施公交化改造前比,城乡公交客流量翻了近 3 倍,一年就为全县群众节约了出行成本 2.5 亿元。

(三) 坚持基础先行,高质量建好农村公路

"十三五"期间,舒城县狠抓交通脱贫攻坚,加大投入,建章立制,高标准实施农村道路建设,打通对外大动脉,完善内部微循环。实现交通基础设施投资 70 亿元,升级改造国省干道 174 公里,建成全长 31.28 公里的县城外环,形成了"一环五射""八条通道连省会"的路网格局;同时,投资 17 亿元,完成了 3351 公里的农村道路建设,实现全县 394 个建制村均通 1 条路

面宽度3.5米及以上乡村公路,20户以上自然村"组组通"达100%。高品质农村公路为构建全县域公交运营服务体系提供了支撑条件,夯实了高品质城乡公交一体化基础,保障了公交通达全县21个乡镇394个行政村,解决了制约群众生产生活的交通问题,有效提高了舒城路网运行效率和安全系数,为乡村振兴发展增添了新的活力。棠树乡窑墩村农村公路如图3-2所示。

图3-2 棠树乡窑墩村农村公路

(四)坚持改革创新,高标准提升服务质量

舒城县公交始终坚持科技引领,关注服务质量提升。

一是打造智能公交。县财政投资建立了公交智能调度系统,将所有公交接入监控平台,实现了智能监控全覆盖;开发舒城通App,群众可实时查询车辆和乘车站点,公交公司可及时采集出行需求并精准调度车辆。

二是推广绿色公交。践行"绿色公交、低碳出行"的理念,大力推广新能源公交车的使用,已投放新能源公交车318台,布局充电桩152个,全年行驶里程超过1000万公里,实现年节约成本700余万元,减少碳排放约1500吨。

三是创优特色公交。满足个性化出行要求,开通舒城二中新校区学生上学专线5条;开通12条"接你上班送你回家"杭埠园区定制公交专线,实现了本地务工人员"出家门、上车门、进厂门"无缝衔接,累计安全运送园区企业员工35万人次;开通环万佛湖旅游公交专线,方便游客沿湖观光及环湖周边群众出行。舒城公交运营实景如图3-3所示。

图3-3 舒城公交运营实景

（五）坚持综合利用，统筹客货融合发展

舒城县城乡公交积极探索复合网络服务，统筹客货融合发展。

一是构建三级网络。覆盖全县所有乡镇，建成集公交、充电、农村物流等功能为一体的综合服务站；通过同步整合县商务部门和公交、邮政公司等资源，构建起由1个县级商贸物流产业园、21个乡镇综合服务站、415个村级物流节点组成的"三级网络"。综合服务站点日均进口邮件900件左右，日均出口20件左右，有效解决了"工业品下乡""农产品进城"双向流通问题。

二是拓展公交邮路。充分发挥镇村公交通村达组的网络优势，开拓"公交帮你带"业务，快递物品可通过镇村公交直接投递到村民手中。全县已开辟县乡公交代运线路2条、乡镇循环公交线路2条，日均代运邮件量200件左右。通过物流节点体系建设及融合发展，相关运输成本大幅下降，农副产品销售渠道进一步扩大，企业用工条件进一步优化，全县整体投资和用工环境得以显著改善。县级财政收入由2012年的9.7亿元增至2021年的30亿元，呈现逐年稳步上升趋势。

借鉴意义

（一）依法治理，政策支持

坚持法治化理念，对分散经营的农村客运班线实施集约化整合，引导原农村客运车辆有序退出城乡客运市场。推进过程坚持政府主导、以人为本，因车施策、因人施策，对每台车辆给予适当补偿，优先录用原驾驶员为公交驾驶员，从源头化解矛盾风险。全县286台挂靠经营的农村客运车辆全部退出市场，无一人上访，为城乡公交一体化全面推进奠定了基础。

（二）优质服务，提质增效

认真贯彻落实公交优先和低碳发展战略，统筹推进城乡公交一体化改革，强化公共财政补贴支持，对公交建设用地和道路管理提供政策保障，统一提供镇村公交车辆，成立镇村公交公司负责镇村公交运营管理，同步执行1元票价，县乡财政补贴运营亏损。全县实现村村通公交，百姓出行难问题得到了有效解决，普惠的公交出行体验给民众的生活带来了便利，使城乡一体化全面推进深入人心。

（三）基础保障，技术创新

坚持一手抓交通基础设施建设，打造"一环五射"交通路网，将基础设施建设作为线网优化重要支撑条件。另一手狠抓科技引领作用，积极推广新能源汽车，发挥科技引领作用，打造智能公交，建设公交智能调度系统，开发舒城公交App，实现智能监控全覆盖，满足个性化出行要求，探索新型灵活公交运营服务模式，更好满足了群众需求，推动了城乡公交一体化高质量发展。

案例执笔人

交通运输部公路科学研究院祝昭,安徽省舒城县交通运输局江炬森

素材提供人

安徽省舒城县交通运输局龚浩,安徽省舒城县通运公交有限责任公司许飞

北京、上海建设出行即服务平台，打造智慧出行服务新模式

案例摘要

针对当前我国城市普遍面临的各交通服务方式发展相对独立、公共出行服务品质不高、私人小汽车出行依赖度高等城市交通发展难题，部分城市开展了出行即服务（Mobility as a Service，MaaS）平台的建设与应用示范，通过政企数据资源交换共享、多方协同共建运营主体、绿色出行激励机制、跨模式跨平台聚合支付、一体化出行信息服务等创新举措，提升城市不同交通方式间的资源整合与可持续运营能力，丰富并便捷乘客出行选择，提升了城市公共出行服务品质和绿色出行比例。其中，北京、上海等的 MaaS 平台，对提升出行服务品质、优化出行结构、缓解交通拥堵、推动城市交通绿色低碳和高质量发展等发挥了重要作用。

关键词

城市交通、智慧出行、MaaS 平台、碳积分

做法与成效

MaaS 通常是指利用信息技术整合各类运输服务资源的一种出行理念，即通过智能移动终端为用户出行提供集规划、预订、支付、评价于一体的全链条交通出行服务，构建协同融合的综合运输一体化服务系统。其宗旨是通过提高公共客运服务品质，减少人们对私人小汽车出行的依赖，引导和促进绿色出行。

（一）案例背景

近年来，共享出行的快速发展丰富了乘客出行选择与体验，但也对公交、地铁等集约化出行服务带来了较大冲击。面对个性化出行需求与集约化供给要求间的结构性矛盾，MaaS 理念提供了新的思路。2019 年 9 月，《交通强国建设纲要》提出"打造基于移动智能终端的服务系统，实现出行即服务"。在国家交通强国战略指引下，我国各级交通运输主管部门在综合运输、数字交通、绿色出行等"十四五"规划中对推进 MaaS 建设进行了任务部署，部分城市正积极开展平台建设与应用探索，以期促进城市交通转型升级和高质量发展。

（二）总体情况

北京、上海等城市已经开始探索开展 MaaS 相关工作，通过 MaaS 平台建设，实现了用户侧（即 C 端）、运营侧（即 B 端）、政府侧（即 G 端）的赋能。其中，用户侧体现"三一体"（即信息一体化、支付一体化、服务一体化），运营侧实现"三融通"（即数据资源融通、运营资源融通、用户需求融通），政府侧提升"一支撑"（即提升交通数字化治理支撑能力）。截至 2022 年 3 月，北京

MaaS 平台正式注册用户已超百万人,月活跃用户 42 万人。截至 2021 年底,上海 MaaS 平台已全面接入全市 3300 个经营性停车场(库)和 1200 个收费道路停车场的基础信息数据与缴费服务。

MaaS 平台建设以构建城市高品质公共出行服务体系为核心,以业务需求为导向,用户端聚焦"绿色低碳、智慧出行",运营端侧重"赋能行业、异业合作",政府端强调"数字治理、体系优化"。通过管理、机制、模式和技术创新,MaaS 服务市场活力不断被激发,MaaS 生态体系正朝着健康、可持续的方向发展。

(三)典型做法和经验

1. 上海 MaaS 平台应用框架(图 3-4)

MaaS 平台通过政企数据资源共享、授权模式,整合常规公交、地铁、出租车、网约车、共享单车、停车等的数据资源,依托移动智能终端为公众提供一体化出行规划、实时公共交通信息查询、停车查询预约、一键叫车等出行服务,并建立碳能量/积分激励机制,引导用户绿色出行。在一体化支付方面,上海 MaaS 平台推出"随申码",实现了常规公交、轨道、轮渡等公共交通一码通行。

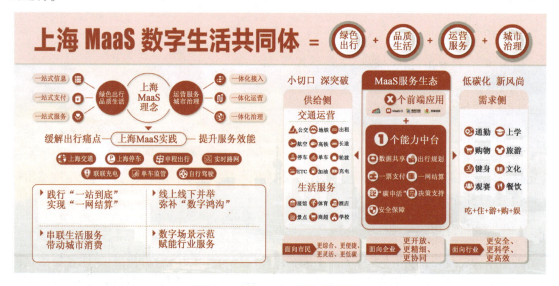

图 3-4 上海 MaaS 平台应用框架

2. MaaS 运营新主体

上海依托常规公交、地铁、出租等国有公共运力资源组建了上海随申行有限公司,作为 MaaS 建设主体,通过公共数据统一授权运营模式,负责 MaaS 平台建设及全市公共出行数据的运营。同时,下设上海随申行数据服务有限公司,承担具体商业化运营职能,如数据产品研发、数据服务供给等。

3. MaaS 碳普惠机制

北京基于 MaaS 平台开展了绿色出行碳普惠激励模式的探索和实践(图 3-5):一是建立评估方法,为准确计量个体绿色出行碳减排量,政府部门发布了《北京市低碳出行碳减排方法学(试行)》作为测算方法。二是建立碳交易核验机制。建立了基于 MaaS 平台大数据驱动的碳交易核验机制,突破了个体化出行减排量核验难的瓶颈,满足了碳交易对真实性、准确性、唯一性的要求。

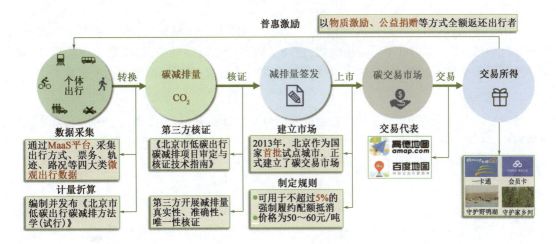

图 3-5 北京 MaaS 碳普惠激励机制图

4. MaaS 数据安全体系

北京、上海 MaaS 平台严格遵照《中华人民共和国网络安全法》《中华人民共和国数据安全法》《中华人民共和国个人信息保护法》《关键信息基础设施安全保护条例》相关规定,从法律政策、监管合规、业务发展和数据隐私等方面制定了相关数据安全管理规范和数据安全管理办法,开发了相应的数据安全管理工具,可实现从数据采集到销毁的数据全生命周期管理。上海随申行数据安全体系如图 3-6 所示。

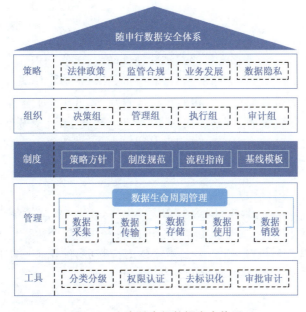

图 3-6 上海随申行数据安全体系

(四)案例创新

1. 管理创新

基于个体 MaaS 出行碳足迹监测构建了绿色出行碳普惠激励机制,通过碳积分方式鼓励用户绿色出行,实现了城市出行结构优化,推动了城市交通低碳转型;依托基于市场机制的碳交易激发城市交通市场活力,实现了双碳主动需求管理创新,提升了城市交通治理能力。

2. 机制创新

通过政府交通数据开放管理、政企数据实时共享合作机制,打通了政府、企业、公众之间的数据壁垒,各业务场景交通运输活动不断融合、交互,促进了政府科学高效监管决策、企业运力资源精细管理和多模式协同调度、乘客舒适便捷出行。

3. 模式创新

按照"政府支持、企业为主、市场化运作"原则,采用政府主导运营模式,创新建立了 MaaS 平台运营服务新主体,通过出行资源整合,实现了多运输方式的一体化服务与线上运营。同时,依托 MaaS 平台的海量高频用户资源,通过流量运营、联程票、碳交易、数字积分、商家赠交通票等商业模式创新,盘活了传统业态国有资产,实现了 MaaS 平台可持续运营。

4. 技术创新

建立了乘客多模身份认证与聚合支付技术及装备体系,包括二维码离线信用乘车技术、基于人脸识别乘客身份认证技术、支持聚合支付的超级读写器等装备,不但实现了乘客快速、可靠、便捷的身份验证与支付乘车,还能够实现乘客跨区域、跨场景的出行数据"互联",为乘客出行大数据价值挖掘提供了有力支撑。

(五)应用效果

1. 经济效益

一是培育了 MaaS 平台和聚合支付终端等软硬件研发、多交通模式一体化运营服务、交通与旅游等多业态融合发展等出行产业链;二是通过运营平台、数字票务、出行服务 App 等的建设,有效提高了企业运力资源配置效率和乘客通行效率,降低了企业运营成本;三是通过创新商业化运营模式,推动了传统城市客运线下资源向线上发展,扩大了城市公共出行服务规模,并通过流量运营、碳交易、数字积分等商业生态开发实现了自我造血,具有巨大的市场经济价值和广阔的产业化空间。

2. 社会效益

一方面,实现了常规公交、地铁、网约车、出租车、共享(电)单车等各交通方式一体化出行服务,提高了乘客出行便捷性,节省了乘客全链出行时间,降低了乘客出行成本;另一方面,推进了"公共交通 + 定制出行 + 共享交通"多元化绿色出行服务,优化了城市出行结构,缓解了城市交通拥堵,改善了城市形象,具有良好的社会效益。

3. 环境效益

有效提升了市民绿色出行意愿,优化出行结构,推动了城市交通低碳转型,具有很好的节能减排生态环境效益。以北京为例,截至2022年3月,碳减排量累计已达近10万吨,21%的驾车群体和13%的驾车+绿色出行群体已成为绿色出行实践者。

借鉴意义

(一)政企数据共享合作模式创新

北京、上海MaaS平台建立了数据资产社会化应用的政企合作新模式,由政府出台交通数据开放政策法规,企业与政府公共部门在确保用户隐私的情况下进行数据共享。该模式充分释放了数据红利,确保了交通数据有效化社会应用,充分支撑了MaaS应用发展。

(二)绿色出行碳普惠激励机制创新

依托MaaS平台精准监测个体全链出行模式,基于政府碳减排核定方法核定碳排放量,通过碳交易机制实现控排企业与MaaS平台间的碳交易,然后将碳交易收益以优惠券、出行折扣、积分兑换等方式补贴给绿色出行用户,推动了城市绿色出行从理念倡导向激励引导升级,促进了人们出行行为实质性转移,对推动我国城市交通低碳转型具有重要的示范意义。

(三)运营服务管理体制创新

通过构建多方协同的MaaS运营新主体,与运输服务企业形成高度合作、彼此信任、共同受益的运作机制,充分保证不同运输模式在规划、运营、管理、服务等环节的高效衔接,以此扩大用户规模,使各参与方获得收益,对促进交通行业公益性和商业性间的协同发展具有很好的借鉴意义。

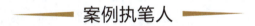

案例执笔人

交通运输部科学研究院刘向龙、刘好德、李香静

素材提供人

北京市交通发展研究院刘莹,上海市交通委员会俞婷莉

重庆市打造观光交通,实现交旅融合

案例摘要

重庆公交集团积极发展交旅融合新业态,立足于互联网平台和基础设施、服务体系优势,创新打造"互联网+旅游+公交"深度融合的服务模式,构建了"两江四岸"高品质特色观光交通体系,以大数据技术支撑观光交通体系线网规划,迎合旅游市场消费需求变化,以多样化特色旅游线路促进旅游资源融合升级,以"快旅慢游"环游体系为乘客提供一站式"零换乘"出行体验,在拓展业务领域、推动全域旅游发展的同时,减少了环境污染,推广了绿色出行理念,经济、社会和环境效益显著。重庆公交集团高品质特色观光交通体系创新案例,对促进我国交通运输业提质增效、公共交通行业与旅游业深度融合、公共交通出行服务与大数据融合创新等具有借鉴意义。

关键词

交旅融合、观光交通体系、快旅慢游、多源大数据分析

做法与成效

(一)案例背景

为支撑"两江四岸"核心区整体提升,打造历史人文风景眼、山水城市会客厅,促进交旅融合发展,重庆公交集团立足自身服务体系、基础设施、平台优势,依托多源大数据分析技术对"两江四岸"核心区内旅游交通特征和需求进行了辨析与预测,探索构建了符合新兴市场特征的高品质"快旅慢游"观光交通体系。重庆公交集团通过陆上巴士无缝接驳航空、高铁、城轨等交通方式完善快旅网络,提高了"两江四岸"可达性;通过强化重要交通枢纽配套,大力发展跨行政区、跨旅游景区的观光巴士,解决景区连接线"最后一公里"问题,形成慢游网络,实现了"城景通""景景通";统筹发展陆上巴士、轨道交通、水上巴士、山城步道等交通方式,构建"大循环",畅通"微循环",从而加快建成了多层次、一体化的便捷环游系统。

(二)总体情况

重庆公交集团打造的官方旅游产品品牌"都市观光·漫游重庆"目前已推出红岩巴士、红梅巴士、两江四岸环线、两江夜景游等主题观光线路,以及机场、高铁快线,投入运力80余台,年覆盖约100万人次,将重要交通枢纽与热门景点无缝串联,服务覆盖渝中、江北、沙坪坝、南岸等区20余个核心景点(图3-7),同时打通了中心城区全部600余条常规公交线路,实现了"抵达-游玩-返程"一站式"零换乘"运转,满足了乘客个性化旅游出行需求;依托旗下互联网平台"愉约出行",打造了"互联网+旅游+公交"深度融合的创新服务模式,以全域旅游为背

景，形成了以公共交通出行为核心，配套"吃、住、游、娱、购"一体化的延展市场网络体系，使用户通过微信小程序即可选购所需服务产品，为本地市民及外地游客提供便捷的出行服务。重庆市设置的智慧导游亭如图3-8所示。

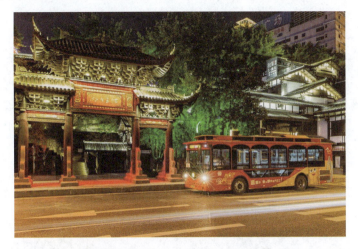

图3-7　观光巴士途经湖广会馆

图3-8　智慧导游亭

重庆公交集团立足自身优势，以互联网平台和大数据技术为依托构建高品质观光交通体系，为乘客提供便捷化、个性化的"一站式"出行服务，实现了交通工具体验化、交通项目旅游化，创建了公共交通行业与旅游业深度融合、合作共赢的新格局。

（三）典型做法和经验

1. 以大数据技术支撑观光交通体系线网规划

重庆公交集团依托手机信令、车联网、公共交通刷卡等多源大数据，对"两江四岸"核心区开展了旅游出行时空特征、游客精准画像、出行热点、景点热度、景区关联影响等综合分析，并以分析结果为指引，结合景点、站点、道路组织和交通接驳等综合因素，以"以点串线""以线带面"的规划思路开展了"两江四岸"高品质观光交通体系线网规划，以便捷化、个性化的"一站式"出行服务满足乘客多样化、差异化的出行需求。

2. 以多样化特色旅游线路促进旅游资源融合和升级

重庆公交集团立足重庆本底资源优势，打造了两江四岸环线、两江夜景游、红岩巴士等多条主题精品旅游线路,依托两江交汇、山城美景、地道美食、网红景点、抗战遗迹等多样化特色旅游资源,与时俱进迎合旅游市场大众消费需求的变化。在弘扬传承巴渝文化的同时,延伸产业链条,促进了旅游资源融合升级;在为游客提供愉悦的游憩空间的同时,打响品牌,促进了公共交通更好地融入旅游产业价值链。

3. 构建"快旅慢游"观光交通体系(图3-9)

重庆公交集团立足自身运营、服务优势和特性,充分发挥连接对外交通与对内交通的纽带作用,对外实现了对轨道交通、山城步道、水上巴士三大交通方式的接驳串联,构建大循环,对内实现了对"两江四岸"内部N个景点的直达直连,畅通微循环,将自身打造成为"快旅慢游"观光交通体系中不可或缺的核心环节,将两江四岸"4+N"便捷环游系统深化拓展为"1+3+N"环游交通体系。

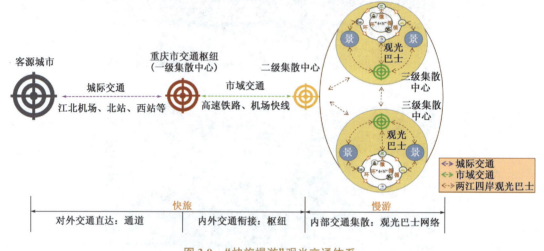

图3-9 "快旅慢游"观光交通体系

(四)案例创新

1. 理念创新

在发展理念上,重庆公交集团实现了从"增量发展"向"存量更新"转变,充分立足自身服务体系、基础设施等方面的优势,从公共交通视角打造了交旅融合模式下主客共享、高利用率的慢游空间,成为提升城市宜居指数、盘活城市活力、传播弘扬城市文化的重要途径。将旅游消费场景与公共交通进行融合嫁接,也成为增加商业机会的重要手段。

2. 技术创新

重庆公交集团充分利用其丰富的线上线下资源优势,开展了线上线下一体化服务。基于多源大数据分析技术进行游客精准画像、旅游交通特征分析与预测,并依托互联网平台为乘客提供交通旅游增值服务产品、个性化信息服务、多样化交通出行等综合服务。同时,基于多源大数据实现了运行监测预警及应急联动,为制定节假日和大型活动等情况下的运力调配方案、突发事件下的路网调度和紧急运输方案提供了强有力支撑,提升了一体化"门到门"的出行体验。

3. 模式创新

高品质观光交通体系通过不断拓展交通基础设施的旅游服务功能，完善旅游集散与咨询服务体系，将交通工具体验化、交通项目旅游化，交通配套服务设施逐渐成为游客停留消费、享受服务的重要载体空间。公共交通从传统单一的交通工具升级为具有市场认知度、具备市场开发价值的吸引物以及具有营收能力的文旅产品，促进了公共交通行业与旅游业的有机融合和联动，推动了传统公交行业的转型升级。

(五) 应用效果

重庆公交集团通过打造高品质观光交通体系拓展了业务领域，在促进企业转型升级的同时带动旅游产业链发展，提升了城市形象，并对缓解城市交通拥挤、节约能源、改善城市环境起到了重要作用，经济、社会和环境效益显著。

1. 经济效益

从交通运输业的视角来看，重庆公交集团通过构建高品质观光交通体系拓展了业务领域，实现了业务转型；通过打造精品旅游线路，道路交通和观光巴士也成为重要的旅游资源，道路利用率借助旅游得以有效提高。

从旅游业的视角来看，高品质观光交通体系的构建拉动了旅游产业链发展，助推了旅游资源资产价值化，对地区旅游交流和旅游合作商业平台的发展具有强大的促进作用。

2. 社会效益

通过精品线路打造、观光景点有机串联、服务亭旅游功能多维拓展、特色标识标牌系统设置等成套规划，公交出行服务品质提升与旅游功能拓展紧密结合，有重点、分主题地展示特色文化旅游资源，引导游客由"浅层旅游"进入"深度旅游"，"观光巴士"转变为"巴士观光"，促进了道路交通由以运输功能为主向产业带动功能拓展。同时，城市的旅游吸引力进一步提升，推动了文化传承创新，"两江四岸"成为一张新的城市名片。

3. 环境效益

由于公共交通工具承载量较大、能耗和排放低、运输成本低，"两江四岸"高品质观光交通体系的构建对缓解城市交通拥挤、节约能源、改善城市环境、促进城市可持续发展起到了明显作用。方便、快捷、舒适、成本低的观光巴士旅游出行体验有利于促进游客由自驾出行向公交出行转变，对建设低碳环保的旅游城市具有重要意义。

借鉴意义

重庆公交集团特色观光交通体系创新案例，对我国其他城市促进公共交通行业与旅游业深度融合、公共交通出行服务与大数据融合等具有借鉴意义。

(一) 公共交通行业与旅游业融合创新

高品质观光交通体系充分利用旅游业对交通供给侧结构性改革产生的促进作用，以公共交通为平台，利用公共交通基础条件、运营理念和大数据技术与旅游产业进行融合，创造出了新的经济社会发展业态和新的发展动能。

旅游服务要求交通不仅要"达",而且要"畅""美""舒"及具有个性化,从客观上要求交通提质转型。高品质特色观光交通体系通过对集散衔接、基础网络与设施、配套服务等的完善,为游客提供一站式、一体化、系统化的全方位服务,实现了"城景通""景景通";通过旅游交通的串联,推动了"景点旅游"向"全域旅游"转变。高品质观光交通体系对于改善出行质量、提升旅游品质具有积极作用,为公共交通行业与旅游业深度融合提供了重要示范案例。

(二)公共交通出行服务与大数据融合创新

重庆公交集团以大数据为突破口,以社会效能和经济效益为导向,重构公共交通出行服务与旅游资源,依托多源大数据分析游客出行时空特征,规划满足乘客出行需求的多层次、一体化观光交通体系线网;依托互联网平台融入更多智慧元素,实现了景点推送、客流及交通分析、票务及住宿预订、美食及购物娱乐推荐等精准营销,在满足现有出行需求的同时引导了新的出行需求。

此外,依托多源大数据开展旅游交通特征分析,根据节庆活动安排、客流变化规律等提前部署组织保障,也有助于保证公交系统平稳运行,提升游客游览体验,进而提高城市旅游的吸引力。

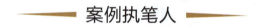

案例执笔人

重庆公交集团张卫红,大连海事大学李欣

素材提供人

重庆公交集团程龙、谭军

国道 G217 线构建"交通 + 旅游"示范工程，完善区域旅游体系

案例摘要

国道 G217 线独库段服务品质提升工程以打造"交通 + 旅游"精品示范工程为目标，以独库公路为轴，以天山南北坡迥异的自然景观为两翼，将安全、绿色、环保、协调的理念贯彻其中，构建了安全保畅、旅游串联、路域景观、服务配套、指示引导、应急保障、宣传推广七大系统。项目历时 97 天，投资约 1.2 亿元，对道路及基础设施进行了翻新和更替，统一了道路标识和服务标准，有效保障了行车安全，提升了出行者的行车体验，并通过构建应对突发事件的协调联动机制和应急体系，建立了完善的应急预案。国道 G217 线独库段服务品质提升工程为广大出行者带来了"美在公路、美在服务"的全新体验。

关键词

"交通 + 旅游"、交旅融合、安全保障

做法与成效

新疆维吾尔自治区交通运输厅从新疆市场需求和广大游客需求出发，组织实施"G217 线独库段服务品质提升工程"，精耕细作七大系统工程。"以路为线，构建全域旅游"，重点围绕一轴（那拉提）、两翼（乔尔玛、巴音布鲁克）进行空间布点，实现了各景点之间互联互通，覆盖旅游、文化重要节点。"以路为载，实现文化融合"，充分融合历史、民族、文化等特色，打造了凸显地域特色的服务设施。"以路为引，提升服务水平"，完善公路基础设施，引导撬动其他行业市场主体和平台参与交旅融合发展，满足了多元化需求。

一是安全保畅系统。通过处治公路病害及完善交通安全设施（图 3-10），进一步提高了公路的安全保障功能和舒适性，打造畅、安、舒、美的公路通行环境。

图 3-10　完善交通安全施工现场

二是路域景观系统。对路侧场地整平,提高公路与沿线景观的协调性,营造了优美整洁的路域环境;对玉希莫勒盖隧道和铁力买提隧道隧洞洞顶采用可储蓄光能的环保材料"蓝天白云"涂装,配合隧道内照明灯具,改善照明条件,美化隧道视觉环境,提高了行车安全性(图3-11)。

图3-11　隧道内外效果与隧道照明

三是服务配套系统。新建停车区、观景台,并对既有乌兰萨德克停车区、毛溜沟服务区和乔尔玛服务区进行升级改造,完善了服务功能(图3-12)。

图3-12　停车区、观景台改造后效果

四是指示导引系统。在路线起终点、服务区和沿线停车区设导引二维码,引导游客通过微信扫码关注独库公路官方微信公众号,实时实地获取相应景点的电子语音介绍,体验景区全程导引服务,打造了独有的独库公路景观文化品牌。

五是应急保障系统。针对独库公路地质灾害复杂频发、开放交通期间也是旅游旺季的实际情况,制定完善各类应急预案,构建了应对突发事件的安全保障、交通疏导、协同联动的应急预案体系。

六是宣传推广系统。在各停车区、观景台设置徽标标识,以二维码、宣传栏等宣传普及交通人筑路精神及地质灾害知识(图3-13)。通过在沿线设置电子屏、广告位,借助天山旅游文化节活动载体,利用新媒体和短视频对独库公路进行宣传推广。

七是旅游串联系统。在停车区、观景台或服务区预留接口,预留步行道慢行系统的布设空间(图3-14)。

图 3-13 独库公路标识与宣传栏

图 3-14 观景台、停车区预留空间

（一）坚持践行安全、绿色、环保、协调的交旅融合设计施工理念

项目沿线环境优美、旅游资源丰富、交通量大，在设计施工过程中，项目团队始终遵循"安全至上"的基本理念，把乘客的通行安全放在首位。遵循"不破坏就是最大保护"的环保理念，尽量利用既有平台设置停车区，利用沿线路域整治土方减少填挖；充分协调服务设施与环境景观，实现了公路与景观的完美融合；注重人性化的设计、施工理念，注重停车区安全停靠引导设计，设置特殊人群无障碍卫生间，给乘客营造了安全、舒畅的通行环境。

（二）坚持践行上下联动机制，各单位密切协作

项目实施以来，新疆维吾尔自治区交通运输厅党委高度重视，厅主要领导多次召开专题会议听取汇报，指挥协调解决各类问题，大力推进项目实施。同时，以厅领导为组长的专家组深入工地一线实地调研，对设计方案和施工难点进行专项审查并实时跟进，发现问题快速协调解决，有效保障了项目的顺利推进。项目指挥部强化交旅融合及重点建设项目现场质量管理，保障项目建设品质，遵循日报周报制，保证项目按时实施；设计、施工方通力协作，克服天气多变、

道路不畅、工期紧张及点多面广等不利因素,在指挥部的统筹管理下密切协作,确保了项目按时完成。

(三)推进科学决策,提高路况优良水平

科学合理制定路面维修方案,对道路进行详细的平整度和弯沉检测,根据检测结果针对不同病害采用相应方式进行维修。病害严重路段采用注浆加铣刨,一般反射裂缝采用铣刨加防裂贴,表层病害仅对上面层铣刨罩面。针对不同病害详细调查、分类处置,绝不采用大面积、全厚度的维修方式,避免资金浪费。通过整治,路面平整度有效改善,养护质量得到了提升。

(四)改造交通附属设施,提高公路通行能力

根据国家标准和行业标准设置道路交通标线、标志,增设道口警示桩、停车标线。在原有指路标志基础上,增设路线编号、目的地、行驶方向和距离等信息标志,提升交通标志的明确性和辨识度,为提高公路通行能力夯实了硬件基础。

(五)加强养护管理,提高安全水平

科学、规范、有序做好日常养护工作,严格按照行业标准进行日常养护作业和大中修工程作业,制定规范的施工组织设计。加强桥梁隧道养护管理工作,对公路部分路面坑槽进行修补,对标志标牌进行补充,对破损波形护栏进行更换,及时清理路面碎落,提升行车舒适度,进一步强化公路通行安全性,提高公路安全水平,确保了群众安全出行。

(六)重视提炼表现,丰富公路文化内涵

为更好地展示公路文化内涵,项目团队推出了独具特色的独库公路标识和交旅导引系统,在确保安全的前提下进一步延伸改善公路的服务水平。设置发光二极管(LED)显示屏,提供气象预报服务和沿途交通信息等,积极探索运用新媒体技术搭建全景漫游展示系统,载入独库公路的旅游导览、文化内涵、景点介绍、信息查询、设施分布、抢险救援等多重信息,使公众能够身临其境地漫游独库公路,领略公路沿线风貌,感受独库公路魅力,学习公路科普知识,营造了"身未至,心已动,神往之"的独特体验。

借鉴意义

国道 G217 线独库段服务品质提升工程通过增设停车区、环保厕所、垃圾桶和交通安全设施等,使自驾游客反映的"三难一不畅"问题得到了及时有效缓解。项目的实施促进了旅游交通量激增,日交通量同期增长逾 300%,对沿线旅游发展起到了极大促进作用。项目刺激了沿线特色旅游商品的开发经营快速发展,为当地牧民、居民拓宽就业增收渠道提供了平台。独库旅游品牌的示范效应进一步增强,对其他旅游线路的开发宣传起到了较好的示范作用。

(一)以公路促进沿线地区经济发展

该项目是交通运输支持旅游发展的重要民生工程,是新疆维吾尔自治区交通运输厅交旅

融合六大工程的"一号工程"。项目通过有序开发重要旅游资源,建设具有特色的旅游区和专题旅游线,积极开发富有特色的旅游产品,拓展了旅游开发的广度与深度;通过提高整体服务质量和管理水平,做好对外宣传招商工作,带动了旅游业发展,拉动了地方经济。

(二)为全区"交通+旅游"工作树立标杆

项目全面贯彻落实新疆维吾尔自治区交通运输厅对"交通+旅游"公路示范工程创建的指导意见,以打造"交通+旅游"精品示范工程为目标,建设了一条从冰山到草原,展现自然景观、历史文化和民族风情的旅游廊道;探索交通支撑旅游发展、旅游反哺交通发展的模式,逐步建立了"交通+旅游"公路项目服务创建标准,实现了交通运输和旅游业的双赢发展,成为新疆公路建设的示范项目。项目形成了一批可复制、可推广的经验,为打造交旅融合工程提供了经验和基础,带动了全疆旅游公路工程质量水平的提升。

(三)为全面提升公路的安全保障能力提供借鉴

独库公路横跨天山,大部分段落内的地壳经历了多期构造变动,如褶皱、断裂发育等;沿线地形陡峻、基岩裸露、岩土介质组成复杂,且多伴有巨大雪山与冰川。个别困难路段视距较差,安全设施不到位。天山地质条件恶劣,风吹雪、雪崩、崩塌和碎落、翻浆、坡面失稳、泥石流、滑坡和多年冻土等病害频发,且近年来这些病害日趋严重,已严重影响行车的安全性。完善交通基础设施是保障群众生命、财产安全的需要,项目积累的工程经验可供其他公路线路借鉴。

(四)为有效提升公路的旅游服务能力提供借鉴

随着自驾旅游的快速发展,公路已成为消费升级和个性出行的重要基础保障。打造具有通达、游憩、体验、运动、文化、教育等复合功能的特色旅游风景道,将沿线颇具禀赋的自然风光和人文景观展现给游客,可带动"路、景、产"良性互动,实现公路与旅游的融合发展。提升公路服务水平是打造旅游精品线路的需要,项目积累的相关经验也可供其他公路线路借鉴。

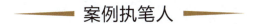

案例执笔人

新疆维吾尔自治区交通运输厅盛俊峰、易聪

素材提供人

新疆维吾尔自治区博尔塔拉蒙古自治州交通运输局胡洋

第四章

综合货运体系和多式联运

西安港建设"一带一路"内陆中转枢纽陆海空多式联运示范项目

案例摘要

西安港建设"一带一路"内陆中转枢纽陆海空多式联运示范工程，是西安国际陆港投资发展集团与西安铁路局等多家企业合作申报并验收通过的全国第二批多式联运示范工程项目。项目依托国家地理几何中心的区位优势，发挥中国（陕西）自由贸易区核心片区功能，以多式联运为引领，深化机制改革与业务创新，夯实"一带一路"国际内陆中转枢纽港的建设基础，打造国际内陆自由港；凭借西安大数据中心、西安综合物流信息平台等信息系统建设，打造服务"一带一路"互联互通的信息大数据平台；统揽口岸资源、跨境电商贸易以及金融结算功能，集聚稳定的多式联运示范线路货源，打造西安港临港产业集群；充分发挥西安与沿海港口合作优势，整合中欧班列资源、吸引全国货源，打造中欧班列西部通道货物集散中心。

关键词

多式联运、"一带一路"、中欧班列、自贸区、内陆港

做法与成效

（一）案例背景

作为陕西省自贸区的核心片区，西安港正在逐步探索"内陆港+自由贸易+多式联运"的功能叠加新模式，以形成可复制可推广的多式联运品牌与服务规则，探索建立与国际投资贸易通行规则相衔接的制度创新体系。西安港亟须以自贸区创新实践为契机，以多式联运为示范载体，加快推进"一带一路"建设。"十三五"期间，全省高速公路通车总里程达到6171公里，铁路营业里程达到6030公里，中欧班列长安号常态化运行干线通道共计15条。西安被确定为国际性综合交通枢纽城市、国际航空货运枢纽、全球性国际邮政快递枢纽，西安陆港被列入中欧班列集结中心示范工程和国家多式联运示范工程。

(二)总体情况

西安国际港务区多式联运示范项目围绕"一核心、多平台、三通道、八线路"的总体思路展开。"一核心"是指以西安国际港务区为核心,"多平台"是指西安国际港务区铁路集装箱中心站、公路港、综合保税区、国家自由贸易试验区、跨境电商平台、新筑综合物流中心、进口粮食口岸、进口肉类口岸、进口整车口岸、多式联运监管中心、综合物流信息平台等功能性平台。示范项目依托"三通道""八条示范线路",整体示范效果明显,预期目标初步实现。

(三)典型做法和经验

1. 深入推进枢纽集成化建设模式

基于资源整合集成的开发理念和陕西省"大西安三级综合枢纽"规划,在已有的综合保税区、铁路综合物流中心基础上,西安公路港调整发展思路,推进建设西安国际港务区互通式立交、西安国际港务区货运专线和西安国际港务区机场联络线,分别实现了西安国际港务区与绕城高速公路、铁路综合物流中心、西安咸阳国际机场的无缝衔接,解决了"最后一公里"问题。

2. 优化提升多式联运信息平台建设

西安港综合信息服务平台是为客户物流需求提供全程解决方案的信息服务平台;"长安号运营支撑平台"全力支持国际班列的信息化服务;铁路局铁E达信息平台实现了对所有铁路货场的零散、批量、集装箱、整车四项业务全覆盖。以西安港综合物流信息服务平台为主,长安号运营支撑平台、铁E达系统为辅的"一主两辅"多式联运平台体系的建设与运营经验,对于各地在多式联运项目运营中实现信息化互联互通具有重要借鉴意义。

3. 不断拓展海外仓合作模式

西安国际港务区采取与海外仓合作模式,形成了国际贸易与国际运输的融合,实现了本地发货、实时管理与监测库存,有效缩短了订单响应时间,提升了物流配送时效。同时,海外仓批量发货可以降低货物平均的物流成本,提高产品的竞争力和销售价格,具有较强的推广性。

(四)案例创新

1. 铁路运输组织创新,保证国际班列时效和货源

在中欧班列和中亚班列的编组上,班列可在西安集结,采用中欧、中亚班列混合编组的形式,出境后在中亚地区重新编组,而中亚班列更是可以采用"整车+集装箱混编"的形式。这种混合编组的模式创新可以有效减少货物集结等待时间1~2天,极大地缩短了欧亚班列的运行时间,提升了对货主的吸引力。西安国际港务区整车进口专列如图4-1所示。

2. 北斗集装箱锁具技术创新,提供货物实时跟踪和信息反馈

西安国际陆港物联网产业发展有限公司采用了由北斗系统支持的集装箱锁具产品,配合自有信息平台,可以实现集装箱货物的全程跟踪、信息反馈、远程解锁等功能,保证了货物安全运行。

3. 国内港口代码国际化创新,缩短通关时间及资金质押周期

西安国际港务区集合国际国内港口代码于一体,多式联运中可以在联运提单上直接填写

起运港或到达港为"西安港",提供了"港口后移、就地办单、多式联运、无缝对接"的便捷政策,为推广"一票到底"提供了条件,有利于联运提单信用证化。

图 4-1 西安国际港务区整车进口专列

4. 口岸共享创新,优化线路组织流程并丰富陆空联运服务模式

西安国际港务区将与西安咸阳国际机场探索实现代码共享,机场代码共享意味着可以在西安国际港务区内设立虚拟机场,陆空联运货物到达机场后可以直接入驻西安国际港务区内,享受快速便捷的一站式服务和低价。

(五) 应用效果

1. 经济效益

西安国际港务区多式联运示范项目的实施使运输时间明显缩短,社会物流成本大幅降低,运输资源配置优化,运输结构加速调整。示范期内,西安港开行公铁联运集装箱运量累计达到65840 标准箱,部分线路物流成本降低达 40%;海铁联运线路集装箱运量累计达到 26784 标准箱,部分线路物流成本降低 20% 以上。

2. 社会效益

一是有效降低能耗及碳排放量。示范期间,随着西安港多式联运示范工程的推进,项目公路运输量大幅转移至铁路、海运,有效降低了能源消耗量和碳排放量,为生态环境治理与可持续发展作出了贡献,示范期内累计转移集装箱 23.87 万标准箱。

二是运输安全服务品质不断提升。多式联运以集装化运输为依托,能够加强机械化、批量化作业,缩短货物运输时间,减少库存和货损货差事故,提高货运质量和物流管理水平,进一步促进运输结构合理化。多式联运从根本上保证了货物能够安全、迅速、准确、及时地运抵目的地,因而也相应降低了货物的库存量和库存成本,提高了物流公司的经济效益。

三是贸易与物流服务更加快捷。公铁、海铁联运示范线路的创新应用能够加快推进托运、结算、理赔手续流程,缩减为社会服务时的冗余环节,加快服务进度。示范项目探索实施"一单制",只需办理一次托运手续、签订一份运输合同、支付一次费用、办理一次保险,可省去托运人办理托运手续的许多不便。

四是跨境电商购物体验得到改善。西安港陆空联运的运作围绕跨境电商发展,以高效、便捷、畅通的运输服务为电商运作提供了高效稳定的物流保障，跨境电商产品平台需求响应更加快捷，备货补货更加及时，切实改善了百姓的购物体验。

借鉴意义

西安港多式联运示范工程对促进我国"一带一路"沿线国际内陆中转枢纽港的建设，打造国际内陆自由港，加快内陆地区开放，促进产业集聚，加速适应性政策出台，完善并理顺体制机制等均具有一定意义。

（一）有效集聚产业优势，为多式联运业务提供货源保障

西安国际港务区先后引进日本通运、塔塔特钢、普洛斯物流、新加坡迅通等一批专业物流运营商。西安国际港务区获批成为第二批国家电子商务示范基地，园区里聚集了京东等300多家电子商务企业。这些企业的入驻为西安国际港务区开展多式联运提供了稳定的货源保障。

（二）立体出台鼓励政策，为多式联运企业营造外部环境

在运价方面，西安铁路局中亚、中欧班列实行境内段铁路30%运费下浮政策，平均每列铁路运费少收15万元；出口汽车零配件类实行20%运费下浮，轮胎品类实行30%运费下浮。在补助方面，《陕西省货运试点项目补助资金管理办法（试行）》明确了多式联运项目的补助内容和金额。此外，自贸区为西安港货物通关、海关监管、检验检疫等提供了更大的自由发展空间。

（三）加快体制机制改革，为多式联运发展带来更大活力

西安国际港务区集合国际国内港口代码于一体，拥有粮食、肉类口岸，为提供一站式服务，创新性地提出"港口后移、就地办单、多式联运、无缝对接"，提供货物运输、仓储、报关报检集合服务，极大便捷了多式联运业务的开展，可为货主提供高效的全链条服务。西安铁路局加大改革力度，制定《加快发展国际物流实施办法》，将外向型生产企业、出口贸易企业的货源调查纳入常态化市场调查，并将国际班列开行纳入了铁路局月度营销绩效考核。

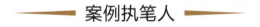

案例执笔人

交通运输部科学研究院孙东泉

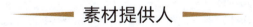

素材提供人

西安国际港务区物流发展院薛羽桐

青岛市构建前港后站、多点支撑的海铁联运创新典范

案例摘要

青岛市将多式联运作为支撑现代化经济体系、加快现代综合交通运输体系建设、促进物流降本增效的重要突破口，围绕打造沿黄流域、上合国家重要出海口，构建国内国际双循环发展新格局，统筹谋划、综合施策。全市已初步形成以海港、空港、陆路三大物流系统为支撑的现代物流枢纽，统筹海、铁资源，开行了"胶黄""即黄"班列，在西海岸新区、胶州、即墨之间推动形成了"前港后站、多点支撑"的海铁联运格局，连接了城市内各个组团及经济区，创新了"到港直装、船边直取"海铁联运模式，减少了港口集疏运对城市交通的干扰，优化了城市运输结构。青岛市"前港后站、多点支撑"海铁联运的创新案例，对促进我国多式联运发展，调整优化运输结构，深化交通、城市、产业融合发展等具有借鉴意义。

关键词

海铁联运、前港后站、到港直装、船边直取

做法与成效

（一）案例背景

青岛市是全国20个国际性综合交通枢纽城市之一，也是全国11个"四型"国家物流枢纽承载城市之一，在长江以北地区东西互济、海陆并举的物流格局中发挥着重要的枢纽作用。青岛市人民政府高度重视物流业发展，近年来先后制定了《青岛市"十四五"物流业发展规划》《青岛市交通物流业发展三年行动计划（2020—2022年）》《青岛市支持物流发展暨班列综合奖补政策实施细则》等政策文件，联合有关部门、行业协会和50多家企业成立了全国首个促进多式联运发展的地方性组织——青岛多式联运发展联盟，基本形成了以海港、空港、陆路为核心，以海铁联运为主体的现代物流发展格局。

（二）总体情况

青岛市依托青岛港、上合示范区青岛多式联运中心，先后开行了"胶黄""即黄"班列，在黄岛、胶州、即墨之间形成了"前港后站、多点支撑"的海铁联运格局，推动了港站通关一体化，开辟了集港绿色通道，并在沿黄流域、"丝绸之路"沿线布局了临沂、枣庄、潍坊、淄博、郑州、西安、乌鲁木齐等内陆港，拓展形成了一张立足青岛、辐射沿黄流域、联通亚欧东盟的多式联运服务网络。2016年，青岛"一带一路"跨境集装箱海铁公多式联运示范工程入选全国首批多式联运示范工程，并于2019年通过交通运输部、国家发展改革委验收，成为全国首批12个验收合格的国家多式联运示范工程之一。2021年，青岛市完成港口集装箱海铁联运量约182万标准

箱，占全国同期的 24%，连续 7 年保持全国沿海港口第一。

（三）典型做法和经验

1. 构建"点强路畅"的基础设施网络

青岛市加速构建"一湾两翼"的港口布局，将前湾港区建设成为国内最大的集装箱码头作业区之一，建成投产亚洲首个全自动化无人码头（2 个 20 万吨级集装箱泊位），优化港外集装箱堆场用地布局，打造了智能空轨集装箱集疏运系统。同时，青岛加快推进港口功能后移，推进上合示范区多式联运中心、即墨国际陆港建设，打造了"陆上青岛港"，通过胶黄铁路、黄岛站、胶州站、蓝村站，以及码头与黄岛站之间的"海关直通闸口"，在陆港与海港之间形成了无缝衔接、一体运作的连接系统，强化了前湾综合保税区、胶州湾综合保税区、即墨综合保税区三大保税区之间的互动发展。

2. 打造"面广线密"的联运服务网络

依托青岛港 200 余条互联互通航线、每月近 700 个航班的港航优势，青岛市积极开发班列线路，大力拓展内陆腹地市场，向陆而兴。截至 2021 年底，青岛市开通了 64 条海铁联运班列线路，包括在聊城、菏泽、枣庄等 14 个地市开通的省内海铁联运班列 36 条，在河南郑州、陕西西安、甘肃兰州等 9 省 21 市开通的省际海铁联运班列 22 条，在阿拉山口、霍尔果斯、二连浩特、满洲里、凭祥等 6 个沿边口岸开通的过境海铁联运班列 6 条。

3. 完善"政通企和"的协同共赢机制

为推进多式联运发展，青岛市交通运输局联合相关政府部门、海港、空港、铁路、物流企业、行业协会和研究机构等 44 家单位，搭建了跨区域、跨方式、跨行政管理的合作沟通平台——多式联运发展联盟，定期发布青岛物流景气指数、"一带一路"海铁联运集装箱货运指数，引导市场资源配置。同时，根据市场发展需要，青岛市财政对从事中亚班列、中蒙班列、东盟专线、中韩快线的物流代理企业给予奖补，胶州市财政补贴"胶黄小运转"海铁班列，支持和培育了国际多式联运骨干企业近 20 家。

（四）案例创新

1. 组织创新

青岛有序推动场站资源共享，在上合示范区以及即墨、平度、莱西等地建立内陆无水港，引入港口、口岸资源，提供国际物流单证作业、集装箱集拼、保税物流等服务，实现了铁路与船期对接、通关一体化，打造了青岛港"陆上港区"。同时，在前湾港设立铁路无轨货场，把铁路集装箱运输业务办理前移到港口，实现了一站式便捷办理、全程多式联运无缝送达。此外，青岛港在山东省内、河南郑州、陕西西安、新疆乌鲁木齐等地合资共建了 26 个内陆港，构建起了港港联动、直通青岛、双向贯通的陆上大通道（图 4-2）。2021 年，青岛港"公路＋铁路＋海运"一体化组织操作业务量达到 302 万标准箱。

2. 管理创新

青岛大力推进"区关港"联动创新，推出了口岸智慧查验平台新模式、自动化码头无人卡口监管模式、入境空箱顺势无干扰智慧监管新模式、外贸集装箱进口"船边直提"出口"抵港直装"等管理创新机制。依托前湾港集装箱自动化码头与黄岛新设卡口铁路港站之间的"海关直通闸口"机制，海关出口监管功能前置、进口监管功能后移。出口货物直接在上合示范区多式联运中心报关，经"胶黄小运转运"海铁班列通过直通闸口后"抵港直装"，实现了"零等待"。进口货物无须在前湾港内落地，通过直通闸口后经"胶黄小运转运"海铁铁路，"抵港直装"送达，内地报关进口货物无须在前湾港内落地。"船边直提"后通过直通闸口，经"胶黄小运转运"海铁班列送达上合示范区多式联运中心内地清关，实现了"零延时"。

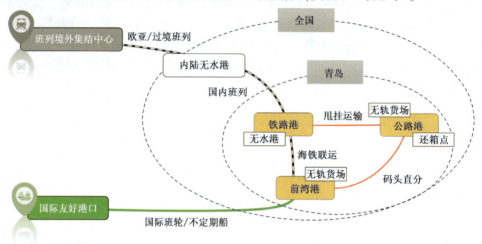

图 4-2　青岛海铁联运组织示意图

3. 技术创新

青岛港建设投用了世界首套立体智能空轨系统，利用立体空间打通了港、船、站、场之间的"最后一公里"，构建了智慧绿色港口的集疏运新模式，打造了新样板。智能空轨系统由轨道、动车、运控、供电通信、转接和信息调度 6 大系统组成，能够精准对接海铁联运、船船中转、海关查验、集疏运、出口退运、出口换船、跨境电商、港站本地清关 8 种港口业务形态，作业全电动、无污染、低噪声，应用了北斗定位、5G 通信、机器视觉、激光扫描、无人驾驶、智能控制等前沿技术，充分体现了港口生产"融合化、绿色化、智能化"的发展趋势（图 4-3）。

（五）应用效果

1. 经济效益

一是降低港口铁路集疏运的物流成本。胶州市政府、济南铁路局、青岛港、中铁联集总公司签署了战略合作协议，四方共同培育"胶黄小运转"循环班列。每日对开两列、零运费、公交化运行，比传统集装箱公路集疏运节约成本约 108 元/标准箱。同时，集装箱海铁联运比公路集疏运平均节省 2 小时左右。

二是降低货物进出口的通关成本。利用大数据、人工智能等高新技术，青岛利用先期机检与到港直装、船边直取相结合的智慧监管以及货代承运"一票到底"模式，进口、出口货物平均清关时间分别缩短 13 小时、1.4 小时，还降低了搬倒费用、用箱成本，可综合节省企业通关成本 500～600 元/标准箱。

图 4-3　青岛港智能空轨系统实景图

2. 社会效益

一是促进货物运输节能减碳。青岛通过海铁联运，推动了港口集疏运的公转铁，与公路集疏运相比，二氧化碳排放量减少约 42 千克/标准箱、燃油消耗减少约 15 升/标准箱。按照 2021 年海铁联运量推算，全年共减少 7.6 万吨左右的二氧化碳排放，节省了 2730 万升左右的柴油消耗，减少了约 180 万车次的集装箱运输车（简称"集卡"）进出港。

二是促进货运枢纽集约用地。智能空轨系统占地面积仅为公路建设的 30%，建设成本比原铁路方案节省 50% 以上，并有效规避了铁路进港导致港区疏运效率降低和公路运输车辆带来的城市交通拥堵、道路安全等问题。此外，海关查验流程顺畅嵌入智能空轨系统的集疏运流程，进口箱机检率从传统抽检的 6%～7% 提升到 100% 全覆盖，有效提高了查验效率，节省了查验成本。

借鉴意义

（一）发挥枢纽港站的引领作用

多式联运发展与枢纽港站的设施网络、功能组织密切相关。青岛大力推进港站枢纽、集疏运体系、连接系统协同建设，并通过无水港、无轨货场等模式实现了枢纽港站的业务协同，为海铁联运发展创造了前提条件，夯实了运行底盘。这种系统布局、协同运作的发展理念，对我国综合交通枢纽城市构建多式联运体系具有很好的借鉴意义。

（二）联合海关形成发展合力

服务构建新发展格局,尤其需要形成贯通国内国际的国际多式联运物流网络。青岛到港直装、船边直取等海铁联运新模式的发展,都离不开绿色智慧交通与海关智慧监管的跨界融合。海关查验流程的再造也是多式联运流程的优化过程。这种跨部门协同推进的工作经验,为我国打造国际多式联运网络提供了很好的借鉴。

（三）避免港城矛盾的有效举措

随着城市空间快速扩展和港口规模持续扩大,青岛前湾港区周边成了城市交通的堵点。青岛海铁联运创新发展,通过集疏港铁路、智能空轨系统等有效缓解了港口对城市的负外部性,支撑了港产融合发展。这对我国港口城市优化调整运输结构、促进港城共荣提供了重要的示范案例。

案例执笔人

交通运输部科学研究院杨勇、王娟

素材提供人

青岛市交通运输局戚丽丽、李天林

重庆市推动形成"一带一路"和长江黄金水道无缝衔接的铁水联运新格局

案例摘要

陆桥通道、长江黄金水道、西部陆海新通道3条国际物流通道在重庆呈"Y"字形交汇,铁路在多式联运体系的主干作用和长江水运的独特优势十分明显。近年来,重庆大力发展多式联运,打造了中欧班列(成渝)、西部陆海新通道重庆海铁班列、"沪渝直达快线"等服务品牌,先后推动渝新欧多式联运示范工程等3个国家多式联运示范工程建设,形成了通道互联、品牌互动的铁水联运格局。2021年,重庆开行中欧班列2273列、西部陆海新通道班列2059列、"沪渝直达快线"班轮1191班,初步形成了"一带一路"、长江经济带、西部陆海新通道联动发展的战略性枢纽,对促进我国多式联运发展,调整优化运输结构,服务构建新发展格局等具有借鉴意义。

关键词

铁水联运、中欧班列、西部陆海新通道、长江经济带

做法与成效

(一)案例背景

重庆是"一带一路"和长江经济带互联互通重要枢纽、西部大开发战略重要支点,也是国际性综合交通枢纽城市,具有通江达海、沟通南北的区位优势。作为交通强国建设试点省份,重庆将"内陆国际物流枢纽高质量发展"作为首要任务,通过构建大通道、大枢纽、大平台"三大网络",加快实现通道畅通、枢纽连通、平台融通"三个互通",推动形成了"一带一路"、长江经济带、西部陆海新通道联动发展的战略性枢纽。

(二)总体情况

重庆市人民政府重视多式联运体系建设,先后推进了渝新欧多式联运示范工程、果园港服务长江经济带战略铁水联运示范工程和国际陆海贸易新通道(南向通道)集装箱多式联运示范工程3个多式联运示范工程建设,通过着力推进基础设施高效衔接、运输装备标准化升级、信息资源交互化共享、市场主体多元化发展、联运模式多样化创新,率先开辟了西部直连长江经济带、通达北部湾的铁水国际联运战略通道。截至2021年底,重庆累计开行中欧班列突破9000列、西部陆海新通道铁海联运班列接近5000列,成为主要的班列集结中心,并通过铁水联运实现了"一带一路"和长江黄金水道无缝衔接。2021年,重庆完成铁水联运量13.5万标准箱。其中,中欧班列与长江黄金水道联运量达到3.2万标准箱,联运开

行量占比约为17%;西部陆海新通道班列与长江黄金水道联运量达到1.3万标准箱,联运开行量占比约为13%。

(三)典型做法和经验

1. 打通铁水联运"最后一公里"

重庆果园港、江津珞璜港、万州新田港、涪陵龙头港等重点港区基本建成(图4-4、图4-5),全市内河航道总里程达到4472公里,其中三级及以上高等级航道里程突破1100公里,形成了"支流联干流、小港转大港、大港通海港"协同发展格局,基本建成了长江上游航运中心和物流中心。

图4-4 果园港实景图

图4-5 万州港实景图

在此基础上,重庆大力推进铁路进港口、进园区,先后建成两江新区果园港铁路专用线、江津珞璜港铁路专用线,加快推动重庆铁路枢纽东环线、机场支线以及万州新田港和涪陵龙头港铁路专用线建设,不仅结束了两江新区、渝北、南岸、巴南、江津的9大工业园区不通铁路的历史,还高效串联了重庆国际物流枢纽园区、两江新区果园港、渝北航空物流园、南彭公路物流基地等多式联运枢纽,形成了"三主五辅"出海出境铁路货运通道。

2. 跨区域共建国际多式联运服务品牌

重庆与成都在全国首次实现跨行政区域共建"中欧班列(成渝)"品牌,统一品牌、统一开行数据、统一运价,通过协同发展、互惠共赢的方式,贯彻落实成渝地区双城经济圈建设,推动全国中欧班列高质量发展,进一步发挥中欧班列在"一带一路"中的载体作用。2021年,中欧班列(成渝)开行超过4800班,约占全国中欧班列开行量的32%,重庆西向中欧班列通道的境外集结点和分拨点已经涵盖德国、俄罗斯、意大利、波兰等10余个国家的30多个城市。图4-6为重庆中欧班列集结中心。

重庆不断强化西部陆海新通道运营组织保障,会同沿线省(区),共同畅通道、搭平台、强枢纽、促贸易、聚产业。截至2021年底,重庆西部陆海新通道铁海联运班列已覆盖我国西部13省(区、市)47市91个站点,全年开行班列2059列,累计开行4936列,外贸货物货值累计约191亿元,货物辐射全球107个国家和地区的315个港口,服务品类超过640个。

3. 大力建设铁水联运综合货运枢纽

重庆运用常态化、规模化运行的中欧班列、西部陆海新通道海铁联运班列,依托团结村站

（国家一类临时对外开放铁路口岸）、果园港以及其集疏港铁路专用线、渝怀铁路，形成了"前港、后站"的铁水无缝衔接发展格局。以果园港国际多式联运枢纽为中心，向东通过长江黄金水道可联结长江经济带各港口城市群，辐射亚太地区；向西对接中欧班列（成渝），可连通中国西北及中亚、欧洲地区；向南接入西部陆海新通道，通过海铁班列（图4-7）可连通中国南方沿海及东盟、南亚地区。

图4-6　重庆中欧班列集结中心

图4-7　西部陆海新通道首趟中越国际跨境货运班列

4. 积极优化跨境多式联运的发展环境

重庆市设立了重庆市人民政府口岸和物流办公室，理顺相关部门职能职责，建立健全了重庆市果园港国际多式联运枢纽建设工作联席会议制度等市际协调机制，制定出台了《加快推进多式联运发展工作实施意见》《支持交通强市建设若干政策措施》等文件。2018年以来，重庆市财政累计安排资金超过70亿元支持全市口岸物流发展，加快构建东西南北"四向通道"、铁公水空"四式联运"。

（四）应用效果

1. 经济效益

一是降低货物进出口的物流成本。重庆市保障长江黄金水道江海联运高效运行，支持船公司以"沪渝直达快线"为载体试点开展舱位互换，将船舶始发装载率提高15%，降低了运输成本。在西部陆海新通道，重庆海铁班列推行"铁路原箱下海、一箱到底"新模式，有效解决了西部内陆地区海运箱匮乏、铁路箱富余的问题，单个集装箱的综合物流成本可节省1000元左右。

二是降低货物进出口的通关成本。重庆率先推行的中欧班列铁路快速通关模式，能够平均减少班列通关作业耗时4小时以上，可为企业节省运营成本近万元。联合上海海关，并联江海联运进口货物在上海外高桥港区、洋山港区的转关申报、码头理货、江船订舱等作业环节，提高了货物转关效率，将多式联运集装箱转运时间压缩了48小时。

三是支撑外向型经济高质量发展。重庆中欧班列、西部陆海新通道海铁联运班列、长江航运等有力保障了外贸产业的供应链、产业链、物流链整体稳定，为外贸增长提供了坚实基础。电子设备制造业是主要的班列货源，2021年实现进出口5348.2亿元，同比增长16.5%，占同期重庆外贸总值的66.8%，稳住了重庆外贸增长的基本盘，其中，笔记本电脑出口值居全国第一。同期,汽车制造业实现进出口值 275.8 亿元,增长 77.7%,高于同期重庆外贸整体增幅 54.9 个百分点。

2. 社会效益

一是运输结构进一步优化。铁水联运发展推动了重庆货物运输"公转铁""公转水",加快了运输结构优化。2021 年,重庆铁路、水路完成货物周转量 2682.6 亿吨公里,占比接近 70%。相比单一的公路运输,多式联运可提高运输效率 30%,减少货损货差 10%,降低运输成本 20%,减少高速公路拥堵 50%,减排 1/3。

二是带动周边区域物流降本增效。重庆市将多式联运网络进一步扩大到陕西、甘肃等西北省份,以及川东、鄂西、湘西等周边区域,周边地区货物经重庆港中转比重达到 45%,有效带动了区域运输结构调整,降低了物流成本。以陕西钢铁集团有限公司(简称"陕钢集团")为例,启动铁水联运业务,通过长江通道转铁路运输,大幅降低了陕钢集团汉钢公司的进口铁矿石运输费用,每吨节省物流成本 27.3 元,2016—2020 年累计节省物流成本 1.57 亿元左右。

借鉴意义

(一)注重陆海统筹、品牌互动

重庆市充分利用丝绸之路经济带、长江经济带、西部陆海新通道"Y"字形交汇的区位优势,发挥中欧班列(成渝)、西部陆海新通道重庆海铁班列、"沪渝直达快线"等品牌效应,形成了通道互联、品牌互动的铁水联运格局,对于沿江沿海地区发展多式联运具有很好的借鉴意义。

(二)打造标杆性关键枢纽

重庆市两江新区果园港是目前国内单体最大的内河港区,具备集装箱 140 万标准箱、散杂货 900 万吨、商品车 80 万辆、铁路专用线 1500 万吨的作业能力。重庆市通过打造标杆性关键枢纽,实现了长江黄金水道、西部陆海新通道、中欧班列(成渝)无缝衔接,形成了内陆开放门户的核心平台。2021 年,果园港国际多式联运枢纽货物总吞吐量超过 2087.1 万吨,同比增长 46%;集装箱吞吐量 52.65 万标准箱,同比增长 56.32%;商品车发运 86.28 万辆,同比增长 20.59%;中欧班列(渝新欧)、西部陆海新通道班列到发超过 600 班,片区企业物流经营收入 16.91 亿元。

(三)设立协调有力的管理机构

2018 年,重庆市整合了经信委(经济和信息化委员会)的物流管理职责,政府办公厅的口岸管理职责,发展改革委的组织拟订现代物流业发展战略、规划和计划以及协调解决现代物流业发展重大问题的职责等部门职能,组建市政府口岸和物流办公室,作为市政府直属机构。口岸和物流办公室下设综合处(组织人事处)、规划发展处、口岸服务处、物流产业处、多式联运处、水运物流处、铁路物流处、航空物流处、公路物流处、科技信息处 10 个处室,以及重庆电子口岸中心、西部陆海新通道物流和运营组织中心 2 个事业单位,有利于形成口岸和物流快速发展、联动发展、协同发展的工作合力,加快推进了内陆国际物流枢纽建设和多式联运发展。

案例执笔人

交通运输部科学研究院杨勇、王娟

素材提供人

重庆市交通局石光，中铁长江交通设计集团有限公司张斯婧

河南省机场集团有限公司打造"空中丝绸之路"空陆联运示范工程

案例摘要

为贯彻落实"一带一路"倡议和"空中丝绸之路""交通强国"等国家战略部署,河南省机场集团有限公司(简称"机场集团")联合中国铁路郑州局集团有限公司、河南航空货运发展有限公司创新空公卡车航班、空铁联运模式,加快信息化标准化建设,统筹利用和集聚航空货运、卡车航班、高铁物流资源,实现了全运输链条信息共享,大幅提升了空陆联运效率与服务水平,"空中丝绸之路"辐射范围、业务规模持续扩大,"航空货运枢纽+物流龙头企业"发展模式带动了临空产业集聚发展,对促进多式联运发展具有重要借鉴意义。

关键词

"空中丝绸之路"、空陆联运、信息互通、枢纽经济

做法与成效

(一)案例背景

空陆联运是多式联运组织模式的重要组成部分。为适应高品质、高时效物流需求,卡车航班、空铁联运持续发展。而从发展实际来看,空陆联运仍面临联运组织效能不高、信息联通不畅、设施装备标准不衔接等突出问题,成为制约航空高效率运输的瓶颈。在新环境的要求与新技术的支撑下,空陆联运协同化、标准化、规范化发展有了更高要求。

(二)总体情况

为贯彻落实国家战略要求,加快推进多式联运发展,郑州机场创新体制机制,通过与航空货运企业、卡班运输企业以及铁路企业"三核驱动",整合资源、合力推进空陆联运,以多式联运作业场站建设、多式联运专用设备开发与应用、信息系统开发为突破点,重点完善提升空公联运水平,探索开展了空铁联运实践。建成郑州机场北货运站;成功研制航空集装货物整板转运车,解决了国内公路卡车因箱体内控尺寸限制无法实现航空货物整板转运的行业难题;着力提升空陆联运信息化水平,整合优化了境内外运输链和相关单位数据资源;完善空陆联运服务标准规则体系,探索推动空陆联运"一单制",基本形成了高效、智慧、绿色、安全的空陆联运体系。

截至2021年底,郑州机场依托"空中丝绸之路"空中通道开通全货机航线48条,通航城市53个(其中国际地区42个),在郑运营全货运航空公司31家(其中国际地区25家),已与"一带一路"沿线17个国家实现通航,在全球货运前20位机场中开通17个航点,前50位大机场已通达28个;以跨境高档水果、高档海鲜、邮快件及跨境电商等特色货类为重点,推动空公

卡车航班、空铁联运协同发展,形成了集疏范围覆盖全国100余座大中城市的快速货运网络,示范期内联运量达17.5万吨。

(三) 典型做法和经验

1. 推进基础设施建设,提升空陆联运承载能力

投资近50亿元建设郑州机场北货运区(图4-8),新征土地3831亩(约合255.4公顷),新建16个机位的货机坪、7万平方米的货运库、3.5万平方米的装卸货物大棚以及配套滑行道系统等,货运基础设施保障能力由50万吨提升至110万吨。

2. 强化技术装备研发,提升联运保障水平

为解决现有整板转运车辆不符合国家相关标准的问题,成功研制了航空集装货物整板运输车(图4-9),新车型于2021年9月10日在郑州机场开展了转运测试,新车型装卸便利、货物在途运输的稳定性和安全性显著增强,为开展航空集装货物整板运输提供了装备保障。2021年12月,"研制推广航空集装货物整板运输车,探索空陆联运标准"入选河南自贸试验区第三批最佳实践案例。

图4-8 郑州机场北货运区工程

图4-9 航空集装货物整板运输车

3. 协同两种联运模式,实现联运模式创新优化

一是创新空公联运模式。与海关、边检等口岸监管单位建立定期会商机制,与海关签署谅解备忘录(MOU)协议,推进落实"两步申报""两段准入"等改革措施,全面实施"7×24小时"通关,建立生鲜冷链等特种货物常态化绿色通道机制,实施"多货站、多关区"货物整板快速转运调拨模式,实现了货物随到随检,快速通关。开展国际与国内、全货机与客机腹仓、全货机之间等整板机坪直转、拼板中转和整板公路转运,实现了"空空+空公"联运业务协同发展。

二是积极探索空铁联运新模式。研究提出空铁联运"五创新"(创新交通体系、创新商业模式、创新组织机构、创新管理模式、创新综合技术)和"四统一"(统一集装箱体、统一安检标准、统一操作流程、统一管理体制)的发展路径和目标。在国际联运方面,探索开通了法兰克福—郑州机场—北京西站的"国际航班+普铁"空铁联运线路,以及马来西亚槟城—郑州机场—太原南站的"国际航班+高铁"空铁联运线路。在国内联运方面,探索开通了洛阳—郑州—深圳快递空铁联运线路,实现了洛阳龙门站—郑州东站—郑州机场—深圳机场国内段空铁联运。

4. 建设三大系统平台和航空电子货运试点,实现信息互联共享

建设大中型机场货站生产系统平台、郑州机场航空物流信息平台、国际物流多式联运数据交易服务平台,打通郑州机场与海关、货主等数据交互共享通道,实现了国内铁路、公路、航空与国际航空、境外陆运全运输链的信息共享。大力推进航空电子货运试点项目建设,建成航空电子货运信息服务平台,舱单、安检、监管等数据信息互联互通,形成了航空物流电子货运操作规范,航空电子运单深入应用。

5. 合力构建"枢纽+物流龙头企业"发展模式,提升航空枢纽功能

在全国率先提出"同一个机场"发展理念,建立"同一个机场"联席会议机制,驻场单位形成了密切合作、信息互通、资源共享、高效协同的发展合力,协同运行效率持续提升。支持 UPS、德迅、顺丰、中国邮政、东航物流等大型航空物流企业稳定发展,郑州机场枢纽功能定位不断强化。

(四) 案例创新

1. 运输组织模式创新,探索空铁联运

以郑州机场和郑州航空港站为核心,以郑州航空港经济综合实验区为平台,在基础设施、分拨转运、快速集疏等方面,探索研究了高铁货运和空铁联运的组织形式、设施标准和转运流程等方面的一体化发展模式,探索推动了航空与高铁的物流合作方式,建立了快速直达的高铁联运快件货物通道。

2. 联运服务规则创新,探索空陆联运"一单制"

整合国内国际航空运输、卡车运输、高铁物流等运输资源,完善空陆联运服务标准、规则体系,编制《航空物流电子货运操作规范》,基本实现了国际进港业务以航空运单为主导的多式联运"一单制"操作模式,为实现"一单到底,物流全球"的贸易便利化奠定了基础。

3. 信息互联应用创新,实现货运全程信息互联

依托三大信息系统平台和航空电子货运试点项目建设,推动机场、监管部门、货主等信息数据资源互联互通,实现了国内铁路、公路、航空与国际航空、境外陆运整个运输链信息的交互共享,提供在线订舱、在线约车、物流全过程追踪等服务,并与河南自贸区、保税园区等区域形成信息联动,大幅提升了空陆联运的组织管理水平。

(五) 应用效果

1. 经济效益

降本增效成效明显。一是不断创新监管模式,持续压缩整体通关时间,通关效率大幅提升,进、出港整体通关时间分别压缩75%、86%,空运进口通关时间为全国最短。二是优化提升整板交接平台、整板运输车等集装化转运设备功能,实现了以整板货物作为运载单元的快速装卸和运输,转运时间缩短了约三分之一。

2. 社会效益

临空经济集群快速发展。吸引了150余家货代企业进驻运营,其中国际货代有120余家。推动形成了电子产品、国际快件、时装物流、跨境电商、高端汽车零配件等产业集群,同时生鲜

冷链、快邮件、跨境电商等新兴业态集聚发展，为区域经济社会发展注入了强大动力。据统计，郑州航空口岸进出口货值占全省进出口总值的 60% 左右，郑州航空"大枢纽、大物流"引领"大产业"发展格局基本形成。

3. 环境效益

节能降碳成效显著。机场集团通过提升联运组织水平，缩短了货运车辆无效等待时间，实现了联运过程的节能减排。机场集团积极开展车辆油改电，桥载设备使用率达到 100%，累计减少碳排放 5.87 万吨。新建北货运站探索使用光伏发电等新能源技术，运营后每年可减少二氧化碳排放量 1 万余吨。

借鉴意义

（一）空陆联运多方主体合力共建

空陆联运涉及主体多、范围广，各参与主体的高效协作是空陆联运高质量发展的保障。着力推进体制机制改革创新，机场、交通、海关、口岸等部门与航空、铁路、卡班等运输企业通力协作，不断提升协同运行效率，有助于共同推进空陆联运高效发展。

（二）改革创新试点引领空陆联运发展

机场集团坚持创新驱动，拓展思路，转变方式，创新开展电子货运和空空中转试点，推进了全国航空货运单证电子化进程，构建了新的航空物流转运通道，开辟了普铁快运和高铁快运两种"空铁联运"探索实践，为全国航空货运枢纽开展空铁联运提供了借鉴。

（三）航空物流和临空经济联动发展

机场集团以完善航空货运枢纽基础设施、拓展航线网络为基础，重点支持 UPS、德迅、顺丰、中国邮政、东航物流等大型航空物流企业稳定发展，确保了国际航空枢纽地位。在物流产业集聚基础上，加快发展枢纽经济、通道经济，形成了奔驰、宝马、富士康、鸿运华宁、晟斯等特色航空产业基地和 Inditex、eBay 等跨境电商基地，引领了当地经济转型发展，为航空物流和临空经济联动发展提供了示范案例。

案例执笔人

交通运输部水运科学研究院杜利楠，河南省机场集团有限公司刘松杰

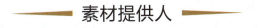

素材提供人

河南省机场集团有限公司王辉

武汉市推进"一带一路"、长江经济带集装箱铁水联运示范工程

案例摘要

武汉市推进"一带一路"、长江经济带集装箱铁水联运示范工程,该工程于2016年6月纳入国家第一批多式联运示范工程,项目由武汉港航发展集团有限公司(现更名为"湖北省港口集团有限公司")和武汉铁路局联合推进。示范工程致力于打造"三点一廊、东西贯通"的多式联运体系,通过铁路线将阳逻港、汉口北铁路物流基地、吴家山铁路物流基地连接起来,形成"一线串三珠"格局,建成华中地区首个智慧供应链综合服务平台"云上多联",逐步成为湖北省集装箱铁水联运的核心港口。示范工程创建以来,累计完成站场建设投资25.2亿元,投资完成率达118.3%,建成铁水联运示范基地,完成汉口北铁路物流中心改扩建,推进多式联运海关监管中心项目建设,推进汉欧国际物流园项目,启动阳逻国际港合作区开发,逐步实现了场站、线路、关检等基础设施互联互通。

关键词

多式联运、集装箱运输、流程优化、数字化互联

做法与成效

(一)案例背景

湖北省是"一带一路"倡议和长江经济带、中部崛起等国家战略的叠加区域,区位优势突出。为了整合长江黄金水道港口资源和铁路枢纽资源,提升联运技术装备水平,优化铁水联运流程,武汉港航发展集团和武汉铁路局联合推进以集装箱运输为主题的铁水联运示范工程。截至2020年底,湖北省综合交通里程达31万公里。其中,公路总里程有29万公里,等级航道总里程达6166公里,全省铁路营业里程超过5200公里,均居全国前列。湖北国际物流核心枢纽作为全球第四个、亚洲第一个专业货运枢纽机场,规划期限为2019—2045年,其中近期至2025年,远期至2045年。

(二)总体情况

示范工程使成渝城市群与长江沿线间的货物实现了铁、水等多式联运分流,形成了以阳逻港为转运节点的铁水联运通道。示范工程缓解了城市交通压力,实现了陆路运输实载率与里程利用率的提高。通过搭建铁水联运经营管理平台,促成了铁路与港口的融合,实现了水运班轮和铁路班列在密度、频次和时间表上的无缝对接,打造了长江中游地区最大的国际多式联运经营人。

(三)典型做法和经验

1.不断加快多式联运枢纽设施建设进度

示范项目不断加强多式联运枢纽建设。阳逻港区集装箱铁水联运一期(电厂)货运枢纽项目已于2016年启动,累计完成投资7.8亿元。2017年底,阳逻水铁联运一期项目投入运营,利用中国华能集团有限公司阳逻电厂既有铁路线及货运站场并进行改扩建,铺设轨道6.04公里,将铁路直接贯通至集装箱港区,码头与铁路货场的距离缩短至2.5公里。2020年,阳逻水铁联运二期项目开始建设,总投资40亿元,2021年初步建成,预计2023年全面投入运营。二期项目利用中国远洋海运集团有限公司现有码头及陆域部分改扩建,建设打造集码头、物流仓库、堆场、水铁联运等功能于一体的现代化物流集疏运枢纽,年通过能力达100万标准箱。疏港铁路专用线工程进度前期工作基本完成并实现了铁路接轨。多式联运海关监管中心(阳逻)项目已完成投资约2亿元。阳逻港区集装箱铁水联运货运枢纽如图4-10所示。

图4-10 阳逻港区集装箱铁水联运货运枢纽

2.不断提升专业化智能化技术装备水平

示范工程支撑单位武汉汉欧国际物流有限公司根据业务发展需要积极开展冷藏集装箱采购工作。未来,公司将根据需要按计划逐步采购冷藏箱,应用于中欧班列冷链运输环节,以提升武汉的多式联运枢纽地位(图4-11)。

图4-11 国际冷藏集装箱堆场

3. 不断优化多式联运运输组织流程

阳逻港区集装箱铁水联运一期（电厂）货运枢纽项目建成后，组建了多式联运经营管理平台，制定全程多式联运运输计划，统一安排调度、统一组织货物铁水联运业务，包括：统筹实施集装箱装卸服务，组织中港物流实施公路短驳和掏拼箱业务；衔接武汉铁路局，部署阳逻港区集装箱铁水联运货运枢纽的货物装卸、班列发运事宜以及汉口北国内班列发运事宜；协同汉欧国际组织汉新欧班列货源，并协调吴家山铁路物流基地（吴家山中心站）装卸和发运事宜。整个运作流程由多式联运经营管理平台全程参与、全程把控，实现了货运组织、运输组织、经营管理的一体化。

（四）案例创新

1. 创新联运合作机制

武汉港航发展集团有限公司及下属公司开展铁水联运的合作对象为武汉铁路局、上海港、泸州港、中远物流及其他大型货主公司，实现了强强联合。各方货源和运力资源充足，基础设施完善，实现了业务和场站资源优势互补。

2. 优化港航资源整合模式

湖北省抢抓国家战略机遇，贯彻落实"以武汉新港为依托，集中整合武汉、黄石、黄冈、鄂州、咸宁五市的岸线和港航资源，把武汉打造成长江中游航运中心"的部署，组建了武汉港航发展集团有限公司。2021年5月，公司更名为"湖北省港口集团有限公司"，作为全省港口资源整合运营平台，再次助推武汉多式联运中心和国家物流中心建设，为建成长江经济带中部战略支点提供了重要支撑。

3. 创新专项政策支持模式

武汉市政府高度重视多式联运发展，于2013年专门成立了铁水联运工作领导小组。武汉市政府相继出台了《武汉集装箱铁水联运专项补贴资金管理办法》等多式联运补贴办法，支持集装箱多式联运业务健康发展，发挥了政府资金的杠杆作用，有效撬动了社会及民间资本的涌入，为武汉市及湖北省营造了良好的外部环境。

（五）应用效果

1. 缓解三峡枢纽通行压力

2021年，三峡船闸通过量为1.46亿吨。示范工程对成渝城市群与长江沿线间货物实行铁、水等多式联运分流，形成了以阳逻港为转运节点的铁水联运通道，既合理分流长江中上游成都、重庆等地货物，又避免了全程铁路运输费用昂贵，进一步发挥了长江水运成本优势。图4-12为湖北三峡坝区货轮等待过闸实景。

2. 有效缓解城市交通压力

示范工程实施以来，货物运输尤其是长途公路运输由公路运输向铁路运输转移，有效缓解了武汉市西三环和京港澳高速公路的交通压力，并明显缓解了疏港通道平江路与汉施公路的交通压力。示范工程直接带动了武汉港和其他衍生产业就业数百人。

图 4-12　湖北三峡坝区货轮等待过闸实景

3. 有效提升多式联运品牌知名度

示范工程通过搭建铁水联运经营管理平台,促成铁路与港口的融合,推动了铁水联运运作流程与管理规范、多式联运经营人服务规范、铁水联运规则、信息平台共享与接口标准等的制定。随着示范工程的深入推进与示范效果的不断显现,孕育了长江中游地区最大的国际多式联运经营人,中部知名的"汉亚班轮"和"汉欧班列"等多式联运品牌效应逐渐凸显。

借鉴意义

推进武汉市集装箱铁水联运发展,推动构建以多式联运为基础的物流新通道,支撑了内陆开放。加快大宗物资"散改集"运输,推进公路运输向铁路运输转移,重点港口精准发力,促进公转铁、公转水,促进了绿色发展。

武汉市集装箱铁水联运示范工程对促进我国铁水多式联运发展,加快内陆地区开放,促进运输结构调整,以及做好绿色环保工作具有较好的借鉴意义。

—— **案例执笔人** ——

交通运输部科学研究院孙东泉

—— **素材提供人** ——

武汉金控港口发展有限公司朱述刚

宁波舟山港实施集装箱海铁公多式联运示范工程

案例摘要

为积极响应国家发展战略,"宁波舟山港—浙赣湘(渝川)"集装箱海铁公多式联运示范工程依托海上通道、国家铁路网、高速公路网以及港口铁路、货运场站等基础设施,充分结合海运、铁路干线运输以及公路"门到门""门到站"甩挂、双重运输的优势,综合实施集装箱海铁公多式联运。通过加强多式联运基础设施建设、推广应用快速转运装备技术、探索创新多式联运组织模式、推进多式联运信息互通、强化产品开发和维护等五大方面内容,宁波舟山港—浙赣湘(渝川)地区物流大通道建成,实现了集装箱海铁公联运业务量大突破,客户产品市场响应能力大提升,经济、社会和环境综合效益大改善,对促进我国多式联运发展具有重要借鉴意义。

关键词

铁水联运、集装箱运输、模式创新、信息互通

做法与成效

(一)案例背景

为加快落实《推进多式联运发展优化调整运输结构工作方案(2021—2025年)》要求,立足破解港口端铁路作业能力受限、海铁信息共享不畅、内陆端场站能力不足等发展瓶颈,宁波舟山港集团有限公司以构建高效多式联运体系为总体目标,实施"宁波舟山港—浙赣湘(渝川)"集装箱海铁公多式联运示范工程,充分发挥综合交通网络及"门到门""门到站"甩挂、重去重回运输的优势,进一步拓展服务范围、优化服务品质、创新服务模式、构建服务标准,实现了集装箱铁水联运业务量大突破。

(二)总体情况

近年来,宁波舟山港集团有限公司不断加强与政府部门、铁路、船公司合作,集装箱铁水联运稳步发展。2021年,宁波舟山港铁水联运箱量首破120万标准箱,同比增长20%,箱量跃居全国第二,铁水联运班列增至21条,业务辐射全国16个省(自治区、直辖市)的61个地级市。同时,集装箱海铁公多式联运示范工程有序推进,在政策创新、业务模式创新、数字化及一体化操作创新等方面实现突破,助力了港口枢纽全面融入以国内大循环为主体、国内国际双循环相互促进的新发展格局。

(三)典型做法和经验

1. 加强基础设施建设,提高铁水联运作业能力

宁波舟山港持续加强进港铁路配套场站设施设备建设,积极推进"港站一体化",实现了

铁路货运站场与港区无缝衔接。北仑支线电气化改造已全面完成,通往北仑港区的货运列车也将逐步从内燃机车向电气化列车转变;铁路穿山港站成功启用(图4-13),打通了全球第二大单体集装箱码头铁水联运"最后一公里"。宁波舟山港具备铁水联运作业能力的港区增加至3个(北仑港区、镇海港区、穿山港区),总作业能力达到200万标准箱。

2. 强化智慧低碳技术装备应用,提升联运服务水平

宁波舟山港积极推进清洁能源设备使用,码头平面运输、港区间分拨作业和短驳业务均使用液化天然气(LNG)集卡设备(图4-14),使综合排放指标降低约80%,噪声降低40%,每运营1万公里较柴油集卡节约能源成本3500元左右。宁波舟山港应用装卸智能手持终端,货运员通过智能手持终端输入集装箱箱号、车皮号、股道号、图片备注等重要信息,即可完成多式联运集装箱电子数据传输,实现了装卸作业全程无纸化操作。

图4-13　铁路穿山港站正式启用　　　　图4-14　港区内LNG集卡

3. 创新多式联运业务模式,助推铁水联运高质量发展

宁波舟山港充分发挥集装箱环保、高效、降低成本、便捷等优点,大力推广"散改集"业务模式,推动运输结构调整持续向纵深发展。同时,宁波舟山港推进义乌"第六港区"建设,已成功开行"第六港区海铁专列",提高了属地货物放行效率,提升了客户体验。宁波舟山港深化与铁路、船公司的协同合作,探索应用铁水联运全程运输提单,推动船公司将航运服务延伸至内陆铁路场站,全程运输业务比例显著提升。

4. 推进多式联运信息互通,实现物流全程监控

宁波舟山港推动大数据共享互联,打通铁水联运物联网应用系统与海铁相关生产系统、国家交通物流公共信息平台及国铁电商系统的信息交换与共享,实现了业务托单受理、港铁取送车、铁路计划申报、港站装卸车、口岸协同、车队驳箱等业务统一管理。宁波舟山港强化与铁路部门紧密合作,已基本实现港口与铁路生产信息互联互通,实现了"铁路+港口"全程物流跟踪服务。

(四)案例创新

1. 组织创新

宁波舟山港集装箱铁水联运内部生产和调度已实现信息交换与共享,业务管理高度统一。

通过与铁路建立数据共享机制,进行港口与铁路间的信息互联互通,实现了编组站现车、编组站到发确报等数据对接,成功将数据应用到生产组织协调中,实现了物流协调,有效提高了铁水联运的运行效率。

2. 机制创新

宁波舟山港充分调动船公司、订舱代理等参与铁水联运业务的积极性,共同建立年度合作目标以及考评体系,形成合力推动机制,在港航界产生了良好的品牌效应。与上海铁路局、南昌铁路局、成都铁路局、武汉铁路局、中铁联合国际集装箱有限公司等公司围绕集装箱铁水联运签订战略合作框架协议,建立了合作共赢机制。

3. 产品创新

宁波舟山港在班列组织和产品开发方面持续探索,创新运作双层集装箱班列,铁路运能按实际承重提升38%;创新"最后一公里"甩挂运输模式,车辆周转效率提升50%以上;创新运作义乌、绍兴等点对点短途循环班列,2021年各线路箱量均超10万标准箱;创新运作进口冷链海铁专列,打通了宁波口岸至中西部地区的海铁冷链物流新通道,示范带动了行业发展。

4. 工艺创新

宁波舟山港持续推动运输结构调整,于2016年9月底启动衢州巨化"散改集"项目,在不增加客户成本的情况下,将硫酸铵散货装入一个集装箱内,既能达到环保要求,又降低了运输过程中的损耗。同时,创新使用"35吨开顶箱",2019年5月成功开通绍兴地区煤炭"公转铁"专列,为客户优化物流环节、降低物流成本。2021年以来,宁波舟山港充分利用舟山港综合保税区铁路无轨站优势,为中储粮、江西铜业等客户定制粮食、铜精矿散改集物流方案,目前已累计完成粮食及铜精矿散改集近5000标准箱。

(五)应用效果

1. 经济效益

宁波舟山港充分发挥铁水联运组合优势,通过有序推动集装箱从公路运输转移到铁路运输,在节省运输时间、提升服务水平的同时,进一步降低了企业的物流成本。以上饶班列为例,较传统运输模式缩短13个小时在途时间,降低了25%的运输费用。

2. 社会效益

宁波舟山港铁水联运已然成为宁波市的一张亮丽名片,随着铁水联运的不断发展,铁水联运相关业务单位尤其是班列运营企业、海铁货代企业数量越来越多、规模越来越大,初步估计直接创造就业岗位3000余个,促进了社会就业。同时,铁路大批量运输有效缓解了城市交通压力,减少了交通运输事故数量,以2021年完成海铁箱量120万标准箱计算,每天可减少公路行驶集卡3300余辆。

3. 环境效益

铁路具有运量大、占地少、能耗低、环境污染较小、安全保障好的优势。宁波舟山港铁水联运发展的18年间,累计节约燃油(柴油)2.5亿升,节约能源费用超过13.5亿元,节约碳排放成本超过2460万元,降低噪声成本7520万元。

借鉴意义

(一) 信息系统建设广泛应用

宁波舟山港电商平台及单证无纸化建设有效减少了驾驶员、货运员或客户纸面办理环节，缩短了下车打单和人工等待时间。路港信息互联互通，将铁路数据应用到港口实际生产作业环节，实现了生产数据和物流数据的深入对接。应用智能移动软件，优化了集卡入港程序，提升了码头智能闸口通过率。

(二) 快速转运装备有效推广

宁波舟山港 LNG 集卡、"散改集"技术的稳定应用显著提高了货物转运效率，提升了作业安全性，实现了全程运输监管，降低了物流成本。双层集装箱班列相比一般铁路运输最多可提高铁路运输能力 38%。海铁联运实现了高运能、新模式的突破。

(三) 探索铁水联运服务新模式

宁波舟山港创新服务模式，扩大铁水联运全程运输提单应用，提升铁水联运全程运输比例，推动了船公司将航运服务延伸至内陆铁路场站。针对企业不同需求，开发了"最后一公里"甩挂、重去重回班列、双层班列等特色联运产品，打造精品线路。强化铁水联运业务保障，优先保障箱源、舱位供应，缓解了企业"落箱难、成本高"等困难。

(四) 建立行业技术标准

宁波舟山港与交通运输部水运科学研究院标准制定组合作，制定了 14 项以海运为主的报文和 16 项以铁路运输为主的铁水联运数据交换电子报文标准，这些报文技术标准已成为我国海铁联运基础性的报文标准，为推动集装箱铁水联运业务标准化、规范化发展奠定了基础。

案例执笔人

交通运输部水运科学研究院虞楠

素材提供人

宁波舟山港股份有限公司

建设集装箱铁水联运六条示范线路和物联网示范工程

案例摘要

铁水联运作为多式联运的主要形式,对实现多种运输方式的无缝衔接和一体化运作,构建以绿色低碳为特征的综合交通运输体系具有重要而深远的意义。为推进集装箱铁水联运,交通运输部、原铁道部选定大连至东北地区、天津至华北、西北地区、青岛至郑州及陇海线沿线地区、连云港至阿拉山口沿线地区、宁波至华东地区、深圳至华南、西南地区等6条线路开展了集装箱铁水联运示范,并在6条示范线路开展了铁水联运物联网应用示范工程建设,探索完善多式联运运输组织信息协同的新模式,以信息化带动港口集装箱铁水联运业务的发展,降低集装箱铁水联运物流成本,推动了综合运输体系高质量发展。

关键词

铁水联运、集装箱运输、物联网、信息协同

做法与成效

(一)案例背景

为推进铁水联运工作,交通运输部、原铁道部于2011年9月26日和29日,联合下发了《关于开展集装箱铁水联运示范项目的通知》和《关于加快铁水联运发展的指导意见》,选定了6个条件成熟的集装箱铁水联运示范项目。

2012年7月31日,国家发展改革委办公厅、财政部办公厅印发了《关于同意在铁海联运等7个领域开展国家物联网重大应用示范工程的复函》,确认将国家集装箱海铁联运物联网应用示范工程纳入国家物联网重大应用示范工程。

(二)总体情况

通过国家集装箱海铁联运物联网应用示范工程建设,我国建立了铁路、水运业务衔接联动机制,探索完善了海铁联运信息协同的新模式,建立健全了技术应用标准规范体系,推动了铁路、水运领域物联网装备产业健康发展。

2021年,在国际形势复杂多变、境外口岸严重拥堵、箱源紧张等因素影响下,得益于集装箱铁水联运六条示范线路推广和物联网示范工程建设,全国港口集装箱铁水联运仍然实现快速增长,全年运输总量为754.8万标准箱,同比增长9.8%。其中,沿海港口集装箱海铁联运量共完成729.7万标准箱,同比增长9.2%,大连、天津、青岛、连云港、宁波和深圳6条示范线路集装箱铁水联运量完成511.1万标准箱,同比增长11.11%。

(三) 典型做法和经验

1. 形成辐射全国的铁水联运体系

示范工程选择了运量较大、货源稳定、双向均衡、配套设施齐全的运输示范线路作为试点,并通过建立示范项目合作机制、推进基础设施建设、加大铁路运力保障力度、培育发展铁水联运市场主体、积极争取地方政策支持,最终形成了辐射全国的铁水联运体系,以点带面,提高铁水联运运输效率和效益,促进了集装箱铁水联运全面快速发展。

2. 构建集装箱海铁联运物联网感知体系

以射频识别、全球定位系统、铁路车号自动识别(ATIS)等技术为支撑,示范工程构建了6条铁水联运示范线路的智能感知系统,实现了对集装箱运输状态信息的实时监测,以及对装船、装车、倒箱、换装等关键作业环节的智能化管理。港区信息采集设备布置方案如图4-15所示。

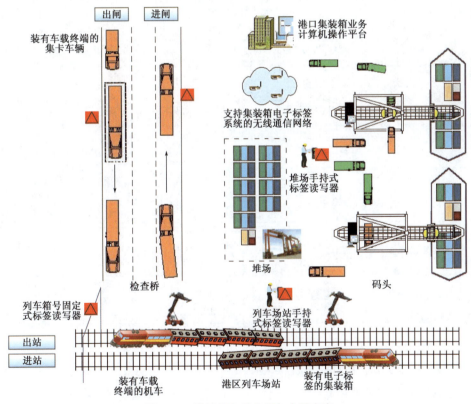

图4-15 港区信息采集设备布置方案

3. 加强集装箱铁水联运机制创新

示范工程协调整合铁路、水运两方面的信息资源,建设开放、一体化的集装箱铁水联运业务协同平台,并探索长效机制,最终实现了集装箱"一次托运、一份合同、一次支付、一次通关"的"门到门"一体化运输。以宁波舟山港为例,其集装箱铁水联运业务协同平台总体构架如图4-16所示。

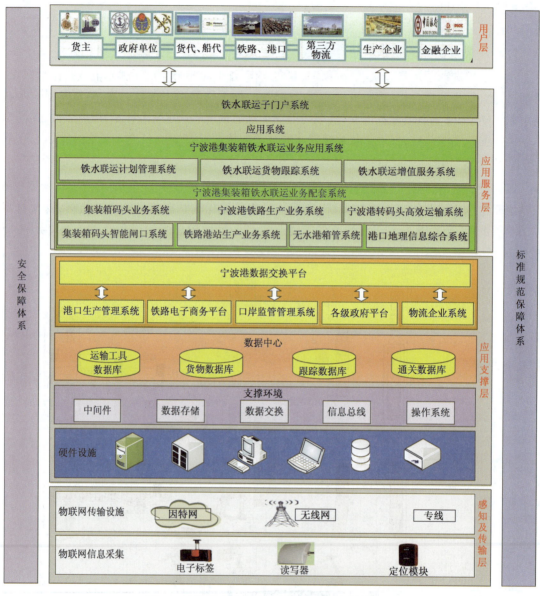

图 4-16 集装箱铁水联运业务协同平台总体构架

4. 建立海铁联运物联网标准规范体系

示范工程研究制定了海铁联运集装箱标志、标识、代码等基础标准,数据采集传输技术标准、业务数据交换标准等集装箱海铁联运电子单证标准等,完善了集装箱海铁联运物联网技术应用标准体系,有效指导和规范了集装箱海铁联运物联网技术应用和建设。

(四)案例创新

1. 探索创新铁水联运组织模式,提高了铁水联运总量与比重

按照铁水联运模式的特点和要求,各示范线开展了集装箱铁水联运服务规则的探索,进行了初步示范应用,探索并逐步实现了铁路、水路运输在一体化组织中货物交接、合同运单、信息共享、责任划分、保险理赔等方面的制度对接和统一规范。在此基础上,通过优化创新铁水联运组织模式,集装箱铁水联运业务领域与覆盖范围不断拓展,我国铁水联运的总量与比重得到了提升。

2. 优化服务功能与服务水平,培养了多式联运经营人主体

各示范线企业通过创新发展,不断完善服务功能,提升综合服务水平。大连港创新发展汽车、冷链、快消品等专业物流服务,并利用大连口岸保税等有关政策,结合市场资源开展了融资物流业务。天津港发挥自身特长,联合海关等部门共同营造了便捷的口岸服务环境。青岛港利用胶州中心站优势,开行了胶州与黄岛间公交化运输的集装箱小运转班列。连云港深度融合物联网,初步实现了物流门到门运输、货物点到点对接和信息实时交换的运作模式。宁波港和深圳港在货量充足的绍兴、义乌、东莞等地开行了中短途集装箱铁水联运班列。

在此基础上,示范线港口不断优化创新铁水联运组织模式,探索推动建立铁水联运运营组织一体化解决方案,推进了"一单制"全程无缝运输服务的开展与推广。

3. 创新应用物联网先进技术,提高了铁水联运的智能化作业水平

示范工程充分利用射频识别、物联网等先进信息技术,构建了海铁联运物联网感知体系,建立了智能化转运系统,大大提高了集装箱海铁联运换装转运的自动化、智能化作业水平,推进了联运信息采集、货物状态监控、作业自动化等领域的技术创新与广泛应用,实现了示范港口港区内集装箱、铁路场站内货物及在途货物的状态跟踪。同时,通过拓展建设海铁联运互联网及智能应用服务系统,大大提升了作业效率与客户服务体验。

(五)应用效果

1. 强化铁水联运基础设施衔接,提高了联运枢纽一体化运营支撑能力

通过示范工程建设,各示范线港口加强了港口集装箱铁水联运配套工程和设施建设,加大了内陆无水港建设和设备投入。铁路部门加快改造更新了所属集装箱场站设备,提高了车站装卸效率。通过提高示范线集装箱铁水联运通道设施配套水平,各港口增强了港口端集装箱铁水换装枢纽、内陆端集装箱铁路站场的作业能力。

2. 推进铁水联运运营组织与业务衔接,优化了联运运力资源配置

通过示范工程建设,各示范线港口与铁路单位扩大了港口腹地货源市场,加大了运输组织力度,保障了班列、班轮的稳定性和可靠性,确保了集装箱铁水联运的有序、畅通。同时,示范线港口通过对接铁路集装箱中心站,优化了港口集装箱码头作业组织,形成统一调度,极大优化了铁水联运运力资源配置。

3. 打造铁水联运信息共享平台,推进了联运信息数据衔接与系统建设

示范工程建立了示范线区域性集装箱铁水联运信息共享平台,实现了铁水联运集装箱班轮/班列运行时点、运价、订舱/订车皮、集装箱动态、港口/车站业务、关检动态等动态信息的数据衔接与实时共享,从而有效推进了水路与铁路不同运输方式、不同企业间多式联运信息的开放共享和互联互通。

借鉴意义

(一)多种运输方式的无缝衔接是实现铁水联运发展的基础

示范工程在集装箱铁水联运基础设施与装备衔接、联运业务与管理衔接、联运运营组织与协同衔接、联运信息数据共享等方面开展了大量的衔接建设工作。港口、铁路的无缝衔接为集装箱铁水联运的快速发展打下了良好的基础。

(二)铁水联运全流程业务协同优化是实现铁水联运发展的关键

示范工程实现了各港口集装箱集疏运与铁路货运全流程业务的协同优化,实现了港口、铁路业务协同的模式创新、流程优化与应用系统协同,提高了集装箱铁水联运的运作效率,降低了业务运作成本。

(三)良好的政策引导与机制创新是推动铁水联运发展的动力

港口与铁路部门先后签署了系列合作协议,建立了紧密务实的长效合作机制,加强了铁水联运规划、建设、组织管理、相关政策和标准制定等方面的合作。通过政策引导与机制创新,示范工程快速推动了铁水联运全链条高效协作和上下游一体化联动,为集装箱铁水联运的不断发展提供了强大动力。

(四)技术与业务的融合是推动铁水联运发展的加速器

示范工程应用电子标签信息采集、传感与数据传输、信息交换与共享、数据整合与分析等信息化技术实现了集装箱铁水联运全程的联网联控和全程跟踪,促进了铁水联运相关业务在全供应链的延展与覆盖。同时,不断拓展的业务领域和增值服务要求,促进了技术与业务的深度融合,推动了铁水联运物联网技术应用的产业化发展。

案例执笔人和素材提供人

交通运输部水运科学研究院 张永明

苏州市城市绿色货运配送示范工程

案例摘要

近年来,城市货运行业积极推进绿色低碳转型发展,加快推进新能源货车替代传统燃油货车,优化运输结构,构建绿色低碳货运物流配送体系。苏州市牢固树立新发展理念,以满足经济社会发展和人民群众对城市配送的新要求和新期盼为契机,坚持以市场需求为导向,立足高点定位,强化规划引领,推进枢纽建设和信息平台建设,着力完善通行管控政策和市场监管政策,抓好新能源配送车辆推广和配送组织模式创新,成功打造了"集约、高效、绿色、智能"的"苏式配送"服务体系,并于2021年8月被交通运输部、公安部、商务部联合授予全国首批"绿色货运配送示范城市"荣誉称号,为面向城市货运配送"碳达峰"的新能源运力推广提供了样板工程。

关键词

碳达峰、城市绿色货运配送、新能源货车

做法与成效

(一)案例背景

为推动城市货运配送绿色高效发展,缓解城市交通拥堵,促进物流业降本增效,按照国务院办公厅《推进运输结构调整三年行动计划(2018—2020年)》等工作要求,"十三五"期间,交通运输部联合公安部、商务部组织两批共46个城市开展了城市绿色货运配送示范工程创建工作,苏州等16个城市被授予"绿色货运配送示范城市"称号。苏州将绿色优先视为绿色配送示范工程创建的重中之重,围绕新能源车辆推广和解决城市配送"三难"问题,制定出台了《苏州市加快新能源汽车推广应用实施意见》《苏州市柴油货车污染治理攻坚战实施方案》等综合性政策,采取多种有效措施,一方面以培育示范企业为抓手,从通行证权限提升和车辆运营奖补两个方面激励企业更新新能源配送车辆;另一方面围绕古城保护,疏堵结合,依托多层次的停靠装卸泊位,解决城市配送面临的"通行难、停靠难、装卸难"问题,成功打造了"集约、高效、绿色、智能"的"苏式配送"服务体系,并于2021年8月被交通运输部、公安部、商务部联合授予全国首批"绿色货运配送示范城市"荣誉称号,为面向城市货运配送"碳达峰"的新能源运力推广提供了样板工程。

(二)典型做法和经验

苏州市以提供个性化、高质量物流配送服务为目标,牢固树立以人为本理念、古城保护理念和科技创新理念,强化顶层设计,研究关键技术,布局圈层网络,丰富配送模式,培育示范企业,优化通行政策,构建信息系统,逐步形成了具有苏州特色的城市绿色货运配送发展模式,成功塑造了"苏式配送"特色服务品牌。

1. 注重高位协调,成立创建领导小组

苏州市政府成立了由市长挂帅,交通、公安、商务、邮管等部门组成的领导小组,负责重大事项决策、部署和总体方案推进。制定出台了《苏州市创建绿色货运配送示范城市工作方案》,在考核指标的基础上,结合苏州城市实际,明确了6方面主要任务、8项配套政策及24个重点项目。制定发布《苏州市绿色货运配送示范企业认定考核管理办法》,通过运营奖补和通行便利等政策激励,积极培育城市绿色货运配送示范主体,截至2021年底,共培育了12批49家绿配示范企业。

2. 注重资源集约,统筹三级节点网络

苏州市以市场为主导,整合现有场站设施,集聚优质物流资源,充分利用城市周边具有干支衔接功能并承载共同配送的大型公共货运枢纽,以及城区内服务于城际货运和城市配送间高效转换的物流园区和大型物流中心,优化城市内末端共同配送节点网络,推动形成了有机衔接、层次分明、功能清晰、协同配套的"8＋20＋200＋"的"圈层式"城市绿色货运配送三级节点网络体系,有效促进了城市货运配送组织链条高效流转。相较于示范期初,城市配送车辆利用效率提高了21%,城市配送成本下降了12.6%。

3. 注重以人为本,发展多元高效配送

苏州市以老百姓的个性化需求为导向,引导和鼓励城市货运配送组织模式创新,支持城市货运配送企业发展统一配送、集中配送、共同配送等先进配送模式。至创建期末,中心城区大型超市、卖场、连锁店等采用共同(夜间、集中)配送的比例达到85.4%。推动发展货运出租、冷链物流、社区物流等多元模式,促进物流降本增效,满足了居民个性化物流配送需求。

4. 注重多措并举,积极推广新能源车

苏州市制定出台了《苏州市绿色货运配送车辆运营奖补办法》,针对示范企业新能源配送车辆,通过分车型精细化奖补缩小与燃油配送车辆的综合成本差距,年均奖补总额逾千万元。截至2021年底,苏州市区共投入7000辆新能源城市配送车辆,城市新能源配送车辆保有量较创建期初增长11.4倍。实施差异化通行政策与多层次停靠设施,将14.2平方公里的苏州古城设立为绿色配送示范区,结合古城外至中环范围内的绿色配送管控区,强化新能源配送车辆通行便利。在古城区内设置了50余处新能源配送车辆专用临时停靠装卸点,结合道路公共停车位、4米以上宽度的非机动车道等多层次设施供给,解决了"停靠难、装卸难"问题。

5. 注重科技创新,搭建公共信息平台

苏州市依托交通运行指挥中心(TOCC)开发建设"苏州城市货运配送公共信息服务平台"(图4-17),打破了部门间数据孤岛,有效整合了公安通行证管理、城管公共停车资源、工信社会充电桩信息、邮管电动三轮车数据、配送企业信息平台、新能源车辆主机厂数据等,实现了各类信息资源的整合利用,推进城市货运配送全链条信息交互共享,完善大数据计算与辅助决策能力,提升了苏州城市货运配送信息化监管和个性化服务水平。

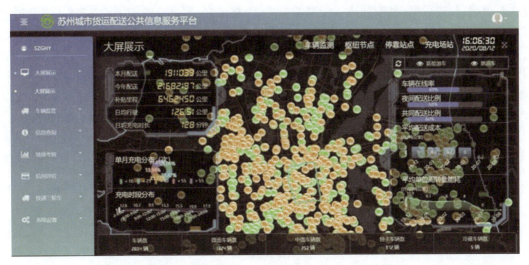

图 4-17　苏州城市货运配送公共信息服务平台大屏

借鉴意义

具有苏州特色的城市绿色货运配送发展模式不断丰富"集约、高效、绿色、智能、安全"的"苏式配送"内涵,持续畅通城市配送组织链条,引导运力结构绿色化发展,强化智能化管理服务,更好满足了人民日益增长的美好生活需要,为面向城市货运配送"碳达峰"的新能源运力推广提供了样板工程,其创建过程具有以下借鉴意义。

(一) 强化规划引领,统筹节点布局

领导部门组织开展系列专项课题研究,服务示范工程各个方面,完善政策保障,强化动态监管,跟踪评估现有绿色货运配送政策的实施效果,并做好了后期的政策优化和完善工作,为向工程推广做好了技术储备。苏州市根据城市空间布局、产业集群与城市配送需求分布,结合城市路网结构以及货运场站分布,形成了"圈层式布局"的城市配送网络节点。结合城市特色,设立绿色配送示范区,绿色配送示范区内非新能源配送车辆禁止通行,保障了绿色配送车辆的优先通行权。

(二) 丰富组织模式,满足个性需求

苏州市积极推广共同配送、冷链配送、社区物流等先进组织模式,更好满足了个性配送需求:利用货运出租车的运力整合,依托公共配送枢纽中心,提供"共同仓储+共同配送"一站式仓储配送服务;支持建设农产品、食品、药品等行业的全程冷链配送体系,注重基础设施建设和车辆装备保障;推进末端配送环节集约化创新,通过智能快件箱、快递综合超市等载体,提供以社区为单元的集散服务。

(三) 建设信息平台,提升服务效能

"城市货运配送公共信息服务平台"通过整合配送车辆远程信息处理器(T-BOX)数据、示

范企业数据、政务数据、城市配送三级网络节点、停靠设施、充电设施等信息，实现了车辆监管、统计分析、绩效考核、设施查询、信用评价、基础信息服务等功能。信息平台还实现了车辆运行数据实时监测统计、临时停靠点查询和大数据分析等特色功能。此外，针对新能源配送车辆的运营奖补，可利用平台进行轨迹查询与里程核算，可作为奖补发放金额的参考标准。

案例执笔人

交通运输部规划研究院李弢、甘家华、刘佳昆、李云汉

素材提供人

苏州市交通运输局相金龙

深圳市城市绿色货运配送示范工程

案例摘要

深圳市以完善城市配送基础设施、推广新能源物流配送车辆、推动新技术应用发展智慧物流为重点,加快推进城市绿色货运配送体系建设,并于 2021 年 8 月被交通运输部、公安部、商务部联合授予全国首批"绿色货运配送示范城市"荣誉称号,形成了打造绿色高效现代物流系统的"深圳经验"。

关键词

碳达峰、城市绿色货运配送、新能源货车

做法与成效

(一)案例背景

深圳市作为粤港澳大湾区四大中心城市之一,水陆空铁口岸俱全,是国际性综合交通枢纽、国家物流枢纽,为"绿色货运配送示范城市"创建奠定了坚实基础。深圳市制定物流场站建设标准,研究形成物流场站开发运营模式,推动构建"对外物流枢纽 + 城市物流转运中心 + 社区物流配送站"三级物流场站体系,出台了一系列鼓励性政策推动新能源物流车辆普及应用,城市绿色货运配送体系加快建设,于 2021 年 8 月被交通运输部、公安部、商务部联合授予全国首批"绿色货运配送示范城市"荣誉称号,形成了打造绿色高效现代物流系统的"深圳经验"。

(二)典型做法和经验

深圳市以建设"集约、绿色、智慧、畅通、高效"的城市货运配送服务体系为导向,不断完善三级配送节点网络,全方位推广新能源物流车应用,优化创新物流配送组织模式,城市货运配送行业主要指标持续显著增长,实现了配送行业"新格局、新能源、新模式"发展。

1. 完善协同管理运行机制,注重体制机制保障

深圳市建立了联席会议制度,协同推进创建工作有关事宜。深圳市交通运输局物流和供应链发展处在绿色货运配送示范工程创建工作中发挥协调作用。此外,深圳市建立了规划部门与交通部门间的沟通协调机制,共同探索研究物流基础设施布局规划。成立"即时配送行业交通安全联盟",共同建立行业准入及配时标准、制定车辆及规范标准、建立配送驾驶人员管理规定、建立统一信用管理体系,创新了交通违法人脸识别及备案号码识别、双重奖励监管举报违法机制。

2. 健全车辆通行停靠措施，突出新能源车便利政策

深圳市通过出台配送车辆分时错时通行、停靠优惠、设置绿色物流区等一系列便利通行政策，在强化配送保障的同时明显缓解了城市货运配送的"三难"问题。一方面实施新能源物流车停靠优惠政策，对符合《深圳市机动车道路临时停放管理办法》规定允许道路临时停放的新能源物流车实行当日在路内停车位免首次（首1小时）临时停车费的优惠措施。另一方面实行物流配送车辆通行分时、错时、分类管控，对已接受电子备案的新能源纯电动物流车辆进行三级分类管理，并根据车辆事故违章情况定期对车辆进行升降级管理。划定了10个"绿色物流区"，全天禁止轻型柴油货车通行，扩大新能源城市配送车辆的使用范围。

3. 加快先进组织模式应用，鼓励绿色配送创新发展

深圳市鼓励引导物流企业应用特色鲜明的共同配送模式，积极推动共速达、顺丰、凯东源、美泰等企业开展共同配送项目，打造由多个企业联合组织实施，通过横向联合、集约协调达成求同存异的共同配送，进而争取企业效益共享、行业降本增效。搭建企业合作交流平台，支持成立深圳市生鲜冷链和城市物流协会等组织，及时反馈物流从业者诉求，推动深圳市城市物流与冷链行业相关扶持政策的出台。首创"1+N"甩挂运输组织方式，形成了高效的"互联网+共享挂车池+联盟甩挂"运行模式，通过搭建公共甩挂运输信息平台，实现运力、站场、货源共享互通，充分整合现有资源，实现了效益最大化。

4. 积极探索货运新兴领域，打造制氢加氢一体示范

深圳市积极在城市货运配送新兴领域展开探索，包括推动无人车配送在宝安、南山部分片区试点运行，通过地图采集、激光雷达探测等技术在试点片区实现全场景、全天候的智能化服务；积极支持无人机配送技术研发测试，建立疫情防控物资配送的"空中通道"，探索拓宽无人机在快递物流等服务领域的产业化应用。积极引导企业建设制氢加氢示范站并打造氢能绿色物流配送服务平台。截至2020年6月，已建成深圳市第一座制氢加氢一体示范站并进行运行调试，共引进落地氢燃料电池物流车25辆，氢能绿色物流配送服务平台已作为物流公共服务平台进行运作，可实现监控功能（图4-18）。

图4-18 深圳制氢加氢一体示范站及运营监控平台

5. 深化信息资源交互共享，搭建智能服务体系

深圳市不断加大人工智能、物联网、大数据等技术在物流领域推广应用力度，提升物流服务智能化、集约化、标准化水平。搭建智能化电子服务体系，推动无人工干预智能审批服务，开通互联网电子通行证服务，打通不同部门间数据壁垒，推动各系统信息衔接、数据自动校验和分析，逐步实现各项交通审批事项全流程网上办理、全自动系统审定、全过程无人工干预，进一步推进便民服务，减轻了企业办理业务时间成本。开发"深圳市绿色货运新能源车运行监控公共服务平台"，整合车辆位置、速度、电池、电机状态等运行数据，进一步加强新能源车辆交通数据动态监测，车主也可以通过 App 进行充值、找桩和车辆充电。此外，智慧城市配送服务平台可以实现城市配送企业资源信息交互共享，实现了资源整合。

借鉴意义

深圳市持续加强城市绿色货运配送体系建设，大力推广新能源车辆应用，推进充电桩等新能源基础设施建设，优化运输结构，在市场驱动和政策加持之下，绿色货运配送发展跑出"加速度"，其创建过程具有以下借鉴意义。

(一) 实施政策"组合拳"，推进新能源车发展

深圳市从制度安排、资金支持、加强管理、配套设施建设等方面有力推进了新能源物流车的发展。在实施新能源车购置补贴的基础上，率先出台纯电动物流车运营资助政策，对刺激新能源车市场化、规模化运营起到了明显促进作用。截至 2022 年底，全市新能源物流车保有量 9.65 万辆，是国内新能源物流车保有量最大的城市。深圳市统筹搭建起了绿色货运新能源车运行监控公共服务平台，实时监测新能源物流车运行情况，实现了充电桩、维修站等公共服务领域与物流企业的交互推送，为推动物流领域绿色发展及碳排放提供数据支撑，可为企业运力投放提供决策参考。

(二) 注重需求导向，完善城市配送基础设施布局

深圳市按照"有序外迁区域性、生产性物流，加强市内生活物流设施配建，提升综合物流枢纽功能，实现东、中、西均衡化布局"的总体布局思路，形成了干线运输、区域配送、末端网点布局的"7 + 30 + N"三级物流网络配送体系。结合城市货运配送枢纽布局，积极推进充电站、充电桩等基础设施建设，做到了车桩相适、适度超前。全市可供物流货车使用的充电桩建成量超过 2 万个，智能、高效、共享的物流车充电网络基本形成。

(三) 支持政策丰硕，培育物流行业龙头企业

深圳市开展了重点物流企业认定和贴息资助，每家企业贴息额度最高可达 300 万元，对首次认定的市重点物流企业给予最高 30 万元的一次性奖励；对符合条件的智能快件箱按每箱 3000 元予以总额最高 90 万元的一次性资助，推动企业利用先进信息技术手段，重塑物流业务流程，创新经营和服务模式，发挥行业引领作用，带动行业实现降本增效。示范期内，共认定重点物流企业 69 家，贴息资助企业 105 家次，资助金额约 2.32 亿元，其中包括顺丰、凯东源、深国际、泛亚、易流科技等 5 家绿色配送示范工程项目实施企业。

案例执笔人和素材提供人

交通运输部规划研究院李弢、甘家华、刘佳昆

长沙市城市绿色货运配送示范工程

案例摘要

长沙市把"城市绿色货运配送示范工程"作为打通物流"最后100米"的首要任务，着力培育市场主体，完善基础设施，建设系统平台，优化通行管控，强化政策支撑，基本建成了集约高效、服务规范、低碳环保的城市绿色货运配送体系，企业创新活力不断释放，市场影响力和示范带动作用逐步显现，于2021年8月被交通运输部、公安部、商务部联合授予全国首批"绿色货运配送示范城市"荣誉称号，探索出了一条具有长沙特色的城市绿色货运配送发展之路。

关键词

碳达峰、城市绿色货运配送、新能源货车

做法与成效

（一）案例背景

长沙市通过选育主体、给足政策、搭建平台、制定标准等一系列"组合拳"，整合货运配送资源，优化货运配送车辆城区通行管控措施，推广电动货运配送车辆，建立信息共享平台，基本建成了集约高效、服务规范、低碳环保的城市绿色货运配送体系，于2021年8月被交通运输部、公安部、商务部联合授予全国首批"绿色货运配送示范城市"荣誉称号，探索出了一条具有长沙特色的城市绿色货运配送发展之路。

（二）典型做法和经验

1. 完善节点网络，强化发展支撑

长沙市推动城际干线运输和末端城市配送有机衔接，结合货运站场（物流园区）规划，布局长沙市干支衔接型货运枢纽（物流园区）、公共配送中心、末端配送网点，形成了以传化公路港、湖南物流总部、丰泰产业园等干支衔接性货运枢纽为一级节点，弘广、恒邦、云冷、顺丰、德邦、红星等企业公共配送中心为二级节点，城市配送企业末端配送网点为三级节点的较为完善的货运配送网络，构建形成了集约高效、服务规范、低碳环保的城市绿色货运配送体系。

2. 着力破解"三难"问题，大力推广绿色车辆

长沙市大力推广新能源和清洁能源货运配送车辆应用，截至2021年底，长沙中心城区纯电动货运配送车辆较示范创建初期增长4.39倍。出台《长沙市绿色城市配送车辆标志标识喷涂技术指引》，统一了城市配送试点车辆标志标识（图4-19），实施了快递电动三轮车车型、

标识、备案、保险、培训"五统一"。在确保交通安全、畅通的前提下,长沙市探索实施城市配送车辆在一般禁停路段临时停靠作业,在中心城区共计设置了 150 余个 2.4 米×6 米的城市配送车辆临时停靠点,并设置停车标志标线等管理设施,防止城市配送车辆临时停车设施被挪用、占用,解决了货运配送车辆城区"通行难、停靠难、装卸难"问题。此外,制定印发了《关于新能源货运配送车辆停车优惠收费政策的通知》,对新能源货运配送车辆停车收费进行减免。

图 4-19　长沙市统一标识的绿色城市货运配送车辆

3. 优化通行管控,不断提升服务

长沙市分级设置了"绿色物流区",对燃油货车加以通行限制,全面放宽了新能源货车城区通行管控,规定长沙籍新能源纯电动载货汽车不再受限,除万家丽高架全天 24 小时、部分路段和区域早晚高峰时段外,均开放通行。此外,积极推行通行证的网上办理,所有申请资料均可通过 96111 平台实现网上传送。

4. 打好市场主体牌,激发市场活力

长沙市大力培育货运配送龙头企业,提升企业现代化、标准化、信息化、智能化水平,激发市场内生动力,增强集群辐射能力。示范工程创建期末,长沙市(不含浏阳市、宁乡市)有 10 辆城市配送营运车辆以上的规模货运配送企业 107 家,规模企业数量较示范工程建设期初增加了 45 家,增长 72.58%。充分调动参与企业的积极性,创新探索共同配送、夜间配送等新模式,形成了良好的政企互动机制,取得了良好的社会经济效益。

5. 强化监测服务,打破信息壁垒

长沙市依托政务云体系,建成了长沙城市货运配送运行监测服务平台,并与试点企业信息系统进行有效对接,支持交通运输、公安商务等部门政务信息发布,实现了对试点货运配送企业、车辆、人员、电子路单等信息的综合监测,帮助长沙市形成了"信息互联、数据共享、标准规范"的城市货运配送监测体系。截至 2021 年底,平台已注册城市配送企业近 40 家、干支衔接型货运枢纽和公共配送中心近 20 个、末端公共配送站 196 个、临时停车位 156 个、用于货运配送车辆充电的充电桩 2453 根。平台注册审核通过的车辆总数为 3981 台,其中新能源车辆总数为 3390 台,占比达到 85.2%。根据测算,每年可节油 300 万升,相当于减少二氧化碳排放 6000 吨。

借鉴意义

长沙市深入推进城市绿色货运配送工程建设工作,出台了一系列举措培育绿色货运配送示范企业,并进一步支持城市货运配送绿色化、集约化发展,在通行、停靠、装卸等方面对新能源货运配送车辆出台了一系列优惠政策,着力解决城市配送"三难"问题,其创建过程具有以下借鉴意义。

(一) 强化顶层设计,制定行动总纲领

长沙市成立了以分管副市长任组长,市政府分管交通运输工作的副秘书长、市交通运输局局长、市公安局副局长、市政府物流口岸办主任任副组长,14个部门为成员单位的专项工作领导小组,形成了有力推进示范工程建设的工作合力。设立了城市绿色货运配送发展专项资金、现代物流业发展扶持资金,出台了新能源货运配送车辆购置补贴、便利通行、停车优惠等政策,为支持引导城市绿色货运加快发展营造了良好政策环境。

(二) 加强考核管理,强化行业约束力

长沙市编制了《城市配送企业运营服务规范》(DB43/T 1863—2020),着力构建城市配送运营、服务等领域的地方标准体系,形成了城市配送行业发展的准则和规范,指导城市配送企业规范运营和服务。长沙市定期开展城市配送企业质量信誉考核工作,2021年10月,在全市范围内开展了城市配送企业质量信誉考核工作,评定AAA级企业14家、AA级企业12家、A级企业1家,结合此次考核结果并综合考察城市配送企业各项指标,评定出长沙市城市配送示范企业11家。

(三) 加大政策支持,完善资金保障

长沙市交通运输局、市财政局制定了《长沙市支持城市绿色货运配送发展资金使用管理办法》(长交运〔2020〕125号)、《长沙市支持城市绿色货运配送发展资金使用管理办法(补充规定)》(长交运〔2021〕61号)等文件,明确了支持城市绿色货运配送发展资金的使用对象、范围和标准,特别是明确了纯电动货车资金奖补对象,扩大了长沙市中心城区范围等。2021年,长沙市开展了第一个核算周期的城市绿色货运配送发展资金申报工作,对1008台符合条件的纯电动货车发放奖补资金1433.2191万元,12家符合条件的货运配送企业发放奖补资金360万元,合计1793.2191万元。

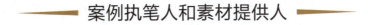

案例执笔人和素材提供人

交通运输部规划研究院李弢、甘家华、刘佳昆

安阳市城市绿色货运配送示范工程

案例摘要

安阳市政府高度重视"绿色货运配送示范城市"创建工作,交通、公安、商务等部门协同配合、齐抓共管,形成政策合力,建立了内容丰富、循序渐进、行之有效的"政府主导、市场培育、部门推动"政策措施,已基本形成节点完备、组织有序、模式多样、信息畅达、低碳环保、特色鲜明的城市绿色货运配送体系,于2021年8月被交通运输部、公安部、商务部联合授予全国首批"绿色货运配送示范城市"荣誉称号,初步探索出了中小城市绿色配送的运营和发展模式。

关键词

碳达峰、城市绿色货运配送、新能源货车

做法与成效

(一)案例背景

安阳市采取有效措施,经过示范工程创建工作,建立了城市绿色货运配送基础体系,推广先进配送模式,打造绿色配送市场主体,节能环保成果初显,于2021年8月被交通运输部、公安部、商务部联合授予全国首批"绿色货运配送示范城市"荣誉称号,初步探索出了中小城市绿色货运配送发展的"安阳模式"。

(二)典型做法和经验

安阳市政府高度重视"绿色货运配送示范城市"创建工作,交通、公安、商务等部门协同配合、齐抓共管,形成政策合力,建立了内容丰富、循序渐进、行之有效的"政府主导、市场培育、部门推动"政策措施,基本建成了城市配送节点网络,新能源配送车辆大幅度增长,绿色货物配送运输组织持续优化,城市绿色货运配送服务水平显著提升。

1. 强化体制机制保障,理顺工作机制

安阳市研究出台《关于创建城市绿色货运配送示范工程的实施意见》,成立了由14个部门组成的绿色货运配送示范工程领导小组,对创建工作实行统一领导和指导,研究制定联席会议机制,着力解决工作推进过程中的重大问题。对进入城市绿色货运配送示范区域内的燃油货车,明确和规范了通行证办理流程,将交通运输部门审核作为公安交警部门办理通行证的前置条件,由交通运输部门审核资质后,再由公安交警部门办理通行证,强化了部门协作并提高了管控效果,纯电动货车替代燃油货车效果较为明显,确保了城市配送的畅通运转。

2. 构建绿色配送基础体系,探索资源整合新模式

安阳市按照"综合物流园区+城市配送中心+末端配送站点"发展模式,建成了符合安阳实

际的"4+9+N"城市配送三级节点网络——以国际物流港为依托设置快递物流园区,入驻的企业有顺丰、圆通、韵达、百世、申通等;以万庄物流园为依托,园区主要用于家电、商超、生活物资等大件仓储;以沃森物流园区为依托,建立冷链物流分拨园区等。结合城市规模和市场需求,整合推进一、二级节点融合发展,即将分拨中心设置在物流园区内,实现了货品就近转运和分拨,极大节省了土地资源与分拨时间成本,为中小城市发展绿色配送探索了资源整合的新模式。

3. 推广应用新能源配送车辆,完善配套设施建设

安阳市新能源配送车辆从少到多,发展迅速,特别是从2019年4月设立绿色货运配送示范区以来,市区从事城市配送的燃油货车数量由示范区设立前的1400台逐渐下降至不足50台,新能源物流车由创建初期的100辆增加到1400余辆。通过完善"200+1800"停车与充电辅助设施体系,新能源城市配送车辆+充电桩+专用停车位(图4-20)基本实现了中心城区绿色配送全覆盖。据测算,从纯电动货车替代燃油货车配送起至2021年底,安阳市累计减少油耗594.80万升,减少碳排放15602.99吨,减少硫排放539.51吨,节能环保成效初显。

图4-20 安阳市新能源城市配送车辆及专用停车位

4. 创新应用先进组织模式,配送效率有效提升

安阳市联动上下游供应链产业,形成了一站式供应链服务,也形成了共同配送、夜间配送、集中配送等模式并存的配送方式,实现了上下游供应链的全产业有效联动。安阳市已基本形成以公交城配公司为代表服务丹尼斯等商超的夜间配送方式,以来哟车为代表服务各便利门店和生鲜超市的共同配送方式,以莲菜网为代表服务各蔬菜销售点的集中配送方式等各方式并存的配送模式。商超蔬菜、快递、副食品、商超配送车辆电动化率达到90%以上。企业物流费用占商品流通费用比例下降2%以上,配送企业的平均配送成本降低13%以上,降本增效果明显。城市绿色货运配送信息平台建成投用,实现了车辆动态监控、运营里程核算及三级节点和充电场站分布、政务信息发布等功能,提升了配送效率和服务水平。

5. 积极培育壮大市场主体,发挥运输保障作用

安阳市强化"16+1458"运营主体与装备,先后注册成立了以公交城配、来哟车城配、德创运力等为骨干的16家绿色货运配送企业,其中拥有30辆以上车辆的绿配企业9家,基本承担了城市中心商超、批发市场等快消品和生活物资的配送。新冠疫情期间,安阳市城市配送企业充分发挥集中配送、共同配送的模式优势,在全市各大商超门店和居住小区间开展无接触物资配送,有力保障了城市居民生活及防疫物资的及时、充足供应。

借鉴意义

安阳市已基本形成节点完备、组织有序、模式多样、信息畅达、低碳环保、特色鲜明的城市绿色货运配送体系，并初步探索出了中小城市绿色配送的运营和发展模式，走出了一条以软硬件设施为依托，以制度机制为保障，以通行管控为抓手，以新能源物流车辆推广应用为核心的绿色货运配送新路子，其创建过程具有以下借鉴意义。

（一）加强通行管控，保障车辆路权

安阳市在中心城区设立了城市绿色货运配送示范区，加强对燃油货车的通行管控，加大新能源货车通行权。优化重型货车绕城线路，制定《安阳市重型货车交通组织专项方案》，划设重型货车禁止通行区域，构建了低能耗、清洁化的二次分拨区。将交通运输部门审核作为公安交警办理通行证的前置条件，交通运输部门与公安交警部门相互配合监督，提高了管控效果。

（二）设立补贴激励，培育市场主体

安阳市交通运输局、工信局、商务局、财政局、公安局联合制定了《安阳市新能源货运车辆运营补贴专项资金管理办法》，设立专项资金，2019—2021年每年市财政安排运营补贴专项资金300万元，对年行驶里程超过6000公里的新能源货车进行单车不超过6000元的运营补贴。划设了以城区为中心、辐射周边乡镇约2383平方公里范围的电子围栏，在围栏内行驶的车辆里程认定为有效里程，目的是推广新能源货车为安阳市区及周边服务。

（三）运用平台监管，指引宏观调控

安阳市出台了《安阳市充电桩布点专项发展规划（2018—2035）》，全市充电桩由安阳投资集团有限公司统筹规划建设，并通过自有充电桩监管平台实现统一监管、实时查询。对加入城市绿色货运配送监管平台的新能源货车实施充电服务费减免30%的优惠；同时，按照"统一布局、统一风格、统一施划"原则，在市区主要商场、批发市场、连锁超市、末端配送点规划建设了100个新能源货车专用停车位，有效解决了停车和装卸货的问题。

案例执笔人和素材提供人

交通运输部规划研究院李弢、甘家华、刘佳昆、周也方

浙江宁海县以"标准引领、信息助推"思路发展农村物流

案例摘要

宁海县地处浙江省宁波市最南部,毗邻三门湾、象山港两大港湾,接壤天台山、四明山两大山脉,于2020年基本建成了"一环八射二纵"公路主骨架网,实现了"镇镇通国省道、镇镇通一级公路、村村通等级公路"。宁海县把发展农村物流作为乡村振兴的重要抓手,以"多方合作,融合发展"思路,筹建邮政公司、宁海城乡公交、顺丰速运、浙江金邮物联网、农商行、农村物流示范网点和以农产品电商优秀经营户为核心的农村物流生态联盟,不断深化客货邮合作,打造客货邮综合服务站,创新集士驿站模式,推进快递下乡电动三轮摩托车标准化、农产品物流包装标准化、农村物流网点建设标准化和农村物流信息标准化,打造"标准引领、信息助推"服务品牌,打通了乡村物流"最后一公里",推进了宁海公交、邮政快递企业等运力资源和网络资源整合,实现了多方共赢。

关键词

农村物流发展联盟、标准化、信息化、多方合作

做法与成效

(一) 积极出台支持政策

宁海县出台《宁海县现代物流业发展专项资金使用管理办法》(宁物流办〔2020〕4号),确定了农村物流发展相关奖励支持政策;发布《宁海县十四五现代物流业发展规划(2021—2025)》,提出了以打造全国农村物流发展先行区为目标;制定《"公交客货联运"标准化车辆管理办法》,努力争取参与国家和省级"公交客货联运"标准化车型制定工作;助推宁波市制定出台《宁波市邮政快递专用电动三轮摩托车管理办法》(甬邮管〔2019〕20号),成为全国第一个将快递电动三轮车按照三轮摩托车上路通行政策进行管理的县市;制定出台《宁海县"集士驿站"规范化建设标准》,从基本要求、室外配置、室内配置、管理要求四个方面,明晰了"标准型""示范型""旗舰型"等三种驿站建设标准,积极参与了全省、全国乡村快递服务站点的标准化建设工作。

(二) 网络节点共建共享

一是打造客货邮综合服务站。在汽车东站、西站、南站、乡镇客运站和物流中心建设客货邮综合服务站,逐步形成了覆盖全县的乡镇转运体系,承担乡镇快递分拣功能并通过公交组网运输至乡镇的末端农村物流服务网点。日均快递包裹转运量达到9000件,已实现6个乡镇的

服务覆盖。

二是创新集士驿站模式。创新提升改造农村物流服务点，按照"村庄环境优美、驿站用房位置佳、驿站人员劲头足、驿站功能布置全、驿站管理章法齐"的原则建设集士驿站，为群众提供物流寄递、代销代购、便民缴费、助农取款、农财险办理等一站式服务，实现多站合一。以东部乡镇越溪乡南庄村集士驿站为例，日均进村包裹增长2倍以上，既方便了农村居民快递取寄，又带动了虾干、青蟹、白枇杷等农产品走出农村。

宁海县县级农村物流集散中心如图4-21所示，申通梅林农村快递整合网点如图4-22所示。

图4-21　宁海县县级农村物流集散中心

图4-22　申通梅林农村快递整合网点

（三）运力资源互补互用

一是客货运力整合。宁海县成功推动宁海县公共交通有限公司成为全国首个拥有快递经营许可证的公交企业；专门配置标准化快递环保专用箱，定制配备全国首批城乡客货邮公交车，实现了客货物理隔离；全县共有42条公交邮路、63辆城乡客货邮公交车参与农村物流运输服务，实现了公交创收控亏和物流服务强化的有机结合。全县客货联运物流配送能力已达109.5万件/年，农村物流整体成本降低20%以上。

二是同城运力资源整合。宁海县充分整合美团、邮政、货拉拉等运力资源，全面参与同城配送，使乡村农特产品到达城区客运站后被快速送达用户手中，城区日用品能更便捷地到达农村老百姓手里，真正实现了城乡物流大流通，有效促进了县域经济消费。

三是多方融合发展。宁海县通过重点打造集士驿站城乡客货邮多跨融合数字化应用新模式,聚焦浙江省政府浙里快递监管跑道,重新统筹设计了物流布点、物流寄递、物流促销、物流惠农四大子场景。

借鉴意义

(一) 推进融合发展,实现企业降本增效

客货邮融合发展推进了宁海公交、邮政快递企业等运力资源和网络资源整合,实现了多方共赢。对于公交公司而言,可以充分发挥国有资源在经济市场的有效竞争力,开拓公交邮路,参与农村物流运输保障,实现创收、减亏控亏。对于邮政快递企业而言,原先一家民营快递企业想要将快递包裹送达偏远村,需聘用一名专职驾驶员、增加一辆专线车辆,物流成本每月达6000元,"公交带货"直接降低了邮政快递企业的经营成本。

(二) 开通公交邮路,实现城乡物流服务均等化

依托公交邮路打通城乡物流"最后一公里",实现了快递进村和农产品进城。以黄坛镇偏僻的高山村弘杨村为例,原来村民取包裹只能到镇里取,公交邮路开通后,包裹每天直接进村,激发了村民的消费欲望。

(三) 打造"集市"模式,保障农村物流服务点可持续经营

宁海县的新型农村物流服务点——集士驿站是归集各种资源,汇聚多方人士共同参与乡村建设,并以网络化、智能化打造的新型"集市"模式,确保了农村物流服务点可持续发展。

宁海县充分联动县农业农村局、县商务局、县邮政管理局、团县委、县妇联、乡镇街道等部门,将农产品电商销售达人、返乡创业青年、宁海巧娘、手工艺能人、民宿经营人和村级网格员等选为站长,充分赋予集士驿站创业创新的强大基因。例如,胡陈乡西翁村集士驿站结合当地的麻糍馆吸引了当地农电商销售达人加盟,2020年仅当地农产品销售就达到了150万元。

此外,宁海县专门成立了宁海县集士驿站科技有限公司,推进集士驿站运营,出台站长奖励考核办法,助推实现驿站创客化。集士驿站在线商城专门推出了"逛集士驿站、享宁海农特"板块,让每个驿站有了专属电商频道,并配置了直播窗口,让农产品进城有了更广阔的销售渠道。以越溪乡南庄村集士驿站站长王佳为例,其原为村级网格员,叠加集士驿站站长身份后,每月可增收4000元。

(四) 开辟宣传渠道,助推乡村产业发展

宁海县挖掘各驿站所在村庄及周边农业资源,开通了集士驿站在线商城,并通过当季水果展销、网红站长带货等方式推销当地农产品,涌现出了"蟹大人""何九桃"等一批本土特色农产品品牌,助力农村创业就业500余人。特别是南庄村集士驿站成功培育"南庄虾干"品牌,吸引了1800万元农业观光项目投资意向。

案例执笔人

交通运输部科学研究院张改平、刘畅

素材提供人

交通运输部运输服务司吴伟,浙江省交通运输厅张小宝

四川蓬溪县打造"交通运输+快递超市+网络平台"服务品牌

案例摘要

蓬溪县隶属四川省遂宁市,地处四川盆地中部偏东,涪江中游,是国务院第一批启动的"川渝合作共建成渝经济区试点县"。党的十八大以来,蓬溪县交通运输基本公共服务均等化水平不断提高,深入推进"四好农村公路"建设,农村公路实现畅达目标,全县已形成以达成铁路、成南高速公路、绵遂高速公路、遂广高速公路、遂西高速公路、国道G318以及国道G350为主轴,县乡道路为支撑,农村公路为基础,江河、水库航道水运为补充的"层次分明、布局科学、网络完善"的现代交通格局。

蓬溪县积极探索"交邮、交快"合作,打造"交通运输+快递超市+网络平台"服务品牌,丰富客运站服务功能,盘活农村客运资源,整合物流配送资源,优化农村物流配送体系,畅通农村物流"毛细血管",依托信息网络平台,构建了生产生活物资进城下乡的"高速运输网络"。

关键词

快递超市、交邮、交快、运力共享

做法与成效

(一)加强规划引领

1. 加强快递业规划建设

蓬溪县将发展快递业纳入国民经济和社会发展规划,并与综合交通运输、物流业、现代服务业、电子商务、物流园区等专项规划衔接,将城乡快递服务网点、快件处理中心、智能快件箱(柜)等快递基础设施纳入了城乡规划、土地利用规划和公共服务设施规划。

2. 加大政策扶持力度

蓬溪县加强财税扶持,政府预算内投资重点支持基础性、公共性、公益性、示范性快递设施建设,将符合条件的快递企业和项目纳入服务业、物流业、电子商务、中小企业发展等专项资金支持范围,对符合新兴先导型服务业的快递项目给予适度支持;对投资购置并使用节能环保、安全生产等专用设备的快递企业,按照国家有关规定落实税收抵免政策,支持快递企业按现行规定申请增值税汇总缴纳政策;推进新能源快递汽车购置及租赁模式,落实国家补贴政策;快递企业用电、用气、用热价格按照不高于一般工业标准执行。

3. 保障土地供给

蓬溪县在土地利用总体规划和年度用地计划中统筹安排快递物流园区、快件集散中心等设施用地,快递仓储设施用地享受物流仓储用地政策。重大快递业项目经批准可给予城市基础设施配套费减免优惠。盘活闲置厂房、物流仓库用于发展快递业的,可实行继续按原用途和土地权利类型使用土地的过渡期政策。过渡期支持政策以5年为限,5年期满及涉及转让需办理相关用地手续的,可按新用途、新权利类型、市场价,以协议方式处理。

4. 加强行业安全监管

蓬溪县建设了寄递渠道安全监管信息平台和安全监管中心,健全安全监管与执法机构,配置专职人员,完善执法装备与设备,并给予了必要的经费保障,纳入财政预算。将快递行业安全管理工作纳入社会治安综合治理体系,提升了安全监管与应急处置能力。

5. 改进快递车辆管理

蓬溪县落实快递专用车辆便利通行政策,按照依法、高效、环保原则,规范快递车辆管理,逐步统一标志,为快递专用车辆在城区通行和临时停靠作业提供便利,杜绝乱收费、乱罚款及附加额外义务,解决了"最后一公里"通行难问题。

(二)强化农村物流基础保障

1. 推进建设物流共配中心

依托蓬溪县客运站,旁边原3000平方米的停车场地被改造建设为县级物流中心、快递集散中心,蓬溪客运站通过科学合理布局,使快递货运与旅客运输进出站口分开设置,满足货运及客运内部流通需求,在不影响传统客运服务功能的同时实现了交邮合作有效衔接。项目建成后,除邮政外,分散在县城内的所有快递企业均入驻了蓬溪县快递集散处理中心,"班线快递"合作试点线路已开通8条,19个乡镇设立了快递超市或快递物流运营中心,形成了县乡村三级农村物流网络节点体系,释放出客运、货运、邮政、村淘等综合效益,为运输企业年增收近40万元,为客运经营者年增收3万余元,为快递企业年节约配送成本将近4万元。

2. 完善农村道路建设

按照"四好农村路"建设目标要求,蓬溪县突出"建好、管好、护好、运营好"四大主题,全力推进"交通运输+产业发展+脱贫攻坚+美丽新村+乡村旅游"五位一体联动发展,以173公里的农业产业一体化大环线为基础,建设了23个合计816公里的农业小环线,以大环线套小环线,全面推动农村公路高质量发展。2019年,蓬溪县成功获评为省级"四好农村路"示范县。

3. 统筹利用既有资源

蓬溪县以农村路网为依托,对客运站进行功能拓展和优化改造,整合道路运输与邮政、快递、供销、商务、电商等农村物流资源,推进农村客货综合服务。所有物流企业在全县19个乡镇均设立了快递超市或快递物流运营中心,快递包裹实行统一收寄,提高了快递投送能力。通畅"工业品"下乡、"农产品"进城渠道,实现了双向互通。

(三)完善农村快递服务网络

1. 加快城乡快递网点建设

蓬溪县将快递城乡末端投递建设纳入城乡配送网点建设体系和配送中心(站点)布局,依托快递服务网络打造集中配送和共同配送体系;大力推进快递服务进机关、进园区、进商场、进学校、进企业、进社区、进农村"七进"工程;支持快递企业或第三方在政府机关、住宅小区设置智能快件箱(柜);鼓励住宅小区、机关事业单位、院校配套建设或提供适当场所,用于快件末端投递;集合农业、供销、交通、商贸、邮政、快递等公共资源,在现有物流资源和服务网络基础上,加大农村快递物流节点建设扶持资金投入,建设集客货运站点、农资配送点、邮快驿站和快递物流服务站等"多点合一、服务同网"的服务站点(含"网订店取"等合作建设站点),鼓励建设多个与快递品牌企业签订合作协议的快递超市,发展了体验经济、社区经济、逆向物流等便民利商新业态。图 4-23 为蓬溪县快递物流仓配中心。

2. 改造乡镇客运服务站点

为加快完善县、乡、村三级农村物流网络节点体系,实现"客货同网、资源共享、信息互通、便利高效"农村物流发展新格局,蓬溪县对客流、物流集聚的乡镇客运站进行升级改造,建设了集客货运、邮政快递、农产品批发交易及乡镇电商孵化基地于一体的"一站多能"乡镇综合运输服务站。目前,乡镇综合运输服务站已逾 10 家,参与农村物流配送的客运车辆已超 700 辆。以蓬南镇运输服务站为例,该站辐射三凤、群利等乡镇,服务近 5 万人,每天快件量可达 3000 余件。农村物流运营中心如图 4-24 所示。

图 4-23 蓬溪县快递物流仓配中心

图 4-24 农村物流运营中心

3. 布局村级物流服务点

蓬溪县联合邮政、商务部门,优先利用乡村客运招呼站附近的村委办、农家店(超市)、邮快驿站等现有场所,规划布局"以邮政车为主、农村客运辅助、社会化车辆补充"的农村物流服务点,形成"县级物流集散-乡镇中转仓储、分拨配送-村级末端收发货"的三级物流网络节点,构建了县、乡、村"一小时物流圈",打通农村物流"最初一公里"和"最后一公里",使工业品出城下乡、农产品出村进城顺畅其流,实现了上下行物流有序集散和高效配送。建成了以县城为中心的县、乡、村三级农村物流服务体系,全县已实现全部行政村通客车,快递网点实现乡镇全覆盖,行政村通达率达 100%。

4. 深入推进"快递下乡"工程

蓬溪县支持快递企业加强与农业、供销、商贸、邮政企业合作,实施了"快递下乡"工程。完善了县、乡、村快递物流体系,推进实施"电商进农村"工程,打造"工业品下乡"和"农产品进城"双向流通渠道,通过研究和探索冷链设施服务,解决生鲜农产品进城难问题,带动农村消费,促进了农民增收。开展了快递精准扶贫试点,有效对接农产品市场(基地),拓展农产品、农资、农村消费品流通加工、仓储配送等功能,服务产地直销、订单生产等农业生产新模式。推广了定时、定点、定线的农村物流"货运班线"模式,落实鼓励市到县、县到乡客运班车开展客车附搭快件业务。

(四)推进快递业信息化发展

1. 推进农村智慧物流提质增效项目建设

蓬溪县与菜鸟乡村签订了农村智慧提质增效项目合作协议,充分发挥当地交通、产业等优势,借助菜鸟乡村网络平台,联合当地快递公司推进建设县级共配中心,打造"统一分拨处理、统一运输配送、统一末端站点、统一服务标准、统一信息系统"的共配模式,通过政策、资源和技术、商业的有效整合,实现了物流共配效能升级。菜鸟网络将协助挖掘当地优质农产品资源,通过农村淘宝、直播带货等方式充分打通物流、商流通道,走出了一条农村物流的可持续发展之路。

2. 鼓励电商发展

蓬溪县鼓励各类经营主体应用电子商务,引入知名电商设立运营中心或独立核算机构,建设区域型中转仓,推行"干线物流+中转仓+快递"模式,促进了快递业与电商实现信息沟通、标准对接和业务联动。依托四川电子口岸跨境电商综合服务平台,大力培育跨境电子商务经营主体,加快引进知名跨境电商平台企业,发展了直接发货配送的前店后仓、跨境直邮、海外仓等经营模式。

借鉴意义

(一)整合要素资源,实现共享共用

可由运输公司牵头实施,整合快递企业要素资源,建设县、乡、村快递基础设施,完善县、镇(乡)、村三级快递配送体系;促进汽车客运业和快递业紧密合作、协同发展。"交通+快递"深度合作,有助于推动快递业务快速增长,提高快递配送时效,促进快递市场达到管理规范化、标准化,实现统一标准、统一服务、统一运营,实现资源共享、优势互补,有效降低客车和快递运营成本,做大客运和快递业务份额,实现经济效益最大化,服务三农,振兴乡村。

(二)交邮融合,畅通双向流通渠道

对于件量较小的乡镇,网点收益不能覆盖运营成本,短期内难以盈利,将导致网点经营困难、难以生存。通过"交邮合作",农村客运空闲货仓搭乘小件快运既降低了运送成本,又提高了快件时效性,可解决乡镇快递件难送、效益差和不可持续问题,打通工业品下行和农产品上行双向流通渠道。

(三)一村一站,解决快件"最后一公里"难题

依托国家金通工程的农村客运班车对乡村级的快递固定收取点(邮快驿站)进行镇(乡)-

村直接配送,实行一村一站模式,可实现县-镇(乡)-村三级快递物流双向畅通,解决农村快递"最后一公里"难题。

案例执笔人

交通运输部科学研究院张改平、刘畅

素材提供人

交通运输部运输服务司吴伟,四川省交通运输厅王立原

江苏如皋市打造"交邮融合、客货同网"服务品牌

案例摘要

如皋市是江苏省南通市下辖的一个县级市,地处长江三角洲北翼,位于南通、泰州、苏州三市交界处。南临长江,与张家港市隔江相望,北与海安县、东与如东县、东南与南通市通州区毗邻,西与泰兴市、西南与靖江市接壤。如皋市以创建省级农村物流示范县为契机,聚焦乡村振兴,聚力创业创新,按照"市场主导、部门协调、龙头引领、行业合作"思路,打造"交邮融合、客货同网"服务品牌,大力推进农村物流发展,不断满足城乡居民生产生活需求,积极推动了城乡公交、邮政快递融合发展。

关键词

三级农村物流网络、"R/G""WL"货车造型、农超对接、交商结合

做法与成效

(一)政策保障

根据国务院办公厅《关于推进电子商务与快递物流协同发展的意见》(国办发〔2018〕1号),江苏省印发了省政府办公厅《关于推进电子商务与快递物流协同发展的实施意见》(苏政办发〔2018〕56号)等政策文件,如皋市政府办公厅印发了《关于成立如皋市农村物流示范县创建工作领导小组的通知》(皋政办发〔2018〕76号),成立了如皋市农村物流示范县创建工作小组,主要负责定期研究解决农村物流示范县创建过程中的相关问题,统筹协调各部门、各镇(区、街道)、各行业物流企业之间的关系。如皋市委办公室印发了《2017年加快推进现代农业发展的激励办法》(皋办〔2017〕89号),围绕推进农村物流发展,分别针对发展本地龙头企业、新建农产品冷链物流和购置专用农产品运输车辆等工作设立了配套补助资金。

(二)物流布局规划

如皋市着力打造"物流中心、物流园区和物流节点"三个层次的物流空间体系,可概括为"一中心、二园区、多节点"的多层次现代物流结构模式。如皋市充分利用已经建成的超市、快递、便利店、村邮站、社区服务中心等网点,引导各行业网点进行融合,实现网点资源共享,推动农村物流降本增效,建成了三级农村物流网络。县级农村物流中心有3个,快递和商超乡镇农村物流服务站有28个,村级农村物流服务点有443个。

(三)农村物流品牌打造

结合如皋市农村物流发展特点,如皋市将"如皋"拼音首字母"R/G"和"物流"拼音首字

母"WL"组合设计成了厢式货车造型,凸显了如皋地域特色和物流行业特色(图4-25)。

图4-25　农村物流品牌标识

(四) 资源整合利用

1. 推进交快邮融合,实现农村物流站场资源共享

如皋市交通运输管理部门联合邮政、快递部门,共享镇村公交首末站、村邮站、快递经营网点等农村物流服务设施与农村汽车客运站、交通管理所等交通设施,实现了基层交通网点、快递网点、邮政网点的资源共享,从而促进了农村物流经营主体之间加强业务合作、开展交快邮融合发展等。

2. 加强快邮融合,共用邮政快递末端网点等基础设施

截至2018年12月底,如皋邮政在省、市邮政公司领导下,共完成了8个邮政支局建设(乡镇网点)和200个村邮站(村级网点)建设,已覆盖所有乡镇和行政村。如皋市积极引导交通运输企业、快递企业加强与邮政的合作,依托邮政农村网点优势,整合网点资源,提高了农村物流服务质量。

3. 推进农超对接,实现农产品产供销一体化服务

如皋市鼓励商超与农产品合作社开展合作,实现产销对接,新鲜优质的农产品通过加工与配送后在商超销售,既打通了农产品销售渠道,又为商超提供了优质货源,消费者也能享受到放心农产品。

4. 引导快递企业联盟合作,开展共同配送

如皋市在政府推动下,申通、圆通、韵达等快递公司开展合作经营,签订了企业合作经营协议,共同建设如皋电商快递物流园,可共享农村物流网络节点。

5. 推进交商结合,实现日用消费品集中配送

如皋市内五家商贸配送企业共同组建了南通锐邦食品有限公司,依托县级配送中心和自有配送车辆,对如皋以及周边地区超过3000家商超实施共同配送,降低了农村地区物流成本。

6. 推进客货同网运输,共享农村物流服务资源

如皋公共交通有限公司、申通速递和部分品德商超合作,依托现有镇村公交线路,将快递

包裹等通过镇村公交线路配送至乡镇、村级网点,实现了客货同网。

7. 推进农村物流网点资源共享,提高网点利用效率

农村现有已经建成的超市、快递、便利店、村邮站、社区服务中心等网点虽类型众多,但较为分散且各自运营,交通行业管理部门积极引导各行业网点进行融合,使品德超市网点与快递网点达成合作协议,将所有超市纳入快递投放网点;部分快递网点实现了多家快递公司合作运营、统一挂牌;村邮站与村公共服务中心结合在一起,可为农村居民提供邮件快递的配送和收寄服务(图4-26)。

图4-26　品德超市配送中心

借鉴意义

(一)开辟了农村物流发展新路径

通过"政府搭台、企业唱戏",如皋市探索出了一条"资源整合、交邮融合、产业聚合"的农村物流发展新路径,推动了全市农村物流向"网络化、集约化、精细化"转型。通过培育新增长极,有效解决了镇村公交载客量偏低和资源浪费问题。通过整合发展平台,有效解决了其他快递业服务网点只到镇区,难以延伸服务到村居的弊端,让村民在家门口就能寄取快递。

(二)开启了客货同网多赢新格局

"交邮融合、客货同网"有效破解了农村物流行业壁垒、上下行单一等流通难题,实现了"双降双增双提"各方多赢新格局——降低了快递物流企业的运营成本和农村群众寄取快件的时间成本,增加了快递物流业务总量和快递人员营业收入,提升了社会效益和经济效益。据不完全统计,农村地区每件快递直接平均配送成本从1元下降至0.8元,每吨配送成本由125元降至105元,每年全市节约运输成本近千万元。申通、圆通、中通、韵达、邮政等快递公司还开通了白蒲镇、江安镇、下原镇和东陈镇的共同配送线路,成本降低达40%~60%。

(三)开创了现代物流服务新样板

通过"借力发力"和"小切口"推行"交邮融合、客货同网"改革试点,全市农村物流体系网络化、集约化、精细化得到了全面提升,实现了重点镇区、边远区域、特色农产品产销、旅游产品

推广等多行业、多领域融合发展,为农村群众提供了一站式、零距离、多维度现代物流新服务,打造出了如皋现代物流服务新样板。

案例执笔人

交通运输部科学研究院张改平、刘畅

素材提供人

交通运输部运输服务司吴伟,江苏省交通运输厅郝卫

第五章

综合交通枢纽

国际航空枢纽：北京大兴国际机场

案例摘要

北京大兴国际机场（简称"大兴机场"）代表了目前已建成机场的最高水平，不仅是民航率先突破的工程，也是京津冀协同发展中"交通先行"的重点工程。大兴机场项目是一个全生命周期项目，在国内首创机场建设与运营一体化模式，以旅客为中心，一一落实创新规划、设计，实现了全机场一个战略、一个目标、一致步伐，以人为本的理念创新、管理创新贯穿建设与运营全过程。大兴机场建成投入使用后，与北京首都国际机场（简称"首都机场"）共同形成了协调发展、适度竞争、具有国际竞争力的"双枢纽"机场格局，为打造京津冀世界级机场群奠定了坚实基础。

关键词

京津冀协同发展、国际航空枢纽、建设运营一体化、空铁联运、智慧枢纽

做法与成效

（一）案例背景

大兴机场是世界级航空枢纽，具有"坐拥新机场、毗邻副中心、联通雄安新区"的独特区位优势，对于推动京津冀协同发展具有重要地位和作用，是推动京津冀协同发展的骨干工程。至2022年，大兴机场已实现东南亚、南亚等地区的航线网络搭建，布局了欧洲、北美、东北亚、中东等重要国际枢纽航点。2023—2025年，大兴机场将持续开通国际重要航点，打造"国际快线"产品，预计2025年客流量可达7200万人次。远期，大兴机场客流量预计可达1亿人次，将成为各项指标位居全球前列的大型国际航空枢纽。图5-1为北京大兴国际机场鸟瞰图。

（二）总体情况

大兴机场是我国基础设施建设的又一个代表作。仅用了短短四年时间，世界规模最大的140万平方米的主体航站楼就在北京南郊建成，被英国《卫报》列为"新世界七大奇迹"之首。

第五章 综合交通枢纽

图 5-1 北京大兴国际机场鸟瞰图

　　大兴机场配套规划建设了 4 条轨道交通线路,可为乘客提供各类高速快捷的城市对内、对外客运选择,直达首都机场、北京西站、雄安站、北京市区。已建成运营的京雄城际铁路可实现半小时内快速到达北京西站、雄安站;机场快轨可接入北京地铁系统,实现与铁路客运枢纽的衔接、换乘。规划的廊涿城际、北京城际铁路联络线等 2 条铁路可实现一小时通达京津冀主要城市,两小时内通达华北地区主要城市,三小时内覆盖中国北部地区主要城市。通过航站楼综合交通枢纽一体化建设,国内首次实现了 60 分钟以内的空铁联运。机场外围规划建设了 3 条高速公路,可为机场巴士、出租车、私家车等各类机动车提供专用集散通道,机场巴士可直达首都机场、北京站与北京西站。

(三) 典型做法和经验

1. 建设立体交通网,引导轨道交通出行

　　大兴机场"五纵两横"立体交通网络真正拉近了旅客与机场之间的距离。依托轨道交通,地铁大兴机场线可直达南三环旁的草桥站,两站之间实际车程只需 19 分钟。京雄城际铁路实现了从北京西站最快 28 分钟到达大兴机场,从大兴机场最快 19 分钟到达雄安站的目标。投入运营三年以来,地铁大兴机场线最短发车间隔由 8 分 30 秒缩短至 8 分钟,全天增加列车 22 列次,小时运力最大增幅达 19%。大兴机场线采用 4 编组、8 编组列车混跑的运营模式,高峰期上线长编组列车,平峰期上线短编组列车,在降低能耗的同时,不增加列车发车间隔,减少了旅客等待时间。

　　贯通南北的"大站快车"地铁 19 号线的通车也拉近了大兴机场与北京中心城区的距离。19 号线开通后,大兴机场线分担的大兴机场进出港旅客比例由 35% 提升至 47%,近半数机场旅客选择乘坐轨道交通出行。

2. 连通京津冀,航线广覆盖,打造具有国际竞争力的航空枢纽

　　大兴机场在打造综合立体交通网的同时,先后开通了草桥、固安、涿州和廊坊四座城市航站楼,将服务触角向天津、河北腹地延伸,逐步增强辐射能力,使市民都能享受到从"家门口"直达"登机口"的航空出行服务。截至 2022 年 10 月,四座城市航站楼已经运送 60 万名旅客和 12 万件行李。随着枢纽地位的奠定,大兴机场与首都机场已形成具有国际竞争力的"双枢纽"机场格局。

大兴机场目前已引入南航、东航、达美、英航、俄航等22家国内外航空公司,开通202条航线,连通了全球143个航点。未来,预计将有80～90家航空公司入驻,助力大兴机场融入全球供应网络。

3. 打造金字招牌,吸引企业安家落户

2019年9月大兴机场正式投运当月,京冀两地正式批复《北京大兴国际机场临空经济区总体规划(2019年—2035年)》,大兴机场临空区由此成为国际交往中心功能承载区、国家航空科技创新引领区和京津冀协同发展示范区,确定了"1+2+2"的产业格局,即以生命健康产业为引领,以枢纽高端服务、航空服务保障业为基底,以新一代信息技术和智能装备产业为储备,预计2030年达到千亿元量级产业规模。大兴机场临空经济区是国内唯一同时拥有两省市自贸试验片区政策的区域,实现了临空经济区、自贸试验区和综合保税区在空间和政策上的"三区叠加"。大兴机场吸引了国内外多家企业落户临空区,作为"国家发展新的动力源",大兴机场正在汇聚区域经济发展的澎湃动力。

4. 应用高新技术,打造世界领先机场

大兴机场航站楼创造了多个"首创"。大兴机场航站楼是世界首个实现高铁下穿的航站楼,双层出发车道边属世界首创,有效保证了旅客进出机场效率。机场跑道在国内首次采用"全向型"布局,在航空器地面引导、低能见度条件运行等多方面运用世界领先航行新技术,确保了运行效率和品质。机场在全球枢纽机场中首次实现了场内通用车辆100%为新能源车辆,是国内可再生能源利用率最高的机场。此外,大兴机场在诸多方面应用了智能化技术:

一是提供全面及时的旅客服务。大兴机场建设了旅客服务平台,整合了旅客所需的服务信息,可通过网站、App、微信、呼叫中心等多种渠道发布;提供航站楼运行管理支持,基于电子地图对航站楼服务设施、资源的运行状态和客流密度进行可视化监控和管理;利用北京大兴国际机场官方App、微信小程序、航显屏和自助查询机等多种途径,旅客可对进出港行李进行全程追踪,实时掌握行李轨迹。

二是开通智慧停车服务。停车楼引进了智能停车机器人,旅客只需把车停在机器人停车区入口,通过互动屏幕绑定手机号,确认车辆相关信息,机器人便能完成后续停车、取车操作。机器人停车场共提供近150个机器人车位,设置4个机器人停车站,机器人车位及停车站均可根据实际流量进行调整及分配。

三是开展多种智能化自助服务。大兴机场实现了四个国内首次:支持100%面像登机、支持100%无纸化、国内国际自主覆盖、全程无须出示登机牌。此外,机场支持自助值机、自助行李托运、自助安检,自助值机可覆盖100%经济舱旅客,自助行李托运可覆盖83%经济舱旅客,自助安检可覆盖100%国内旅客。大兴机场的各种无障碍服务、设施已融入旅客值机、乘机的各个环节当中。

借鉴意义

(一) 一体化建设运营模式

实现建设与运营的无缝衔接是高水平现代工程建设的基本特征,是推进机场高质量发展的必然要求。机场建设要集结建设与运营职能并重的专业团队,以设施功能和运营需求为导向研讨确定建设项目和建设重点,最大限度实现建设和运营目标的协调统一。在开展工程建设的同时筹备运营工作,可实现建设与运营无缝衔接。应以机场一体化建设运营为目标,统筹机场规划、设计、建设、运营、环保、商业和财务等方案,推动前期建设与后期运营、前期投融资与后期经营、主业运行与辅业保障、航空业务与非航经营方案深入对接,协调发展。

(二)机场流程自助化

大兴机场以打造畅通高效的客货运输全服务链条流程为着力点,实现了旅客出行即服务、机场运行无人化和航空货运电子化。旅客从计划出行开始,即可通过终端选择航班、办理值机及行李电子标签、选择上门行李交寄、预约专车酒店。进入航站楼内,机场通过人脸无感识别旅客"个人标签",可实现旅客全流程刷脸安检、购物、登机。依托自动驾驶车辆、智能机器人、航空器自动引导等先进技术和装备,机场在行李处理、地面保障、咨询服务等众多领域实现了无人化。通过配备大容量、高效率的全自动装卸和分拣设备,航空货运实现了运单电子化、全程可追踪、智能化高效通关、门到门即时运输。

(三)现代化管理体制机制

在建设运营过程中,大兴机场始终把科学管理作为方法手段,引入了超越组织边界管理等理念,构建了机场工程建设与运营筹备总进度综合管控体系,搭建了共建共管共享的"运管委""安委会""旅促会""新宣委"等平台。未来,应对我国机场投资高、规模大、参与单位多等挑战,要广泛运用先进的管理理论、管理方法、管理工具,对机场建设运营全过程实行最有效的控制和调节,以求实现管理组织系统化、管理方法定量化、管理手段工具化,推动我国机场建设运营从规模速度型向质量效率型转变、从要素投入驱动向创新驱动转变。

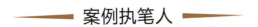

案例执笔人

交通运输部规划研究院朱苍晖、倪潇

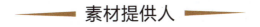

素材提供人

首都机场集团有限公司北京大兴国际机场王毓晓、杨丽

上海国际航运中心核心工程：洋山深水港区

案例摘要

洋山深水港区是上海国际航运中心的核心工程，对确立和提升上海港的枢纽港地位意义重大。洋山四期码头是上海国际航运中心洋山深水港区的重要组成部分，为全球单体规模最大、智能化程度最高、拥有完全自主知识产权的自动化集装箱码头，凝聚着国内港口集装箱自动化发展的最前沿技术。上海国际港务（集团）股份有限公司（简称"上港集团"）自主研发了自动化码头作业管控系统（ITOS），在全球港口行业首次实现全业务自动化和核心业务智能化，打破了国外技术垄断并实现反超。洋山四期自动化码头管控系统和装备关键技术的应用取得了良好经济效益和社会效益，相关技术已在其他国内外集装箱码头得到应用。

关键词

洋山深水港区、国际枢纽港、自动化码头、科技创新

做法与成效

（一）案例背景

洋山深水港区是上海国际航运中心的核心工程，也是长三角区域更高质量一体化发展和上海自贸试验区新片区建设的重要载体，是长江经济带和"一带一路"倡议实施的重要支撑。上海港始终牢记习近平总书记"把洋山港建设好、管理好、发展好"的重要指示和殷殷嘱托，不断改革创新，实现了快速发展。

上海港致力于打造科技引领的"智慧港口、绿色港口、科技港口、效率港口"，建设洋山四期自动化码头是适应智慧港口、绿色港口、智能制造等创新发展时代要求的必然选择。为打破自动化码头的成套核心技术长期掌握在欧美发达国家手中、中国港口的能级提升和科技创新能力长期受制于人的被动局面，上港集团明确了以自主研发与掌握自动化码头成套核心技术作为港口科技发展的主攻方向。

（二）总体情况

洋山深水港区于 2005 年底正式开港，现已建成一期至四期集装箱深水泊位共 23 个，码头岸线总长 7950 米，航道水深 –16 米，主要承担大型远洋干线船舶的装卸作业。图 5-2 为洋山深水港区实景。

洋山四期码头位于洋山深水港区最西侧，为全球单体规模最大、智能化程度最高、拥有完全自主知识产权的自动化集装箱码头，岸线总长 2350 米，拥有 7 个集装箱深水泊位，设计年通过能力 630 万标准箱，于 2017 年 12 月 10 日开港运营。

图 5-2 洋山深水港区

(三)典型做法和经验

1. 科技赋能,建设全球领先的自动化码头

洋山四期自动化码头采用"远程操控双小车桥吊 + 自动导引车(AGV)+ 自动操控轨道吊"的生产工艺方案,主要由码头装卸、水平运输、堆场装卸的自动化装卸设备及自动化码头生产管控系统构成。自动化码头作业管控系统(ITOS)由上港集团自主研发,在全球港口行业首次实现全业务自动化和核心业务智能化,打破了国外技术垄断并实现反超。洋山四期三大机种均为中国制造,具有一颗"中国芯"。

2020 年底,洋山四期运营大数据分析与智能决策平台(图 5-3)正式上线,平台汇集了全世界规模最大的自动化码头全过程作业海量数据,构建了自动化码头智能决策大数据仓库。平台可从事前、事中、事后不同角度提供大数据分析和智能决策算法支持和优化方案,在错综复杂的码头生产作业中,发现作业和管理精益化的改进目标,使码头的智能管控系统在虚拟空间中不断进行高压测试和系统优化,让"智慧大脑"更加聪明、高效。洋山四期自动化码头成立了超远程智慧指挥控制中心,可实现百公里外"隔空吊箱",全球首次将第五代固定通信网络(F5G)超远程技术应用在港口作业场景,使洋山四期自动化码头能力持续提升,有效提高了洋山码头在恶劣天气等突发状况下的应急响应能力和连续作业能力。

图 5-3 洋山四期运营大数据分析与智能决策平台

2. 加快推进智能重卡项目

2020 年,"洋山港智能重卡示范运营线"项目取得了从道路测试到示范运营、从单车智能到车路协同、从独立平台到系统融合、从技术研发到商业探索"四个突破"。2021 年,全场景、全天候、全路段的洋山港智能重卡示范运营继续稳步推进,洋山港针对提升智能重卡技术水平、试点开展港区内驾驶位无安全员测试、港区内转运智能车辆(AIV)和纯电动智能重卡研发,以及车路协同系统和一体化业务管控平台建设开展了相关工作,同时做好了政府部门科技专项及相关标准的制修订工作。2021 年,全年智能重卡运输量累计达到 4 万标准箱。

3. 持续提升枢纽港服务能级,强化国际中转功能

洋山深水港区的建设运营顺应了船舶大型化趋势,超大型船舶服务能级显著提升。2021 年,干线船舶靠泊洋山 3928 艘次,其中万箱以上船舶 1877 艘次,占比高达 47.8%;1.8 万箱以上船舶 604 艘次,占比为 15.4%;平均干线单船作业箱量达到 4857 标准箱,约为 2011 年的 2.2 倍,规模效应显著。

上海港国际中转业务近年来保持两位数增长,2021 年达到 610 万标准箱,洋山国际中转箱量为 394 万标准箱,国际中转比重提升至 17.3%。

4. 战略布局,优化集疏运体系,主动引领长三角世界级港口群发展

上港集团通过管理、资本和技术输出,实施"南联北融西拓",在长江流域投资布局了 17 个码头,干支协同,着力建立高效、便捷、经济、低碳的长江物流体系。积极推进"同港化"措施,在太仓港和芜湖港成立服务中心,推进上海母港向货源地"信息前置、服务前置",形成了"一键式"线上服务和"一站式"线下物流运输操作体系,可提供公铁水定制化门到门服务。

(四)案例创新

1. 科技创新

一是自主研发了"多元无人实体协同控制的智能码头操作系统(即 ITOS)"(图 5-4)。上港集团首创无级多点交互、多活并发、动态优化的全域融合架构,攻克了超大型自动化集装箱码头全域海量传感数据瞬时交互、高速计算、实时决策与执行的技术难题,实现了系统和设备、设施间海量数据处理的动态协同与高效可靠。首创全岸线调度、全堆场选位、自动导引车路径规划实时决策系统,针对码头岸线与堆场作业时空多变、状态不确定等特征,构建了基于分层决策、归一量化、时空耦合和图论的数学模型,设计了全域智能分配算法,研发了岸桥作业系统软件和堆场交互作业控制软件,提升了码头设备资源的协同效率。

二是创建了自动化集装箱码头工艺布局新模式。针对超大型集装箱枢纽港干支线箱型多样、水水中转、码头间互拖箱等复杂协同作业工况,构建仿真推演分析模型,设计自动化堆场无悬臂、单悬臂和双悬臂三种轨道吊的多工艺模式,突破了单一类型轨道吊工艺模式下码头资源综合利用效率的瓶颈,显著提升了超大型集装箱枢纽港的作业效率。

三是创新了深厚软土地基-轨道基础-轨道协同设计方法。研发了堆场双重可调式轨道基础和新型轨枕结构,提出了自动化集装码头道路堆场沉降控制技术,有效解决了不均匀深厚软土地基条件下堆场建设工程复杂、变形控制难的问题。

图 5-4 洋山四期 ITOS 架构

四是首创远程控制双起升双吊具岸桥技术。针对双起升吊具双箱扭摆状态复杂多变、运动控制难的问题，研发了智能抗风自稳系统，可智能检测吊具运动状态，通过闭环控制动态调整吊具姿态，保证自动抓放集装箱精准高效作业。

2. 服务创新

洋山深水港区通过加快建立上海港东北亚空箱调运中心，加强船公司合作，提升效率、加强周转，解决了因进出口箱量不平衡导致的季节性缺箱问题，促进了国际航运业健康发展。全力推进上海港船舶保税液化天然气（LNG）加注业务，顺应航运业绿色、低碳、智能发展的新趋势，吸引更多双燃料国际船舶靠泊，进一步提升了上海国际航运中心的综合竞争力。

3. 制度创新

自贸新片区航运制度创新红利不断释放，洋山特殊综合保税区封关运作，洋山深水港区启动对外资班轮沿海捎带业务的先行先试；国际中转集拼开始试点；沪浙两地实现保税船用燃料油市场一体化监管；国际航行船舶保税 LNG 加注开展服务；"中国洋山港"国际船舶登记总数增加到 15 艘。

4. 管理创新

上港集团立足"1+3"战略体系，致力于建设世界一流航运枢纽，实现了在科技、区域、业态三个方面的新突破。加大科技投入，实施创新战略：一是加大科研攻关，形成了自动化码头、智能重卡、超远程控制等一批颇具含金量的科研成果。"洋山四期超大型自动化集装箱码头关键技术研究与应用"、智能重卡项目入选国家"十三五"科技创新成就展。二是培养了素质过硬的创新人才队伍,集团博士后在站工作人员2人,并建立了"产学研"校企合作机制。三是不断完善人才创新激励机制,对集团的科技公司进行了混改,为其成为港航物流智能科技企业中具备自主知识产权硬核的先进龙头企业创造了条件。

借鉴意义

洋山四期自动化集装箱码头管控系统和装备关键技术的应用实现了我国大型自动化集装箱码头生产管理系统的自主化和港口装备技术的升级迭代,填补了我国相关领域的技术空白,使得我国自动化集装箱码头的建设摆脱了对国外先进技术的依赖,为我国港口转型升级发展提供了技术保障。技术成果适应大型港口向自动化、智能化发展的需求,具有很强的市场竞争力,项目成果已在国内外14个码头得到了应用。

洋山四期数智平台是大数据技术结合智能算法在集装箱码头领域的一次有效应用和突破性尝试,是码头未来数据赋能及精益化管理的重要努力方向。

洋山港区一系列优化集疏运的举措,如陆改水、河海直达、内陆集装箱码头前置母港服务、打造绿色供应链等,显著缓解了社会道路交通压力,减少了碳排放,且物流成本有望下降200~300元/大柜,经济效益和社会效益明显,得到了腹地港口的积极响应。

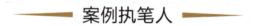

案例执笔人

交通运输部规划研究院陈飞、王达川

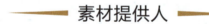

素材提供人

上海国际港务股份有限公司张明香,上海市交通委员会焦爱祥

世界级空铁协同枢纽：上海虹桥综合交通枢纽

案例摘要

上海虹桥综合交通枢纽（简称"虹桥枢纽"）是集民航、铁路、公路、城市轨道交通等多种交通方式为一体的综合交通枢纽，于2010年建成投用，开创了国内空铁联运先河。借鉴虹桥枢纽的成功经验，机场引入铁路线开展空铁联运的模式近年来在各地机场不断涌现。在空铁联运日益普及的当下，虹桥枢纽通过规划布局直接将城市主客站级别的火车站与重要航空枢纽连为一体，最大限度提升空铁联运效率，在运行服务方面实现了一站式订票，极大方便了广大辐射地域内的联运旅客，在全国民航枢纽中仍然独树一帜。

关键词

空铁联运、一体化衔接型、世界级航空枢纽

做法与成效

（一）案例背景

虹桥枢纽位于上海市区西南角，距离上海市中心人民广场约13公里，以上海虹桥国际机场为核心，在同一建筑体内布局了国铁、城际轨道、城市地铁、长途客运、城市公交等多种交通方式，是上海服务长三角的超大型世界级综合交通枢纽。

虹桥枢纽可提供各类高速快捷的城市对外运输服务，机场航班可直达全国各大城市，乘坐磁悬浮可在25分钟内到达浦东国际机场，京沪高铁5小时可直达北京，沪杭高速磁悬浮半小时直达杭州，沪宁城际1小时到达南京，沪苏通铁路1小时内可到达苏州所辖的张家港、常熟和太仓三市。为保障上海市内旅客的集散，虹桥枢纽规划引入5条地铁线路，使得虹桥枢纽便捷融入了上海城市轨道交通网络。枢纽内各类交通方式之间共有64种连接可能性、56种换乘模式。虹桥枢纽外围通过建设完善"一纵三横"快速高架路、"九纵十三横"地面主干路网，可为各类机动车提供专用集散通道。

2021年2月，国务院批复了《虹桥国际开放枢纽建设总体方案》，提出虹桥国际开放枢纽要以空铁复合、海陆通达的综合交通枢纽为联动纽带，以创新型、服务型、开放型、总部型、流量型"五型经济"为特征的产业升级枢纽为发展载体，以面向国际国内两个扇面的资源配置枢纽为核心功能，兼具对内吸引集聚和对外辐射带动作用。

（二）总体情况

虹桥枢纽是国内空铁联运领先样板，空间布局方面采用了一体化衔接、立体化布局，在设计中体现了"以人为本""安全、便捷、舒适"的建设要求，从设施层面保障了空铁联运的开展。

通过将多种服务功能区在同一空间内集中部设,合理考虑旅客换乘流线,自东向西依次布置了航站楼、东交通广场、磁悬浮站、高铁站房、西交通广场,轨道交通在建筑综合体下层分设东、西两站。竖向自上而下分为5层,地上二层为机场出发层,与高架相连,私家车、出租车可送客至高架桥;地上一层为旅客到发层;地面层布设各类交通设施场站;两层间局部设置夹层,布设机场和磁悬浮站之间的到达换乘廊道层;地下一层为旅客到达及地铁站厅层;地下二层为地铁站台及轨道区间层。上海虹桥综合交通枢纽平面布局如图5-5所示。

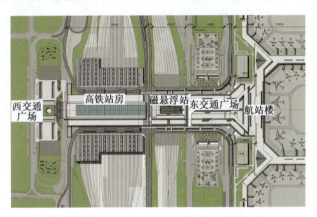

图5-5 上海虹桥综合交通枢纽平面布局

运营方面,虹桥枢纽对各种交通方式的衔接时间提出严格要求,要求出租车候车时间不超过10分钟,公交发车间隔小于10分钟,45分钟实现铁、空联运。虹桥枢纽已开通苏浙皖大部分城市经上海前往国内各通航城市的双向联运"空铁联运"产品,覆盖16个城市的18个机场、22个车站,通达火车站近400个。

(三)典型做法和经验

1. 推进民航与高铁销售平台互联互通,实现一站式订票

2020年8月,中国东方航空集团有限公司、中国国家铁路集团有限公司在上海虹桥枢纽启动空铁联运项目,东方航空和铁路12306购票软件实现了系统对接,旅客可通过任一方的手机购票软件一站式购买航空和高铁组合联运客票,这是民航和铁路客票销售平台首次实现互联互通。空铁联运产品推出后,旅客可将航班与高铁车次自由组合,利用一个手机购票软件、一个订单、一次支付就能完成机票和火车票购买。

空铁联运产品聚焦于服务长三角一体化发展的国家战略,以虹桥枢纽为核心,开通了江苏、浙江、安徽大部分城市经上海前往东方航空国内各通航城市的双向联运。未来,联运中转城市还将逐步拓展到北京、广州、深圳、成都、南京、杭州、武汉、西安等多个城市,满足旅客跨区域、多方式的出行需求。

2. 空铁强强联合,货物联运服务全面升级

2017年,交通运输部等18个部门正式出台《关于进一步鼓励开展多式联运工作的通知》,首次从国家层面对多式联运发展进行专项部署,由多部门联合推进,明确了多式联运的战略定位和发展要求。2020年9月,国家发展改革委、民航局联合印发《关于促进航空货运设施发展的意见》,要求加快补齐我国航空货运短板和弱项,持续提升航空货运能力。在这一背景下,中国东方航空集团有限公司旗下东航物流和中国国家铁路集团有限公司(简称"国铁集团")旗下中铁快运公司尝试开展了"空铁联运"货运项目,充分释放"航空+铁路"优势。2021年6月,双方共同开发了首批"空铁联运"货运产品,即"长三角—大西北"国内港到港时效产品。

借鉴意义

(一)在投资建设模式上,坚持政府主导、统筹协调、企业运作、综合开发

一是综合客运枢纽建设具有涉及部门多、投资规模大、公共属性强的突出特点,单纯由某一部门来推动或单纯按站场设施来建设必然面临巨大的协调阻力和资金压力。上海市成立了虹桥综合交通枢纽建设领导小组,并设立了虹桥综合交通枢纽工程建设指挥部、虹桥商务区管委会,形成了政府主导、部门协作的推进机制,从体制上解决了行业部门各自为政的弊端。

二是注重统筹协调。在政府主导下,虹桥枢纽基本实现了"统一规划、统筹设计、同步建设"。通过开展综合客运枢纽布局规划研究、枢纽片区综合交通规划及统一进行枢纽配套工程可行性研究,设计阶段委托一家设计单位作为技术总协调,建设阶段除铁路、民航等大型独立工程外全部由一家施工单位总承包等措施,虹桥枢纽有效解决了规划、设计、建设阶段的功能衔接问题。

三是注重企业化运作。虹桥枢纽搭建了承担综合客运枢纽建设和营运管理具体事务的主体工作平台。针对除铁路、地铁线路、机场等独立工程之外的公共衔接和配套设施部分,单独成立了上海申虹投资发展有限公司,并由其全面负责虹桥综合交通枢纽核心交通区的建设、开发和营运管理。

四是注重综合开发。以打造枢纽新城为目标,以土地投入和配套商业开发经营为渠道,虹桥枢纽有效解决了建设资金难题。以虹桥枢纽为中心向周边延伸开发形成虹桥商务区,交通功能建设与城市整体开发紧密地结合了起来。

(二)在规划建设技术上,强化研究支撑、方案征集、总体协调、模拟测试

综合客运枢纽是多交通方式无缝衔接、大规模旅客换乘集散的交通综合体,也是以便利的交通条件与高度集聚的"人气"带动周边新区商业开发的城市综合体。要顺利实现综合客运枢纽的多重功能目标,进行规划建设技术上的深入研究和充分论证是必不可少的。

一是广泛开展方案征集。虹桥枢纽在前期策划、地块规划、方案设计、施工前期等各个阶段开展了广泛的规划设计方案征集工作,从项目实施、乘客换乘、业主管理等角度出发,对机场、地铁、磁悬浮、铁路、公交、出租等各系统的用地布局、交通组织、交通设施等进行了研究分析和规划设计,特别是轴线城市、立体交通方面的规划设计达到了相当的深度。

二是注重设计阶段的总体协调。大型综合体的设计往往需要多家单位共同完成,为做好各分项功能的衔接,需注重设计阶段的总体协调。上海市政工程设计研究总院(集团)有限公司、中国铁路设计集团有限公司、中铁第四勘察设计院集团有限公司、中国电建集团华东勘测设计研究院有限公司等十多家单位参与了虹桥枢纽的设计工作,在指挥部统一领导下,由上海市政院负责工程设计总体协调,从组织架构上有效保障了综合客运枢纽复杂功能的完美衔接。

(三)在营运管理模式上,实行分区负责、企业运作、信息联动、综合治理

一是分区负责,企业运作。铁路站、机场建成后,全部移交给铁路部门和机场公司,由铁路站、机场公司负责其独立功能区的营运管理;公路长途站建成后,以资产评估转让或有偿租用方式提供给汽车站场公司,由汽车站场公司负责其独立功能区的营运管理;城市候机楼以有偿租用方式提供给机场公司,由机场公司负责其独立功能区的营运管理;公交、地铁、社会停车场及其他公共区域则统一由一家管理公司负责营运管理。

二是信息联动,综合治理。由公共区域的管理公司负责统一实施出行动态信息的联网发布和标识引导,并负责安保监控和应急指挥系统的管理调度,由公安牵头驻站、多家参与配合实施综合治理。通过实践检验,这样的营运管理模式很好地实现了综合客运枢纽的一体化运行。

案例执笔人

交通运输部规划研究院朱苍晖、倪潇

素材提供人

上海虹桥枢纽建设发展有限公司陈征

现代化站城一体化开发枢纽：雄安站枢纽

案例摘要

为积极落实雄安新区规划理念，满足枢纽交通一体化、站城一体化、功能复合化、智慧创新及绿色低碳的设计要求，结合国内外综合交通枢纽的规划建设经验，雄安新区管委会统一规划、统一建设、统一运行、统一管理城市建设及高速铁路、城际铁路、城市轨道交通、接驳交通和配套交通基础设施的综合开发，打造了国际一流、国内领先、高水平的站城一体化的综合客运枢纽——雄安站枢纽。

关键词

交通一体化、站城一体化、功能复合化、智慧创新、绿色低碳、综合客运枢纽

做法与成效

（一）案例背景

雄安站枢纽位于昝岗组团，处于疏解北京非首都功能、京津冀协同发展的门户位置，距北京、天津约100公里，距起步区约20公里。雄安站枢纽（图5-6）主要由高速铁路（京港台高铁）、城际铁路（京雄城际、津雄城际）、城市轨道（R1线、R1机场支线、M1线）、多种接驳方式（智慧公交、网约车、社会车、共享汽车及慢行方式等）和配套交通基础设施组成，是新区最重要的对外交通枢纽，也是站城一体的城市门户枢纽。

图 5-6 雄安站枢纽鸟瞰图

雄安站枢纽的顺利通车可实现雄安新区20分钟到达北京大兴国际机场，30分钟到达北京、天津，1小时到达北京中心城区及石家庄、衡水等主要城市，将成为新区面向京津冀及全国

的辐射纽带,疏解北京非首都功能,带动城市集聚发展。雄安站枢纽已于 2020 年 12 月 27 日开通运营,京雄城际铁路全线贯通,目前每天到发十余个班次,可引导支撑北京主城、北京大兴国际机场、雄安站等往返客流,并覆盖固安、霸州等沿线节点。雄安站区域位置及通达时间概况如图 5-7 所示。

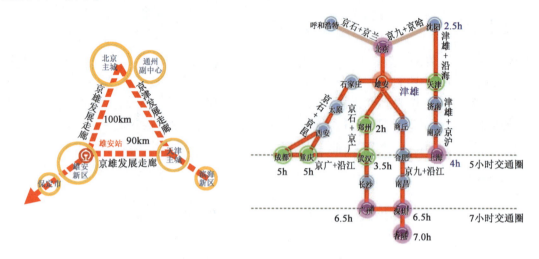

图 5-7　雄安站区域位置及通达时间概况

(二) 总体情况

雄安站枢纽片区的规划建设贯彻"交通一体、站城一体、功能复合、智慧创新、绿色低碳"五大理念,目标是成为现代化站城一体化开发全国领先样板。

雄安站枢纽片区地上总建筑面积约 759.2 万平方米,片区内规划了住宅、商业设施、商务办公、居住配套设施、公共服务设施、公用设施、雄安站等各类生产、生活、交通设施。雄安站枢纽片区按照与交通枢纽联系的紧密程度,综合考虑雄安新区产业发展特征与昝岗组团城市产业发展意向,遵循以公共交通主导发展(TOD)理念,由内向外圈层化布局功能板块(图 5-8)。围绕雄安站枢纽打造一体化核心区,同时强调各个片区的功能多元化以及地块的多维混合开发,保证片区的活力和投资吸引力,在空间格局上支撑了未来重要产业功能的落位与发展。

雄安站枢纽是一体化衔接型综合客运枢纽,将高铁站房、城际铁路站、地铁站、公交场站、出租车场站以及社会车辆停车库等各类交通设施集于一体,集约布局、立体换乘(图 5-9)。建筑综合体自上而下分为五层和一个夹层,地上四层是铁路高架候车厅,地上三层是铁路站台层及出站层,两层之间通过竖向电梯连通;夹层与室外广场贯通,布局出租车接客区、商业服务设施,预留小运量轨道用地;地面层为铁路地面进站口、候车厅,旅客进站可直接步行进入候车区候乘,同时布局了出租车落客区、常规公交停车场;地下两层为地铁站台、社会车辆即走即停区、城市通廊及商业区。枢纽同一建筑体内实现了进出分层、到发分离,即客流的"多进多出",高铁旅客出站后可"零距离"换乘地铁、常规公交。

雄安站枢纽片区高效利用地上地下空间,结合地下轨道交通建设,鼓励地下轨道设施与周边地下停车、地下公共服务、地下商业服务等空间互联互通。系统性构建地下一层、地面层和地上二层的步行连接,打造了立体的城市公共空间。三维拓展城市空间容量,形成了立体联通的城市空间系统。

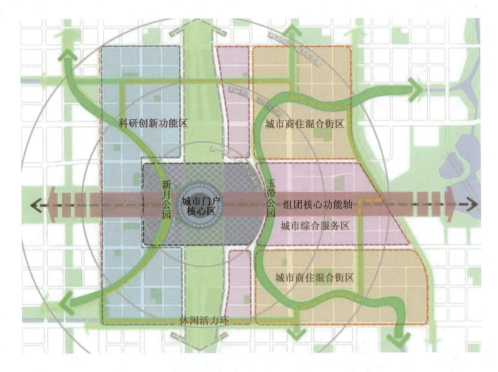

图 5-8 雄安站片区空间结构图

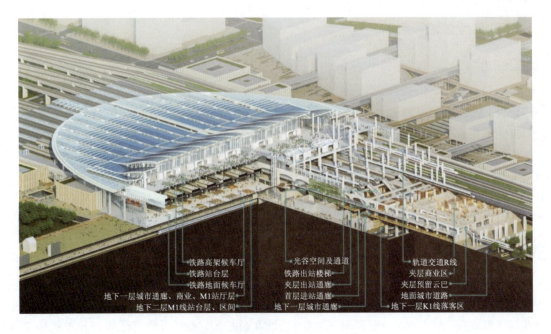

图 5-9 雄安站片区竖向空间结构

雄安站枢纽采用立体交通组织方式，形成了人车分流、快慢分离、高效有序的站区交通（图5-10）。枢纽以"南进南出，北进北出"进出组织为主，远距离车流通过快速连接线进出南侧接驳场，近距离车流通过片区干道进出北侧接驳场。

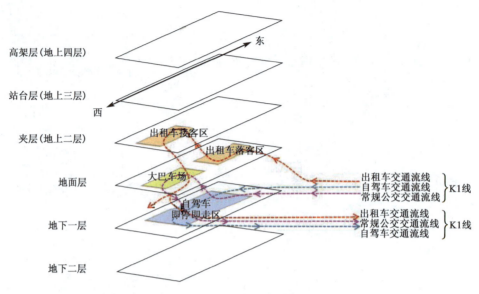

图5-10 雄安站多种交通方式的交通流线

雄安站枢纽是集多种交通方式于一体、融合枢纽货运+配套服务+活动中心等复合功能的紧邻式站城一体化综合客运枢纽。场站与其周边城市区域进行一体化设计将成为现代综合交通枢纽设计的发展方向。

（三）典型做法和经验

1. 探索"路地合作"的工作机制和方法

雄安站枢纽片区能够在交通、空间、功能三方面进行一体化整合，并实质性推进片区站城一体建设，主要在于探索并实践了"路地合作"的工作机制和方法，保证了雄安新区和铁路公司双方能够实现技术路径的相互融合深化，共同解决一体化过程中面临的复杂问题。

一是把握站房建设关键窗口期开展路地合作。属地规划编制要及时介入站房的设计流程当中。在雄安站站城一体化设计过程中，雄安新区先后两次成立集中工作营，分别针对站房方案设计和初步设计阶段提出雄安新区城市规划方面的要求。把握关键性节点的窗口期，高效整合城市空间诉求并予以落实，使得站城一体取得了决定性进展。

二是同谋共建路地协同的组织架构。站城一体工作能够顺利推进的前提条件是建立一个目标一致、路地协同的组织架构。国铁集团与雄安新区在投资建设以及设计要求等诸多方面存在不同的关注点，但在一体化核心区，双方彼此无法分割，相互依赖程度极高。因此，在雄安站站房单体方案设计之初，雄安新区即与国铁集团成立了高铁枢纽规划编制领导小组，由路地双方共同组成设计管理班底，统一对一体化设计内容提出要求。新区责任规划师单位协调规划、交通、市政等专业力量，与铁路设计团队相关专业形成设计工作营，共同解决站城一体化设计中的重大问题,包括枢纽片区站房内外空间协同和交通一体化设计、投资分配、管理模式等,最终形成了双方认可的设计成果。

2. 创新枢纽一体化运行、管理机制

一是统筹协调、积极推进雄安站枢纽运营管理一体化。该项工作由新区管委会统筹并专门安排雄安站枢纽运营补贴资金,新区改发局、规建局等部门指导,中国雄安集团有限公司执行。运营团队紧密对应国铁运营时刻表,同步做好配套城市客运保障工作,开通了雄安高铁巴士1线、2线,分别服务雄安站与容城县、雄县之间客流,增加了87辆营运范围为新区全域的纯电动出租车,其中雄县57辆、容城县20辆、安新县10辆,重点服务雄安站来往旅客,保障了雄安站开通即有城市客运服务。

二是推进雄安站枢纽运输服务一体化。运营团队紧密结合新区建设开发重点难点,针对省领导小组重点关注的停车设施建设、运营问题,优化停车场设施空间配置,近期统筹考虑停车需求及投资效益,在雄安站增加临时过渡停车位;远期待周边地块开发可满足雄安站社会车辆地下停车需求后,站内临时停车空间将根据需要恢复原有蓄车、落客等功能,临时停车场将转为公园绿地功能。

借鉴意义

(一) 空间布局方案创新

一是精细化识别和预测枢纽不同人群的体验需求,指导枢纽建筑空间设计。其中,出行体验方面关注铁路及地铁进出站客流、换乘客流、接驳客流、员工出行等需求;服务体验方面关注旅客接送、商业服务、餐饮服务、临时会晤、临时修整及住宿等需求;吸引体验方面关注枢纽诱发消费需求。

二是通过增加净空、引入光谷等手段缓解桥下候车压抑感,提升旅客候车体验。综合类比研究提出桥下候车净空至少为10米的要求,协调说服国铁集团将净空由8米提升到11.5米以提升候车体验。充分借鉴柏林等城市的枢纽建设经验,利用接驳通廊引入光谷,大大改善了枢纽采光效果。

三是横跨候车厅引入一条顺直、封闭、室内环境的接驳换乘通廊,大幅缩短换乘距离。在铁路两侧出站必然会导致出现乘客绕行至接驳场站的情况,雄安枢纽创新性在枢纽中央设置换乘通廊,属国内首次,缩短了换乘距离。

四是采用远近分离、快进快出等差异化原则使不同空间范围的旅客获得高效、便捷的进出体验。南侧为快进快出场站,通过枢纽独立集散匝道与快速路直连直通,北侧为服务片区场站,与组团路网衔接。

(二) 枢纽智慧发展创新

枢纽实施安检互认并充分利用信息化科技成果,打造智能客站,方便旅客出行。国铁、城际与地铁采用安检互认模式开展空间设计,提升旅客换乘体验。积极采用人脸识别,全息影像安检、检票,实时出行信息等技术,让旅客安心候车、从容上车。

（三）枢纽综合开发模式创新

适应雄安中等开发密度特征，雄安站采用站城紧邻式开发模式，将枢纽打造为城市活动中心。将交通枢纽、商务、商业、酒店等核心建筑布置在 5 分钟步行圈，利用地下 + 地面 + 地上多层慢行连廊进行缝合，通过二层小运量轨道交通串联站城一体开发片区，一体化枢纽真正成为城市活动中心。

案例执笔人

交通运输部规划研究院朱苍晖、倪潇

素材提供人

河北省交通运输厅刘焱

国际陆港枢纽：成都青白江

案例摘要

为提升我国陆港枢纽发展质量,促进物流运输降本增效,成都国际铁路港依托国家级经开区、自贸试验区、综保区政策叠加优势,以建设面向泛欧泛亚、"一带一路"的陆港主枢纽为目标,加快提升陆港主枢纽能级,拓展立体多向战略通道,强化对外开放合作,优化营商环境,创新服务模式,促进港产城融合,实现了枢纽平台功能全国领先,对我国多式联运服务模式创新、优化营商环境手段创新和促进枢纽港与特色产业融合发展创新具有借鉴意义。

关键词

多式联运、枢纽布局、通道体系、开放合作、"一单制"、经营主体

做法与成效

(一) 案例背景

成都陆港型国家物流枢纽以青白江国际铁路港枢纽为主体,成功入选首批国家物流枢纽建设名单。依托位于青白江区的成都国际铁路港(图 5-11)区位优势和国际国内物流服务质量优势,成都市将加快推动打造国家"西进南下"开发开放格局的战略支点和经济高地。

图 5-11 成都国际铁路港

(二) 总体情况

成都国际铁路港紧抓"四区一枢纽"(即成都国际铁路港国家级经开区、四川自贸试验区青白江片区、成都国际铁路港综合保税区、"金青新彭"一带一路大港区、陆港型国家物流枢纽)建设战略机遇,加快推动高水平对外开放合作,加强基础设施"硬联通"、制度规则"软联

通",在通道、枢纽、口岸等方面取得了显著的发展成就。

通道方面,成都国际铁路港不断做强中欧班列(成都)品牌,积极提升中老铁路班列开行频次。目前,中欧班列(成都)是国内在途运行时间最短、发行频次最高的中欧班列,尤其是2016—2019年连续四年中欧班列、国际班列开行量位列全国第一。自2021年12月3日中老铁路全线开通试运营以来,中老班列已累计开行70列,发送货物超过5万吨。

枢纽方面,成都国际铁路港拥有亚洲最大的成都铁路集装箱中心站,已形成以国际集装箱中心站为主引擎、大弯货站为副引擎的双引擎多式联运场站布局,其中成都铁路集装箱中心站规划设计集装箱年吞吐量250万标准箱,远期400万标准箱,集装箱吞吐量已连续多年位列全国铁路集装箱中心站第一。大湾货站设计年吞吐量达1100万吨,是西南地区重要的大型散货场站,规划配套了3条铁路专用线。

口岸方面,成都国际铁路口岸相继获批国家对外开放口岸、多式联运海关监管中心、国家首批多式联运示范工程、全国五大中欧班列集结中心示范工程,同时已获批自贸试验区、国家级综合保税区、国家级经济开发区。目前,正式运行的进境肉类指定口岸建有1000平方米的冷冻(冷藏)集装箱堆场、3450平方米的冷链查验和存储一体化设施,储存能力达3000吨。汽车整车进口口岸建有1500平方米的海关查验区及3000平方米的进口整车专用堆场。进境粮食指定监管场设计进口能力达30万吨/年,仓储能力达4300吨。

(三)典型做法和经验

1. 打造"多功能、一体化、一站式"物流枢纽服务体系

一是建成完善的"国际+国内"物流枢纽设施体系。成都国际铁路港已形成以国际集装箱中心站为主引擎、大弯货站为副引擎的"1主1辅"双引擎多式联运场站布局,并与周边中外运、中国物流、中铁八局物流等17个中大型仓储基地建立了协同合作机制,形成了集枢纽场站、国际物流服务、多式联运等七大功能于一体的蓉欧国际铁路物流枢纽。积极在蒂尔堡、杜伊斯堡、万象等地设置海外仓和物流配送中心,在南欧、北欧、东亚、东南亚等地布局了集装箱提还箱点,显著提升了国际班列调度、场站操作、中转分拨和联运转换能力。

二是具备完善的口岸一体化监管功能。建成临时海箱还箱点、多式联运海关监管中心、进口整车检测线、肉类进境指定口岸等多功能口岸服务设施。进一步深化资源统筹和优化空间布局,实现了海关监管区、卡口、中心站三位一体。建设多式联运监管中心,实现了海关对各种运输方式货物换装、仓储、中转、集拼、配送等作业的一体化监管,实现了铁水联运、公铁联运等多式联运的一站式通关、本地退税、一体化服务,大幅提高了通关效率。

三是形成完善的"一站式"服务设施。建成投运多式联运综合大厅,集中铁路、船公司、港口、海关等服务窗口,引入铁路无轨营业部、班列公司、6家港口及1家船公司和保险代理公司入驻,推行"单窗口一站式"服务,实现了成都本地报关退税,货主不需要到港口即可办完所有进出口货物手续,搭建起了铁路内陆港多式联运平台。

2. 构建"四向拓展、链接全球"的国际陆海通道体系

成都国际铁路港已打造7条国际铁路通道和5条国际铁海联运通道,可连接境外波兰罗兹、德国纽伦堡、荷兰蒂尔堡等69个城市和钦州、上海等境内25个城市。东向依托长江黄金水道和沿江铁路构建了成都至日韩的国际铁海联运网络。南向常态化开行中老跨境铁路直达班列,形成了以西部陆海新通道为主,中老、中越跨境直达班列为辅的"一主两辅多点"的国际陆海贸易新通道格局。西向稳定开行罗兹、纽伦堡、蒂尔堡三大主干线,创新"欧洲通"运营模式,以波兰马拉为主节点拓展至欧洲内陆腹地支线网络,加快实现了欧洲、中亚和西亚全覆盖。北向全面对接蒙俄经济走廊,围绕多边商品贸易需求,依托莫斯科、明斯克两大节点,实现了木材、纸浆、肉类、整车等运贸一体化,双向重载率保持在 100%。

3. 创新"省内、国内、国际"三级开放合作机制

一是省内已与内江、德阳、自贡、宜宾、泸州、广元等市政府建立"蓉欧+"协作机制,在内江授牌"蓉欧+东盟国际班列内江基地",组织东盟班列经成都到内江、宜宾的加挂运输,与广元市合作推动广元产品利用中欧班列出口欧洲等。通过城市间的补贴政策共享、班列资源共享,提高班列重载率,降低运营成本,达到了合作共赢目的。

二是国内与日照港、广州港、重庆中远海运物流有限公司等广泛开展合作,共同搭建了"蓉欧+"通道一体化服务平台、资源整合平台、信息共享平台、城市协作平台、产品优化平台和沟通协调平台,协同开展"蓉欧+"品牌对外营销及争取国际班列优惠价格等政策支持。与广西北部湾国际港务集团、中国远洋海运集团有限公司、香港新华集团合作搭建了"蓉欧+"东盟国际联运班列运营平台。

三是国际方面积极加强与国际班列沿线城市以及铁路合作组织、国际海关组织等国际性组织和机构的对接合作,积极参与杜伊斯堡、罗兹、莫斯科等境外枢纽建设,增强了班列的境外影响力和话语权。

4. 深化多式联运"一单制"贸易制度改革

一是开展"一单到底+一票结算",解决了外贸交易便利化问题。通过打造成都国际多式联运单证体系,以多式联运"一单制"作为媒介,将货物的交易变成单证的交易,贸易、运输单据处理由原来的"多头接洽"转变为"一窗受理",极大提高了企业的沟通效率,有效提升了外贸交易便利性。

二是"一次委托+一口报价",解决了多种运输方式的组织难题。通过多式联运单证串联跨境多式联运的组织、安排、协调等环节,以公铁联运、海铁联运等方式实现了门到门运输"一单到底"。成功为企业组织欧洲经中欧班列回程、中俄班列和中东经海铁联运回程的门到门运输,实现了多种运输方式的有效组织。成都国际铁路港多式联运国际班列如图 5-12 所示。

三是"明确主体+全程负责",解决了多种运输方式权责和赔偿问题。通过多式联运单证明确全程运输责任主体,并通过单证引入保险全程参与,大大降低了货物运输赔付风险,解决了责任认定难等问题。

四是"全程控货+金融创新",推进解决了中小外贸企业的融资难题。依靠陆港公司物流资源整合优势,不断完善货物监督管理,实现了

图 5-12　成都国际铁路港多式联运国际班列

单证项下货物的全程可控，帮助金融机构控制风险，发挥了多式联运单证货物的质押融资功能。

借鉴意义

成都国际铁路港在服务模式、开放合作、主体培育等方面的创新对我国铁路枢纽港转变发展模式，提升发展质量，推动港产城融合发展等具有借鉴意义。

（一）多式联运一站式服务创新

成都国际铁路港基于一次委托、一单到底的多式联运服务方式，促进制造企业、物流企业、海关监管、银行金融、保险理赔的多式联运全链条资源汇集整合，推动多式联运运营组织一体化，实现了产业要素"全链条、一站式"服务，对于提升我国陆港枢纽全链条服务水平具有重要借鉴意义。

（二）跨区域跨部门的合作创新

成都国际铁路港通过与省内、国内企业共同签署合作协议，与国外政府部门、企业共建共营枢纽设施，整合各方资源，集中协议成员单位国内国际运输需求，依托搭建的一体化服务平台及各方交流合作平台，发挥了供需的规模效应，对于创新我国陆港枢纽对外开放合作方式，实现各方协作共赢、协同发展具有重要借鉴意义。

（三）多式联运经营主体培育创新

成都国际铁路港通过由不同层级政府部门、不同运输方式骨干企业等共同出资组建多式联运经营主体，充分发挥各方资源优势，提升了多式联运监管效能、运输效率和服务水平，对于促进我国加快培育多式联运龙头企业具有重要借鉴意义。

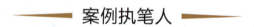

案例执笔人

交通运输部规划研究院朱苍晖、倪潇

素材提供人

四川省交通运输厅杨奎

第六章

综合交通运输信息化

数智赋能港口发展,打造世界一流智慧港口

案例摘要

以上海港、青岛港、招商港口等为典型代表的"智慧港口",以业务需求为导向,以实现整体生产业务流程统一管控为核心,以优化港口生产业务流程为目标,形成了覆盖港口生产、管理、服务全过程的"智慧港口"解决方案,赋能码头自动化、智能化,全面提升了生产作业效率及运营管理水平,对全国乃至全球的智慧港口建设具有重要示范意义,提供了中国智慧港口的解决方案。

关键词

自动化码头、智慧港口、科技赋能、智能化

做法与成效

(一)案例背景

港口是经济社会发展的核心战略资源,是对外开放的最前沿窗口,更是国家宏观经济的重要晴雨表。随着以人工智能、大数据、云计算、物联网、5G、区块链等为代表的新一代信息技术的深度融合应用,打造技术密集型、知识密集型的智慧港口,已成为21世纪现代港口发展的必然选择。

近年来,国内陆续推进青岛港前湾(图6-1)、上海港洋山四期、天津港北疆C段、北部湾钦州港(图6-2)、广州港南沙四期等自动化集装箱码头建设,陆续建成了秦皇岛港煤炭自动化码头、国能黄骅港煤炭自动化码头(图6-3)、烟台港西港区自动化矿石码头等自动化码头。以自动化码头为典型标志,我国的"智慧港口"建设已处于全球领先地位。

面对全球经济复苏乏力、运营成本上升、空间资源局限,以及船舶联盟化、大型化趋势,国内各大港口正积极探寻向下一代智慧型港口转变,以赢得战略上的主动。上海港、青岛港、天津港、北部湾港以及招商港口等典型港口,以业务需求为导向,以实现整体生产业务流程统一管控为核心,以优化港口生产业务流程为目标,形成了覆盖港口生产、管理、服务全过程的"智

慧港口"解决方案,赋能码头自动化、智能化,全面提升了生产作业效率及运营管理水平。

图 6-1　青岛港前湾自动化集装箱码头

图 6-2　北部湾港钦州港自动化集装箱码头

图 6-3　国能黄骅港煤炭自动化码头

(二) 总体情况

全国各大港口以业务需求为导向,积极推进新一代信息技术与港口业务深度融合,促进流程再造、管理创新和业务协同。一是探索全自动化码头建设,引领码头作业无人化、智能化。例如,青岛港、上海港等利用智慧"大脑"码头操作系统(TOS)的统一计划、统一调度等,可节省码头人力70%以上。二是优化港口陆运业务协同,提高码头和集卡车队作业效率。例如,厦门港智慧物流协同平台和天津港电子商务平台,采取集卡车辆预约制,合理安排集卡进港作业,缩短了集卡在港等待时间,优化了港口集疏运体系。三是推动新技术场景化应用。例如,天津港加快 5G 网络部署,实现了无人驾驶集卡 5G 全景高清视频回传、基于 5G + MEC(多接入边缘计算)方案的货物单兵查验业务应用。四是推进业务单证电子化,创新港口物流运营模式。例如,大连港构筑内陆综合集疏运体系,推动上下游物流节点作业协同和信息共享,有效支撑了集装箱铁水联运发展。五是应用多种智能感知手段,推动全方位智能监管。例如,宁波舟山港通过三维建模与 GIS 等技术,实现了重点区域可视化和全空间视频监管。

(三) 典型做法和经验

1. 构建以 TOS 系统为核心的智慧港口应用体系

各大港口以 TOS 系统为核心进行顶层设计,构建了堆场自动化、智能闸口、智能理货、智能运营管理、智能生产作业、智能商贸物流服务等应用体系。例如,上海港提出了"3E"智慧港口解决方案,即运营上卓越(Excel)、生态圈保持开放(Extend)、创新业务可持续拓展(Explore);广州港构建了 TOS + ECS(设备管理调度系统)的"中枢神经",实现了生产管理系统的自动化;宁波舟山港构建了以"n-TOS 系统 + iECS 系统"为"双芯"核心的"智慧港口大脑",打造了高性能的智能生产业务平台;天津港推动了新一代自动化码头研发,大力发展绿色智慧港口。

2. 打造自动化集装箱码头 TOS 系统

各大港口立足于业务流程优化,建立了高效优化的作业模型,提高了码头的作业能力和管理水平。通过人工智能、5G、区块链、大数据、数字孪生、无人驾驶等先进技术的深度融合和智能管控技术的应用,实现了码头作业堆存的无人化、智能化,提高了港口的整体服务水平。例如,青岛港以信息物理系统理论、技术和方法为支撑,实现了对码头作业的全流程智能调度和智能化高效管理。当前,我国已有上海哪吒 ITOS 系统、招商港口 CTOS 系统、华东电子 CiTOS 系统、青岛港 ATOS 系统等多个具有自主知识产权的自动化集装箱码头 TOS 系统得到应用,运营情况良好。

3. 积极推进新一代信息技术与港口业务深度融合应用

各大港口围绕"智能操作、智链生态、智慧运营、智感环境"四大核心应用,深度融合新一代信息技术,深度提升码头生产运营智能化、精益化管理水平。通过综合应用大数据、数字孪生、工作流引擎等技术,建立码头堆场智能管控系统,实现了堆场智能化管控转型。例如,广州港创新性融入新一代信息技术,制定了"北斗导航 AGV + 单小车自动化岸桥 + 低速自动化轨道吊"智能化集装箱码头设计方案。江苏省港口集团有限公司研发了自动化码头设备智能调度平台,助力码头传统作业模式向自动化作业转变。

4. 打造高效便利的智慧商贸物流服务平台

各大港口围绕"物流协同化、商贸便利化"目标,打造一体化商贸物流供应链服务体系,创新业务与服务模式,实现了作业全环节无纸化。推进港口物流供应链各方,包括车、船、货、监管单位及公共交通的高效协同,推进了跨部门间信息开放与共享。例如,招商港口构建了招商 e-Port 平台,推进"港口 + 互联网"客户服务模式。宁波舟山港全面上线全程无纸化应用,实现了物流运输"一单到底""一码到底"。

(四) 案例创新

1. 模式创新

各大港口结合码头自身资源禀赋,提出了"智慧港口"建设模式,具有很好的示范作用,相关经验和解决方案可向其他同类码头推广应用。

2. 生产创新

以 TOS 系统为核心,各大港口建立了高效统一的调度模式,创新作业流程,实现了作业信息自动交互、无人参与,解决了生产环节信息化脱节等问题,为实现码头全作业链向自动化、智能化、无人化全面升级转型夯实了基础。

3. 技术创新

为在满足自动化需求的前提下体现"互相兼容、适度超前、安全可靠"原则,智慧港口利用人工智能模糊逻辑综合判断和推理,实现了全局最优的调度决策,解决了堆场怎么放、船怎么装、集卡怎么走和场桥怎么动等关键问题,并采用了物理隔离和身份认证等多重防护措施,其方法和经验也可供其他码头学习借鉴。

(五) 应用效果

1. 经济效益

一是提高作业效率。通过智能生产调度控制及作业工艺的配合,统一调度码头生产资源、远程化操作、自动化装卸,码头作业效率得到了大幅提升。例如,江苏港口通过一体化运营服务中心提前获取装卸船业务,码头作业能力提升至每小时 28 标准箱,堆场昼夜作业能力达到 4000 标准箱,作业效率提高近 20%,无效翻捣率降低 7% 左右。

二是降低人力成本。通过大型港机设备(桥吊、门式起重机)远程操控,实现了作业现场无人化。智能化系统和自动化设备的应用有效降低了用工数量和操作成本。例如,宁波舟山港投用了 78 台远控港机设备,自动化率达到 48%,单体码头投用量与比例居国内同类码头首位;54 台无人驾驶集卡具备全天候、全工况作业能力,人员数量缩减 85% 以上。

三是促进精细化管理。智能化系统能够准确评估各岗位操作人员的工作量,实现员工精细化管理;均衡分配设备设施的工作时间和工作量,最大限度保证设备设施处于良好运行状态;实时生成各类报表数据,为码头管理提供了科学有效的决策支持。

四是提升服务水平。统一全港的对外集装箱申报入口,为集装箱的外部客户提供线上一站式服务,网上客服、移动客服等多样性的服务方式极大提升了服务质量。实现全部单证无纸化,所有业务网上办理,减少了客户现场办理业务的需求,提高了业务办理效率。

2. 社会效益

一是提升区域竞争力。"智慧港口"建设是我国打造世界一流的智慧港口的重要举措。为构建现代综合交通运输体系、保障港口型国家物流枢纽建设、畅通国家物流大通道奠定了坚实基础。

二是降低安全风险。远程化、自动化的港口生产作业显著减少了码头现场作业人员数量,提高了安全生产能力，降低了码头安全风险，为实现"零重伤、零死亡"的安全生产目标提供了切实保障。

三是服务低碳经济（图6-4）。智慧港口通过提高满载率、降低空驶率、缩减行驶里程等措施，提高了相关物流运输资源的综合使用效率，降低了运输工具的能耗和尾气排放。

图6-4 天津港"零碳码头"

借鉴意义

（一）为全国乃至世界智慧港口建设提供参考范本

港口必须结合自身特点及资源禀赋开展相关关键技术研发，构建符合自身实际的"智慧港口"总体思路和解决方案。各大"智慧港口"的成功建设经验具有很强的代表性，对其他同类码头建设"智慧港口"具有借鉴参考意义。

（二）"智慧港口"解决方案具备灵活推广性

各大港口的"智慧港口"解决方案采用"高内聚、低耦合"设计思想，系统之间具有相对独立性，各功能可根据码头规模、业务模式、信息化基础等实际进行裁剪。整套解决方案不仅适用于新建码头，也适用于传统码头的智慧化改造。

（三）创新港口业务线上服务模式

各大"智慧港口"打通了港口业务的"最后一公里"，实现了全港业务对外服务的全覆盖，可为船公司、船舶代理（简称"船代"）、货运代理（简称"货代"）、车队等外部客户提供港口各类业务的"一站式"服务。通过构建数字化服务窗口，统一港口对外数据出口，建立快捷有效协调机制，可实现大通关智慧化服务。

案例执笔人和素材提供人

交通运输部水运科学研究院罗本成、程紫来、张永明、张德文

构建长江干线数字航道系统，打造航道管理与服务高质量发展新模式

案例摘要

随着长江沿线经济社会快速发展、水运交通运输需求持续增加，传统的航道管理模式和服务方式已难以满足现代化水运交通的发展需要。针对这一问题，长江航务管理局组织长江航道测量中心运用测绘遥感、地理信息系统、通信网络、仿真模拟等技术，对航道要素、管理活动等进行数字化并建立了数字航道信息基础设施和平台系统。随着数字航道系统的建设与全线覆盖应用，长江航道实现了由传统人工管理模式向数字化服务模式的转型升级，质量和效率显著提升。长江电子航道图等信息实现了用户自主式、移动式服务，显著提升了航道公共服务效能。数字航道、电子航道图成套技术方案已向汉江、赣江、信江、京杭运河等全国其他内河推广应用。

关键词

数字航道、电子航道图、信息服务、数字化、智能化

做法与成效

（一）案例背景

长江黄金水道横贯东西，支流沟通南北，是长江经济带发展的重要依托，在国民经济和社会发展总体格局中具有重要战略地位。据统计，2021年长江干线港口完成货物吞吐量超35亿吨，同比增长6%以上，创历史新高。

与世界先进水平比较，长江航运在很多要素上仍处在粗放发展阶段，有很大提升空间。完善长江航运等智能化信息系统，实现航道要素全方位、全天候监控管理，为港航单位企业、通航船舶和社会大众提供权威、准确、多样的航道信息服务，成为长江航运提升公共服务、助推高质量发展的重要举措。

2006年，长江南京至浏河口段数字航道与智能航运建设示范工程开工，并于2010年建设完成。在总结"南浏段"数字航道建设经验基础上，2011年长江航道局完成了《长江航道"十二五"建设规划数字航道建设实施方案》，确定了数字航道"一主六分七中心，一图一站三平台"的总体框架。

"十二五"以来，按照"总体规划、分步实施"的原则，电子航道图生产与服务系统建设工程及数字航道重庆、宜昌、武汉、南京、四川分中心等一系列数字航道建设项目先后组织实施。在项目建设的经验基础及应用系统的数据基础上，长江干线数字航道综合服务平台建设工程于2018年实施。2020年，我国首个覆盖长江干线航道的内河数字航道综合信息系

统完成建设。

(二) 总体情况

数字航道建设全面实现了长江干线要航道要素的实时采集与动态监测,通过动态监测平台及 App 实现了动态监测数据的管控;维护管理平台实现了航道维护管理工作的流程化、数字化;辅助分析平台实现了维护管理效果的可视化统计分析。电子航道图生产编辑系统每年可生产电子航道图 1500 幅。长江航道综合服务平台通过电子航道图 App、微信小程序、门户网站等方式,可向港航单位企业、通航船舶、社会大众等提供电子航道图、航道维护尺度、水位、航标等在线、便捷、高效的航道信息服务。

(三) 典型做法和经验

1. 建设数据采集和感知体系

通过建设覆盖长江干线航道的航标遥测遥控、水位遥测遥报、工作船舶机舱监测、控制河段自动通行指挥等系统,数字航道构建了涵盖航标、水位、船舶、视频、航道地形等水上、水下重要航道要素的立体感知体系,实现了对重要航道要素的数字化监测。

2. 规范、细化航道业务流程

数字航道系统对总局-区域局(正处级航道处)-基层处(班组)的航道运行调度、航标维护、工作船舶、物资器材、尺度测报和预报、航标动态预警处置等生产业务与管理流程进行了全面规范、细化。

3. 建设多样化对外信息服务平台

通过建设网页端、移动端多种平台,数字航道实现了同步推送航道通告、公共服务简讯、周预报航道尺度、年度计划水深、水位、潮位、极端天气预警等航道综合信息,可提供多渠道综合信息服务。

4. 总结数字航道"长江方案"

通过在数字航道建设过程中同步总结数字航道建设、运行、服务成套技术方案与行业标准规范体系,相关部门和单位出台了一系列数字航道应用制度规范,促进了航道信息化应用和管理水平稳步提升,形成了数字航道从建设到应用的"长江方案"。

5. 打造内河航道"一张图"应用示范

充分利用长江干线、支流航道要素相同、地缘特征相近的特点,长江干线数字航道、电子航道图的技术路线被无差别、同规格地推广至汉江、赣江、信江、京杭运河等内河,进一步验证了生产、服务、应用成套技术的普适性,同时实现了"长江方案"在其他内河的推广应用(图 6-5)。

图 6-5 长江水系电子航道图覆盖范围

（四）案例创新

1. 管理创新

数字航道有效促进了长江航道运行管理机制的变革，建立了"总局-区域局(正处级航道处)-基层处(班组)"的三级运行"扁平化"管理机制，缩短了"管理调控-调度指挥-现场执行"工作链，形成了航道养护三级在线协同管理体系。

2. 模式创新

通过深度挖掘数字航道系统中的数据价值，提升了数字航道的应用效果，拓宽了数字航道的应用场景，例如：用电子工作日志替代纸质工作日志；规范数字航道条件下的航道运行处置流程，提升了航道养护管理质量和服务效能；将业务工作情况与财务数据相互核验，促进了预算编制和执行更加科学合理；运用系统真实数据，建立了月度评价机制，对各业务部门的生产运维质量进行统计考核；提高重点水位站水位信息发布频次，更好地满足了船舶航行需求。

3. 理念创新

在数字航道的基础上，"智慧航道"的概念得以明确，即借助于"云、大、物、移、智"等新一代信息技术，实现航道运营保障的协同管控与创新服务。这是在基础设施建设、养护管理、运行保障服务领域具有智慧化特征的现代航道建养运管新理念、新模式和新业态。

（五）应用效果

1. 航道养护管理现代化

数字航道成为一线班组的必备工具，一线班组使用数字航道及维护管理 App 进行航道电子巡查、航标调设、航标器材管理、航道探测、工作日志记录等日常生产工作，航道维护生产模式由被动向主动转变，传统航道维护生产模式实现了向信息化条件下的航道维护生产模式转型。

2. 航道通航保障品质化

一是航标养护更高效。依托数字航道制定了航标监测覆盖率、航标平均失常恢复时间等关键考核指标；通过对系统中航标参数、航标失常恢复情况、航标技术状况等的分析，优化了重点河段、特殊地区的航标配布。航标异常恢复时间大幅缩短，提升了航标维护水平和质量，可为过往船舶提供更安全、优质的航标助航导航服务。

二是航道疏浚更科学。通过数字航道系统可查看长江干线重点水道测图以及水位流量变化情况，及时发现航道变化影响趋势，预判并启动航道疏浚工作，避免航道阻塞或断航，保障重点河段畅通，航道疏浚更加主动、及时、科学。

三是尺度测报更精准。利用数字航道系统的航道尺度数据和探测数据，可研判水位、航道变化趋势，提高航道尺度预报的准确性、适应性和衔接性，为过往船舶提供更优质、安全的航道尺度服务。

3. 航道公共服务按需化

一是航道信息服务按需定制。电子海图显示与信息系统(ECDIS)、船载电子海图系统

(ECS)等船用终端设备和电子航道图App可提供航标、船舶自动识别系统(AIS)船舶、水深、水位、可航水域等可视化信息。终端设备的定位模块可用于船舶助航、信息推送及语音播报提醒等个性化服务,辅助船舶安全航行。

二是航道信息服务广泛应用。长江电子航道图App整合了赣江、汉江等支流航道信息,下载量超过12万次,持续为500余家船舶企业、港航管理单位的船舶提供电子航道图数据服务,为40多家单位提供开发航道图、航标、水位等动态信息及航道空间大数据服务接口,信息服务广泛覆盖。长江电子航道图入选了"伟大的变革——庆祝改革开放四十周年大型展览"。

4.建设管理模式推广应用

数字航道系统建设已总结形成从建设到应用的成套规范体系,在汉江、赣江、信江、京杭运河等内河数字航道的建设或规划中被广泛借鉴,形成了长江干流航道与支流之间数据互享、信息互通、服务互联的新局面。

借鉴意义

(一)促进内河航道数据和资源有效采集、管理与整合

数字航道系统实现了航道管理各层级业务流程的上下贯通和航道要素资源的汇集和整合,使得各机构、航道设施不再是"数据孤岛"。数字航道系统既可从宏观上掌握航道总体信息,又可对单一设施、地物等进行精细化管理。

(二)提供航运信息多样化服务

通过多种平台为港航单位企业及社会大众提供及时、准确的航道信息服务,可以提升航道公共服务品质。

(三)推动航运部门信息化发展与转型

通过信息化手段强化管理,可以实现对各类业务流程的明晰和留痕,纸质化报表、运维信息等由数字航道系统自动计算生产,可以实现对设施设备的精细化、流程化管理,提高效率,节约资源。

案例执笔人

长江航务管理局郭君、长江航道测量中心胡添毅

素材提供人

长江航道测量中心李伟凡、陈祖欣

建设智慧路网，提升服务效能

案例摘要

我国公路网发展正处于体系优化、标准统一、联网联控、智慧赋能的重要时期。对标加快建设"四个一流"交通强国和构建国家综合立体交通网的总要求，交通运输部路网监测与应急处置中心（简称"路网中心"）综合运用互联网、大数据、云计算等信息技术手段，以电子不停车收费（ETC）系统全国联网和高速公路视频云联网为抓手，建设"收费公路联网收费清分结算系统""全国公路视频联网监测应用系统"，提升科技支撑手段和履职服务成效，初步形成了高速公路联网收费"全国一张网"运营和一体化服务模式，实现了全国高速公路的视频"全覆盖、全联网、全共享"目标。

关键词

清分结算系统、通行路径精确计费、视频联网、云网融合、监测体系

做法与成效

（一）案例背景

"十二五"以来，为实现高速公路电子不停车收费（ETC）系统全国联网，全国高速公路电子不停车收费清分结算中心系统工程有序开展，该系统由清分结算系统、客户服务系统、质量评价系统、部省数据传输系统等部分组成，可实现全网 ETC 客户跨省清分结算、业务综合处理等功能。截至 2015 年底，全国高速公路 ETC 联网工作顺利完成，标志着我国建成了全世界里程最长的高速公路 ETC 联网收费系统。

为进一步便利群众出行，提高物流效率，2019 年 5 月 5 日，国务院常务会议提出力争在 2019 年底前基本取消高速公路省界收费站的要求。交通运输部作出统一部署，开展了全国取消高速公路省界收费站工程。路网中心深入研究高速公路"全国一张网"运营服务关键技术，通过"入口精准识别、ETC 门架分段计费、在途拟合补点、精确路径还原、出口扣费并显示"，推动实现所有车辆按实际通行路径精确计费。结合预约通行、客户服务、运行监测等应用，支撑取消高速公路省界收费站工作，形成了高速公路"全国一张网"运营和服务模式，为公路交通高质量发展、交通强国建设奠定了坚实基础。自 2020 年 5 月 6 日全国高速公路通行恢复收费以来，联网收费系统运行平稳，公路网通行顺畅，交通量持续增长，全网日均通行超过 3000 万辆次，通行效率显著提升，投诉和舆论环境良好，客户量稳步增长，公众出行更加便捷，撤站相关工作取得了良好效果。

高速公路视频监测也是提升运行管理效率的重要手段。"十三五"以来，高速公路监测基本实现"可视"，普通公路监测尚处于起步阶段。视频联网在省级层面初步实现"可测、可控"，

部级联网平台建设仍为空白。路网中心对标"交通强国"战略部署和"连得上、看得清、调得动、能会商"的联网监测工作要求,确定了"部省联动、远近结合、联网联控、智慧监测"工作原则,挂图作战,倒排工期,全力推进各项工作。截至2021年底,累计完成除西藏、海南外的29个省(自治区、直辖市)16.63万路视频接入,接入率达88%,在线率超过85%,80%以上省份省内视频资源100%联网,初步实现了全国高速公路视频"全覆盖、全联网、全共享",有效解决了视频客户端调看视频资源"不全面、不联网、不可控"的问题,"智慧监测"能力进一步提升,提升了公路交通突发事件应急处置、疏堵保畅、公众出行服务的效率。

路网中心以习近平新时代中国特色社会主义思想为统领,坚持新发展理念,构建新发展格局,紧密结合交通强国建设,充分融合现代信息与"互联网+"技术,系统重构路网监测"云管边端"一体化技术体系,推动监测设施数字化,提高了路网设施、运行信息等资源在线化、智能化、云控化应用水平。

(二)典型做法和经验

1. 多种方式获取实际通行路径,实现精确计费

根据高速公路现行的收费通行模式、基础设施布置和路径节点类型等现状,对高速公路相关系统中采集到的车辆收费站入/出口通行数据和牌识数据、ETC门架计费交易数据和牌识数据、北斗卫星定位数据等信息进行清洗、降噪、补缺、纠偏处理,还原车辆行驶路径,支持精确在线计费,提高了出口交易成功率。

2. 高速公路多维实时运行监测

通过边缘节点数据采集技术,高并发获取全网近1万个收费站、8.5万条车道和2.8万个门架的心跳数据,采用高效的大数据处理技术进行实时处理,快速智能分析和核对相关业务指标和运行状态,实现了对联网收费关键边缘节点以及传输链路的软硬件状态和运行状态的实时监测。一旦系统运行出现异常,立即进行报警和提示。

3. 高速公路特殊车辆预约通行

系统采用Hadoop大数据分析技术,为抽免查验提供理论和技术支撑,进一步提升了绿通查验效率与绿通驾驶员驾驶体验。通过"公有云+私有云"技术体系,实现了绿通预约平台与收费系统数据融合、分析及免费处理。查验App通过预先埋点,为事后稽查和争议处理提供了重要数据支撑。系统整体采用分布式冗余架构设计,保障全国所有收费站绿通查验工作稳定有序进行,提升了高速公路服务能力。

4. 高速公路收费系统云网融合应用

为解决取消高速公路省界收费站后运营服务方式变化带来的数据量猛增、通行场景复杂、用户访问场景多样、敏感数据与开放数据共存等问题,采用云网融合技术,在海量数据运算处理、高速通行多场景应用及收费业务连续性等方面取得了突破性进展。

5. 打造高速公路视频云网融合新体系

一是建立了部级、省级、路段(片区)级、前端四级视频联网管理架构。其中,部级视频云平台具备对全国公路网视频资源进行调阅、监控及存储等功能,可面向全国公路网提供视频资

源转发、共享及智能分析等应用服务;省级视频云平台具备对省域公路网视频资源进行调阅、监控及存储等功能,可面向省域公路网提供视频资源转发、共享及智能分析等应用服务。

二是打造了基于云计算的"云管边端"智慧监测技术体系。其中,云侧主要由部级视频联网云平台和省级视频云联网平台组成,并可通过个人计算机(PC)端、微信号等输出;管侧主要由各级路网中心、路段公司、行业内外资源组成;端侧主要由各公路沿线、桥隧、门架、收费站、服务区等前段资源以及行业内外基础资源组成。

6.分步联网的组织形式

按照现有高速公路视频系统整改及联网准备、完善制度及示范联网、全面联网及扩规加密、监测全覆盖及智能化四个阶段,路网中心逐步推进全国高速公路视频联网工作,逐步完成了"一对一"既有部省视频接入客户端整改升级专项工作,将G2京沪高速公路和江苏省视频监测云联网打造为样板工程,北京、辽宁、河南、湖南、福建、重庆、贵州、陕西试点实现了部省联网共享,7条首都放射线(G1~G7)沿线视频资源100%联网共享,全国高速公路约17万路视频接入,基于视频的智慧监测研究工作同步开展,部省视频云联网监测管控体系初步建成。

(三)案例创新

一是构建了首个汇聚全国收费公路ETC交易和其他交易数据的联网清分结算体系,通过高效专有云系统支撑的分布式数据存储和数据同步服务,解决了海量交易数据和沿途门架标识数据的精确匹配问题,实现了高速公路通行费的快速清分结算、精准对账。

二是首创基于门架交易、牌识数据、北斗数据等多源数据融合和数据映射的多门架协同技术,有效拟合丢失收费单元、剔除反向标识和重复交易,解决了门架漏计、反向门架误标、多义路径误标等问题,清晰了路径拓扑关系,实现了路径精确还原和计费。

三是构建了全国首个高速公路多收费服务主体联动协同服务系统,通过全国所有省级服务主体"统一受理、分级转办、适时跟踪、回复反馈、抽查回访、服务监管"的闭环管理,解决了多客服主体多角色线上协同工作难题,实现了业务可监控、数据可共享,保障了客服体系协调高效运转。

四是首创性地实现了对全国联网收费关键系统节点运行状态的全面监测,构建了全方位、多维度、深层次的全国联网收费运行监测系统,解决了全网数量巨大、种类繁多、型号多样的软硬件设备的运行状态监测问题,极大提升了全网的运维管理水平。

五是构建了全国首个高速公路电子收费预约通行服务平台,精准匹配绿通、集装箱车辆的预约和查验信息,实现了预约车辆的免费通行,提升了通行效率和通行体验。基于通行频次、查验合格率、常运货物、常运路线等特征的用户画像,建立车辆信用模型,实现了高信用度车辆现场免检放行,进一步提升了通行体验,降低了收费站现场查验管理成本。

六是构建了"混合云+异构云+互联网+专网"融合系统平台,有效解决了高速通行多用户场景访问和海量数据运算问题,实现了开放数据与敏感数据分域管控、数据分类处理,提升了并行运算效率,支撑了清分结算、客户服务、监控监测等业务开展。

(四)应用效果

通过基于实际通行路径精确计费的高速公路"全国一张网"运营服务关键技术及应用,取消高速公路省界收费站工作顺利开展,高速公路省界交通拥堵问题持续优化,通行效率进一步提升,人民群众出行体验有效改善,节能减排、降本增效效果明显,真正实现了一网畅通,促进了高速公路高质量发展和运营服务水平提升。截至2021年底,全网ETC用户总量达1.99亿,ETC客车平均通过省界时间由原来的15秒缩短为2秒,货车平均通过省界时间由原来的29秒缩短为3秒,全网高速公路的通行效率持续提高。

视频云联网实现了视频的全路网数据资产化,全网实时在线监控与智能分析助力公路网络化、一体化、协同化管理,大幅改善了全网综合拥堵状况,降低了车辆停滞导致的能源损耗,提高了运输效率和经济增益。此外,视频联网分析提升了路网运行安全控制的主动性,减少了行车事故造成的财产损失。同时,集约化的云端统一服务建设方式,极大降低了建设成本和运维费用支出。

路网监测系统的建设促进了视频联网相关产业升级。以全国高速公路视频联网工程为依托,行业中形成了端上云(云联感知)、云大脑(智能解析)、云服务(云端应用)的服务架构,推进了多功能海量智能感知云联接入系统、路侧级视觉人工智能(AI)边缘计算系统、路网车辆云识别系统、路网异常事件云检测系统、路网车辆视觉大数据分析系统、路网全视频云端质量检测系统、路网智能监测与预警系统、路网动态智能管控与服务系统、路网重点车辆监测与服务系统等多个系统的技术研究。此外,形成了一批智能视频网关、高清码流视频分析智能芯片等设备,促进了行业产业升级。

借鉴意义

"深化收费公路制度改革、降低过路过桥费用、取消高速公路省界收费站、实现不停车快捷收费,减少拥堵、便利群众"是党中央、国务院交办的重大政治任务,也是人民群众的强烈呼声。办好这项工作对提高高速公路通行效率,降低物流成本,增强人民群众实实在在的获得感、幸福感、安全感具有重要作用。

通过研究基于实际通行路径精确计费的高速公路"全国一张网"运营服务关键技术及应用,取消高速公路省界收费站工作顺利推进,开创了"一张网运行、一体化服务"的新局面,加速了交通运输转型升级、提质增效,交通运输领域供给侧结构性改革得到进一步深化,对高速公路实现高质量发展具有重要意义。

云联网系统"云管边端"一体化新技术体系确定了"全国高速公路视频联网工程"的基本技术框架,也为各省开展公路网"智慧监测"管理信息化建设提供了有效指导,对提升国家公路网运行监测、突发事件应急处置和出行信息服务能力,建成"可视、可测、可控、可服务"公路网运行监测体系具有重要而深远的价值,同时也为指导路网"智慧监测"业务开展提供了创新性、建设性意见,对促进交通运输发展转型升级、提质增效,加快交通强国建设具有重要意义。

案例执笔人

交通运输部路网监测与应急处置中心 张抗、李国瑞

素材提供人

交通运输部路网监测与应急处置中心 谢豪

中国快递大数据平台

案例摘要

中国快递大数据平台是国家邮政局自 2009 年起开始筹建的行业大数据中心,于 2016 年底初步建成。国家邮政局邮政业安全中心主要负责平台的建设、管理、应用、推广和维护,通过信息化手段服务行业监管,并在公共安全、社会治理、经济发展、公共服务等方面开展了具体应用及推广工作。

平台采用大数据技术体系实时采集业内企业基础业务数据,攻破了行业海量生产数据采集、存储和实时计算的技术难关,促进了邮政快递业信息系统数据整合共享。平台培育了一系列驱动行业高质量发展和服务国家社会治理的快递大数据产品,为广大用户使用邮政快递服务提供了更多便利。

关键词

中国快递大数据平台、行业监管、公共服务、社会治理

做法与成效

(一) 案例背景

邮政快递业是我国重要的社会公用事业和新经济新业态的代表,是服务生产生活、促进消费升级、畅通经济循环的现代化先导性产业。2021 年,全国快递业务量突破 1000 亿件,连续 8 年稳居世界第一,创造了世界邮政发展史上的"中国速度""中国奇迹"。

行业持续快速发展给政府治理带来了全新机遇与现实挑战。寄递渠道面临的安全形势严峻复杂,境内外、线上线下、传统与非传统安全风险交织演变,行业治理尤其是安全管控难度不断加大。统筹好发展和安全、推动行业高质量发展亟须汇聚科技创新和数字化转型之合力,互联网 + 智能监管可有效提升行业治理体系和治理能力现代化水平。按照中央"放管服"改革总体要求,为完善事前预防、事中预警、事后追溯体系,国家邮政局自 2009 年起统筹建设中国快递大数据平台,之后平台整体划归国家邮政局邮政业安全中心建设并维护,于 2016 年底初步建成,并在"绿盾"工程一期中完成改造升级。

(二) 总体情况

中国快递大数据平台具有以下特点:一是覆盖范围广,每天实时汇聚全行业丰富的生产运行数据,可实现对行业生产情况的实时监控和指挥调度。二是服务功能实,每天实时处理 3 亿多件快件产生的数十亿条数据信息,具备全网实时监测、精准预判安全隐患的数据服务功能,全面赋能各级邮政管理部门日常安全监管和应急处置。三是互通共享强,实现了与相关部门

数据实时共享,极大提升了综合研判和协同共治能力。四是应用场景多,平台建立了行业用户和科学监管的数据底盘,可有力服务乡村振兴和社会治理。

中国快递大数据平台所搭建的安全监管系统、安易递实名收寄公共服务平台、快递安全虚拟号服务平台、快递进村服务平台、农特产品分析平台等经过前期推广应用,覆盖面积广,应用成效显著。

(三)典型做法和经验

1. 搭建安全监管系统

安全监管系统是行业监管的核心系统,该系统目前可实现每天3亿多件、数十亿条的快递状态数据接进来、算出来、展示出来,起到"一图知全网"的作用。该系统可从揽收总量、投递总量、实名总量、快递收入等多个维度监测行业运行情况,并承担着日常监管、业务旺季和重大活动期间的行业监管及保障任务,有力有序支撑着行业高质量健康发展。

2. 搭建快递全流程服务的安易递实名收寄公共服务平台

安易递实名收寄公共服务平台采用"一中心、三终端"的格局架构,覆盖快件的全生命周期服务。"一中心、三终端"各司其职,紧密配合,以安易递实名收寄公共服务平台为数据汇集和分析研判中心。用户端面向社会公众提供安易递快递用户身份二维码显示、快递下单、状态查询、快递员真假认证和投诉申诉等功能,社会公众直接注册即可使用。收寄端面向快递员提供实名收寄、收寄验视、协议客户备案、禁寄物品查询等功能。监管端面向行业监管人员和企业管理员提供对其管辖区域内快递企业的实名制落实情况进行监测、稽查、网点核验、快递员核验等功能。

3. 搭建快递安全虚拟号服务平台

快递安全虚拟号服务平台配备百亿级快递虚拟号码资源,可为公众用户、快递员和主要快递企业提供高效的快递虚拟号服务,从源头保护公民信息安全,提高快递服务质量,避免寄递过程中收寄件用户手机号码隐私信息泄露。平台可加密收寄件人手机号,并分配快递虚拟号替代收寄件人真实手机号码,在快递员与收寄件用户间建立即时绑定关系,收寄件人不需要担心快递面单泄露个人信息。

4. 搭建快递进村协同平台

通过推进"邮快合作""快快合作"等业务模式发展,城乡共配体系不断完善,农村寄递物流信息化基础设施建设和农村物流服务体验持续优化。通过创新用户信息技术保护模式,建设快递进村业务协同平台,打通末端配送信息链路,实现了快递服务"一单到底",保证了快递服务信息的完整性和即时性,有利于拓展农产品上行触点,实现农村电商引流,拓宽农产品销售渠道,助力乡村振兴战略。

5. 绘制全国农特产品包裹地图

中国快递大数据平台利用大数据可视化技术将全国农特产品基本信息和快递包裹信息相结合,可呈现以全国农产品类别划分的快递包裹地图(图6-6)。通过大数据技术监测特定地区年度平均业务量和成熟期最高业务量之间的特殊关系,同时比对特色农产品与同类产品,挖掘特色农产品市场潜力,为相关企业经营生产决策以及政府指导乡村产业发展提供精准数据服务。既能帮助企业根据相关产品业务量趋势进行产品需求预测、计划生产、库存管理及物流配送等多环节的运营决策,又能帮助地方政府宏观掌握该地区农特产品产业发展趋势,科学合理指导当地产业协同和经济发展,服务乡村振兴战略。

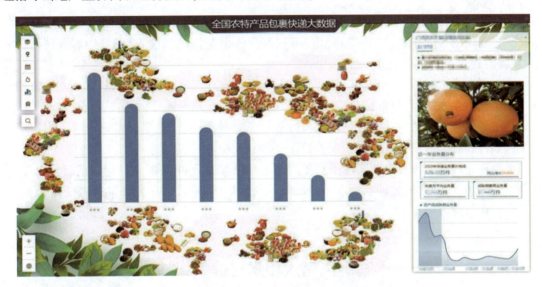

图6-6　全国农特产品包裹快递大数据

(四)案例创新

一是平台打通了快递企业、第三方末端企业行业上下游,实现了快递企业平台、第三方末端供配网络的信息高速有效交互,提升了末端到件通知服务体验,促进了共同配送。

二是快递安全虚拟号服务支持单方、多方通话、录音的通信功能,具备高可用性、高复用性、高安全性和高保障性,适合全方面接入,能较完备地提供快递寄递全流程中的号码隐私保护。

三是利用大数据可视化技术将全国农特产品基本信息和快递包裹信息进行结合,利用不同农产品类别的专题图可实现对农特产品生产与采购的精准把控。

四是可以描绘和构建快递包裹的承载内容和运行规律,绘制快递服务农特产品上行地图、服务现代农业金牌项目包裹地图和邮快件上下行发展轨迹。

(五)应用效果

平台建设有利于实现快递物流系统的全流程信息交互,有效提高了快递物流高质量协同发展水平;完善城乡共配体系,不仅降低了行业管理人力成本与时间成本,对农村寄递服务提升、农产品上行服务、农村经济水平提升、助力乡村振兴也有重要推进作用;健全末端共同配送体系,强化农村寄递物流与农村电商、交通运输等融合发展,有利于提升农村寄递用户的服务感知,是便民利民好举措。

利用虚拟号码替代真实号码,不仅保护了公民的信息安全,避免了信息泄露,也优化了寄递用户服务体验。

平台从数据环境、数据清洗与治理、数据分析与挖掘、数据应用效果等多个环节为相关单位和部门提供协查与研判等服务,减少了寄递渠道违法案件数量,保障了行业安全发展。

借鉴意义

平台建设的企业统一接口对接规范,不仅方便各企业推广和接入,而且能够提高对接效率,在其他行业推广具有一定可行性。

快递安全虚拟号服务在现代服务业等其他行业具有推广意义。虚拟号技术可提升消费者信息安全保护水平,在各行业推广应用虚拟号服务,能更好地保障广大消费者合法权益。

利用平台开展社会治理、经济研究,可分析行业发展规律、产业联动情况及与资本市场的耦合关系,在与地方政府深度合作方面具有一定推广性。

平台建立的安全预警机制实现了对重点监管对象寄递活动监测、寄递异常信息分析、行业安全形势研判等功能,可为邮政管理部门提前预判风险、适时启动应急方案提供支撑保障,可在其他监管行业进一步推广应用。

案例执笔人和素材提供人

国家邮政局邮政业安全中心许良锋、王红亮

北京市轨道交通运行监测与智慧指挥调度平台系统

案例摘要

北京市轨道交通不断发展,线路越来越多,里程越来越长,路网结构越来越复杂,客流量持续增加,对运营监管、运营组织、运营安全、运营异常事件处置等都提出了新的要求。

传统的调度指挥更多关注行车组织,较少关注乘客体验,信息相互独立,没有发挥信息协同的重要作用,突发事件处置更多凭借调度员的固有经验,系统数据支撑不足。

基于北京市轨道交通运营管理现状,北京市轨道交通指挥中心从实现客流与行车状态融合的全貌监视、实现从被动接警向主动感知、实现面向乘客信息一体化诱导、实现各层级快速联合处置等方面开展研究,讨论实现由关注行车向关注客流和行车融合的网络化智慧调度指挥系统的技术方案,为网络化智慧调度提供了技术支撑。

关键词

轨道交通、运行监测、智慧调度

做法与成效

目前,北京市轨道交通指挥中心已建成一套新的运行监测与智慧指挥调度平台系统,新智慧调度业务支撑平台从日常全貌监视和突发事件应急处置两个业务形态出发,可实现路网全貌监视、主动感知、一体化信息诱导、各层级联合处置,重点在以下三个方面进行了提升:

一是强化了路网乘客服务水平和乘客组织管理能力,与传统的行车调度指挥形成互补,提高了路网综合调度指挥能力。

二是提升了路网运营应急处置能力,对路网运力运量匹配情况、关键车站、设备设施承载能力进行实时监视,提高了路网突发事件预警和处置能力。

三是实现了路网智能化乘客诱导,结合现场运营情况及电子化预案,通过一体化发布平台对路网内各线路、各车站、各区域进行针对性多样化联动发布,实现了乘客信息的快速、准确、灵活发布和乘客出行的主动诱导。

(一) 典型做法和经验

1. 构建轨道交通路网监视模式

综合监视方面,通过实时数据采集和大数据分析,按照 5 分钟、10 分钟、15 分钟不同时间粒度,实时计算车站进站/出站、换入/换出客流,实时计算全路网断面满载率、列车满载率;实时显示列车位置信息、早晚点及迫停信息;实时采集接触轨带电状态、车站火灾信息。

线路列车运行监视方面,获取列车实时位置信息,比对列车计划运行图,实时统计列车开行列数、在线车组数、兑现率和正点率等数据,分析列车应到未到、应发未发、区间迫停等计划外情况,全面掌握列车运行情况,列车晚点自动触发报警,调度员及时进行追踪、研判,必要时启动相关应急处置程序。

客流监视方面,基于乘客在轨道交通出行的全流线(站外排队-站内走行-进站安检-购票检票-厅台连接-站台候车-列车乘降-下车换乘或出站)风险排查和现场调查数据结果,结合大客流风险评价标准,利用大数据深度学习技术,分析推送车站高峰时段各风险点位的视频和客流数据。针对车站客流风险隐患点位,通过视频智能分析,实时计算重点区域当前客流人数、平均客流人数,并形成客流曲线。

路网调度员利用监视大屏和工作站,对全路网风险点位尤其是高风险点位进行视频监视,遇大客流聚集时,及时组织车站采取限流措施,必要时采取列车跳停等措施,缓解客流压力,降低乘客拥挤踩踏风险。

2. 优化提升突发事件应急指挥系统

一是研发突发事件客流预测及影响分析模型。通过研究路网结构和客流特征,参照过往突发事件客流影响情况,指挥中心研发构建了突发事客流预测及影响分析模型。当突发事件发生时,系统可以基于路网结构,针对突发事件性质及发生区段等要素进行影响分析,预测路网总影响规模、路网内/外影响人数及乘客分布、受影响车站5/10/15分钟进站人数、相邻线路换入事发线路上行及下行5/10/15分钟人数、事发线路5/10/15分钟车站滞留人数等,并根据预测结果提出信息一体化发布范围建议和地面公交支援人数需求。

二是构建基于模块的电子预案系统。应急预案是突发事件处置的基础,北京市轨道交通指挥中心经过多年的业务积累和突发事件处置实践,建立了一整套体系化突发事件应急预案,连同各运营单位的预案一起,构成了轨道交通网络化应急处置的完备预案体系,覆盖路网、线路、车站、列车各个层级。北京市轨道交通指挥中心组织各运营单位,将各层级预案进行了模块化拆解,形成基础模块和个性化模块。由于突发事件发生的位置不同、时段不同、客流特点不同,单一的预案无法应对各种不同情况,模块化后的预案经过重新排列组合,可以根据突发事件的类型灵活匹配,形成有针对性的预案指导应急处置。突发事件预案体系如图6-7所示。

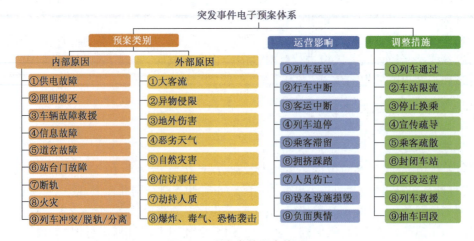

图6-7　突发事件预案体系

三是搭建乘客信息一体化发布平台。北京市轨道交通指挥中心为改善乘客出行体验,更加准确地发布乘客信息,一方面在业务上将运营调整信息、突发事件信息发布的权限统一到路网级,有效避免了线路级、车站级因信息获取不及时、不全面造成的信息发布差误。另一方面,在系统上建设了乘客信息一体化发布平台,在一个平台实现乘客信息系统(PIS)、广播和网络媒体信息的统一编辑和统一发布,确保了乘客从各种方式获取信息的一致性。

(二) 案例创新

1. 组织创新

北京市轨道交通网络化调度指挥体系的建立,有效解决了北京市多运营主体间协调配合的问题,让不同线路间尤其是衔接不同运营主体的共管换乘站间具备了统一指挥、协同联动的条件,提高了轨道交通路网运营过程中运输组织和应急处置的效率,提升了轨道交通的运营服务水平。

2. 管理创新

依托全貌监视平台、应急处置系统、信息一体化发布平台等路网调度新系统开展工作,有效提升了监视路网运营、处置路网异常、精准服务乘客出行等多项工作的水平和能力,使轨道交通运输组织和运营管理跨上了新台阶。

3. 理念创新

北京市轨道交通运行监测与智慧指挥调度平台系统创新性地提出了"从关注车向关注人转变,从被动接报向主动感知转变,从单一模式调度向多专业协同转变"的理念,并通过全貌监视、一体化信息发布、突发事件电子化预案等手段对理念进行落地,为城市轨道交通运营管理和应急管理提供了借鉴。

(三) 应用效果

1. 经济效益

北京市轨道交通运行监测与智慧指挥调度平台系统对既有行车、电力、环控、票务、视频监控、信息发布等功能进行了集成和优化,为未来路网级和线路级的整合奠定了基础,有望打破目前一线路一中心的建设模式,建设线路级应用系统的重复性投资有望被路网级系统的扩容优化所取代,线路级调度人员数量也将逐步减少,为北京市轨道交通带来一定的投资节省,进而产生一定的经济效益。

2. 社会效益

以往的城市轨道交通运输更多关注的是基本功能,即安全并相对准时地将乘客送达目的地,而忽略了乘客出行中的信息服务需求。以北京市轨道交通运行监测与智慧指挥调度平台系统的建立为契机,一体化信息发布平台致力于打造乘客出行的伴随式服务,提升服务能力和服务水平,不断满足乘客美好出行的需要,可带来一定的社会效益。

借鉴意义

北京市轨道交通运行监测与智慧指挥调度平台系统的创新案例,对其他城市轨道交通系统全面掌握路网运行状态,及时获取运营异常信息,提升轨道交通路网监测预警能力,针对性一体化发布乘客信息,高效联动处置突发事件等具有借鉴意义。

(一)客流风险监测预警创新

在对车站客流高风险隐患点进行现场定期核查梳理的基础上,基于闭路电视监控系统(CCTV)的视频智能统计分析功能,实时计算客流高风险隐患点的客流人数、客流密度,设定不同时段的系统报警阈值,可实现客流预警。

(二)突发事件电子化预案创新

根据突发事件类型自动匹配相应的电子化预案,并通过大数据和模型算法自动推导突发事件动态影响范围和乘客人数,可为突发事件高效处置、最大限度降低突发事件影响、确保不发生路网运行大面积紊乱提供重要支撑。

(三)乘客信息一体化发布创新

通过 PIS、广播、手机 App、网络微博等多渠道对外发布乘客信息,基于各线路车站的客流时空规律及突发事件的影响范围针对性、个性化地发布乘客信息,可以显著提高信息的适用性、合理性,利用乘客信息有效引导乘客出行,缓解运力运量矛盾,降低客流冲突风险,助力突发事件快速处置。

案例执笔人

北京市轨道交通指挥中心周勃

素材提供人

北京市轨道交通指挥中心李铁

应用区块链技术创新,推进航运数字化转型

案例摘要

借助区块链可追溯、可信任的技术特点,中远海运集装箱运输有限公司依托全球航运商业网络平台率先推出了集装箱海运进口无纸化放货应用。客户可以链上一次完成贯穿船公司和港口方的操作流程,实现了全流程无纸化,交货时间大幅缩短,物流交付时间和货物跟踪可精确到小时级。

2021年,基于区块链的进口电商货物港航"畅行工程"被列入交通运输部十大民生实事工程之一,在交通运输部水运局的指导下,区块链电子放货已覆盖上海港、厦门港、青岛港、宁波港、广州港、天津港、芜湖港和九江港。2022年,交通运输部组织开展冷藏集装箱港航服务提升行动,区块链电子放货继续实施到深圳盐田港、南京港和镇江港,同时也推广到了荷兰、新加坡、泰国、巴拿马、墨西哥等国家的海外港口。

关键词

区块链、无纸化放货航运、数字化转型

做法与成效

(一)案例背景

集装箱海运是全球供应链上非常重要的一环,在全球货物贸易中承载着高比例的运输量。然而,航运供应链参与方众多、节点多、流程长,并经常跨越若干国家,信息不透明、上下游缺少协同、单证流转效率低。尤其是传统集装箱进口放货业务涉及港口企业、承运人、场站、船代、货代、报关行及进口企业等多类关系方,物流链流程长、节点多、中间成本高,运转依靠大量单证,单证存储管理分散、流通过程中修改困难、沟通时效性差。总体来说,关系方繁杂、货物单证不唯一导致了不同运输方式业务衔接和信息共享困难,尤其是出错后排错困难,既增加了运输成本,又拉低了货物的转运效率。冷链业务对于运输品质和时效都有很高要求,这些痛点尤为明显。

(二)总体情况

借助区块链可追溯、可信任的技术特点,中远海运集装箱运输有限公司依托全球航运商业网络平台率先推出了集装箱海运进口无纸化放货应用,通过区块链平台链接船公司和港口之间的系统,在区块链平台上流转单据替代纸质单据流转,同时妥善处理了参与各方担心的单据数据篡改和隐私泄漏等问题,客户可以链上一次完成贯穿船公司和港口方的操作流程,实现全

流程无纸化、无接触,港口集装箱提货时间大幅缩短,物流交付时间和货物跟踪可精确到小时级。基于区块链的进口集装箱电子放货平台架构如图6-8所示,已在国内外多个港口实现推广使用。区块链放货与传统进口放货的区别如图6-9所示。

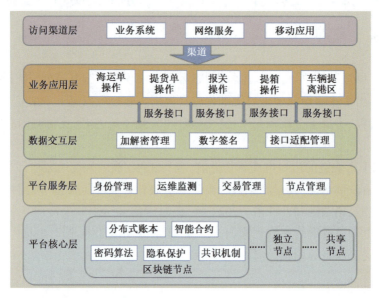

图6-8 基于区块链的进口集装箱电子放货平台架构

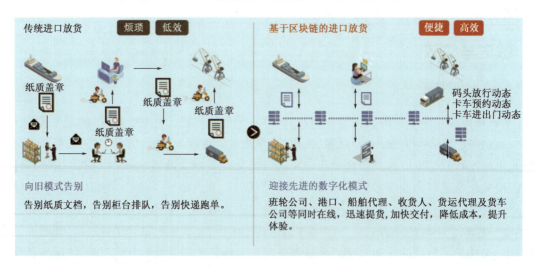

图6-9 区块链放货与传统进口放货的区别

(三)典型做法和经验

对比进口无纸化放货应用流程与传统海运集装箱进口业务流程,进口集装箱单证的平均办理时间由24~48小时缩短到4小时以内,并可达到以下优化效果。

1. 供应链效率提升

一是实现了单证电子流转,全程零接触;二是实现了7×24小时实时交互,时效性强;三是采用了去中心化模式,数据可追溯且不可篡改。

2. 客户体验提升

一是界面友好,全程可视化,操作方便、快捷。二是为上链相关方提供了便利,货主可通过业务系统、网站或手机在线查看集装箱进口放货的全流程信息,包括海运单、提货单、重箱出闸信息等。

3. 降低碳排放

通过平台进行进口集装箱无纸化业务操作,一票放货约可节省 10 张纸张产生的碳排放。

借鉴意义

集装箱海运进口无纸化放货应用利用区块链技术,通过海运单、提货单的单证上链,打通了诸多参与方的数据链条,实现了单证在承运人、港口、货主、货代、船代等节点之间的区块链上流转,代替了传统的快递往来货主、货代、船公司和码头的跑单模式和依靠盖章保函的授权委托关系确认模式,实现了"全程可视,显著缩短进口集装箱单证的平均办理时间,并以零接触服务普惠大众"的目标,并已在国内外多个港口、船公司进行推广应用,推动了航运业数字化转型升级,为保障国际供应链畅通发挥了积极作用。

(一)技术驱动,打造数字化技术应用场景

航运业参与方众多、信任度不高、长期使用纸质单据,区块链技术可帮助航运业解决这一痛点。利用区块链技术不可篡改的特点,港航多方协同,共同信任链上的数据,实现了航运单据在链上流转,打造了港口无纸化放货应用场景。

(二)畅行工程,推动数字化场景快速推广

2021 年,交通运输部开展"畅行工程",以进口电商电子放货为抓手,优化营商环境,为区块链无纸化放货的推广创造了有利条件。中远海运集装箱运输有限公司抓住这一契机,配合"畅行工程",迅速在国内各主要港口、船公司推广部署,快速放量,实现了稳定应用。

(三)制定规则,推动数字化场景更广泛应用

在成功应用无纸化放货产品的同时,中远海运集装箱运输有限公司同步开展了指南、标准的研究工作。2021 年 9 月,交通运输部发布了由中远海运集装箱运输有限公司牵头编写的《基于区块链的进口集装箱电子放货平台建设指南》。中远海运集运牵头编写的《基于区块链的港航集装箱信息交换平台及接口技术要求》和《区块链电子提单数据交互及业务流程》两项行业标准纳入了交通运输部 2022 年标准化计划。同时,《区块链电子提单数据交互及业务流程》已在国际标准化组织(ISO)立项,国际标准制定工作正在同步开展。

案例执笔人

中国远洋海运集团有限公司 崔志鹏

素材提供人

中国远洋海运集团有限公司

全国道路货运车辆公共监管与服务平台

案例摘要

为加强重型载货车辆和半挂牵引车的动态监管，提升道路运输安全管理水平，按照《道路运输车辆动态监督管理办法》有关要求，交通运输部部署建设了全国道路货运车辆公共监管与服务平台（简称"货运平台"），综合利用北斗导航、物联网及大数据等技术，为重载货运车辆实时监控、跨部门联合监管提供了有效技术手段，实现了全国货运车辆的数据汇总与信息交互，弥补了传统道路运输管理手段的不足，基本解决了"看不见、听不到、管不着"的问题，促进了行业监管数字化升级，有效提升了安全运营水平。

关键词

重型载货车辆、北斗、动态监管、安全运营

做法与成效

（一）案例背景

公路货运具有机动灵活、方便快捷的特点，在现代交通运输行业中具有十分重要的作用，是我国综合运输体系的基础。近年来，经由公路的运输量在货物运输总量中占比达到70%以上，根据2021年统计数据，公路全年完成货运量391.39亿吨，占各种运输方式货运总量的75%，全国货运车辆已达1173.26万辆。随着公路运输规模的不断扩大，货运安全面临的挑战日趋严峻。

2011年，交通运输部与原总装备部联合启动了北斗重大专项第一个民用应用示范工程——"重点运输过程监控管理服务示范系统工程"，在道路运输领域率先进行了北斗系统大规模应用。按照交通运输部、公安部、应急管理部三部门颁布的《道路运输车辆动态监督管理办法》有关要求，交通运输部建设部署了全国道路货运车辆公共监管与服务平台，并于2013年1月1日起在9个示范省份上线启用，2014年7月1日起在全国31个省份开展应用。经过多年的建设运营，货运平台在保障道路货运行业安全、促进行业降本增效、提升行业治理能力、维护行业健康稳定发展方面发挥了重要作用。

（二）总体情况

截至2022年，全国道路货运车辆公共监管与服务平台实现了全国32个省（自治区、直辖市）的信息接入，入网车辆总数超过710万辆，已成为覆盖范围最广、入网车辆最多、数据维度最全的全球最大商用车车联网平台，也是北斗定位系统最大的民用示范平台。平台采取多中心双活的架构，包括2个主中心、10个分中心，无故障率达到99.95%，每天为近400万辆车提供上线、数据处理和传输服务，日上传车辆轨迹数据超过 70 亿条，日下发违规驾驶智能提醒 550 万次，有效避免了安全事故的发生。

面向道路货运行业特点，全国道路货运车辆公共监管与服务平综合利用北斗导航、物联网、大数据技术，构建了完整的营运车辆动态监控管理体系，具备多维、海量、实时、交互四大特性，形成了以数据采集与存储为基础、数据处理及应用为核心、数据共享和安全为保障的平台发展模式，从信息发布、车辆审核、查询统计、分段限速、驾驶监督五个维度实现了对道路货运的有效监管与服务。图 6-10 为道路货运车辆公共监管与服务平台数据流向。

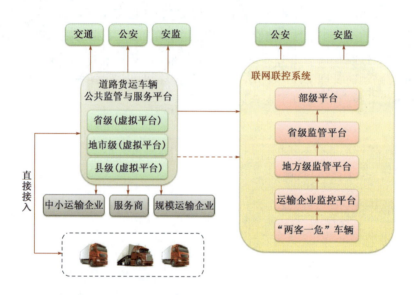

图 6-10　道路货运车辆公共监管与服务平台数据流向

（三）典型做法和经验

一是依托数字化手段，有效促进道路货运安全。通过构建数字化监管体系，提供"自动提醒、自动转发、自动报警"等功能，货运平台有效提升了行业数字化监管效率与监管水平，帮助交通运输主管部门实现了从货运车辆事后管理到事前事中监管的转变，累计提供驾驶风险提醒服务超过 80 亿次，即时行车信息下发率达到 97%，超速驾驶纠正率达到 96%，疲劳驾驶纠正率达到 41%，接受精准安全服务的车辆群体事故率下降超过 10%。

二是搭建公共服务平台，促进驾驶员权益保障。通过直接连通广大货车驾驶员群体的通道能力，依托信息传播的优势，货运平台面向货车驾驶员提供重点桥隧、事故多发路段、恶劣气象条件、禁限行等信息发布以及法律咨询、教育培训、社会救助等便民服务，并通过车机上线提醒、安全预警等有效手段持续服务货车驾驶员群体，改善了货车驾驶员从业环境，提升了货车驾驶员的获得感和归属感。

三是深化数据智能应用，支撑行业运行监测。平台通过对货运车辆运行状态、速度、时间、位置等各类数据的跟踪监测与智能分析，对车辆超速、疲劳驾驶等安全风险进行综合实时研判，为重大活动、重点时段、典型区域的实时动态监测与预警预判提供了支撑保障。

(四)应用效果

1. 经济效益

一是强化运输安全监管,有效保障运输安全。通过车载终端数据采集和后台大数据智能分析,对车辆运行安全风险及重点违法行为进行监控识别、通知提醒,强化了道路运输安全预防效能。2020年,全国道路运输行业发生的较大以上安全生产事故和死亡人数相比2014年分别下降58.9%和61.5%,重大事故起数和死亡人数分别下降66.7%和75.6%,有力保障了人民生命财产安全,降低了因事故带来的损失。

二是挖掘大数据优势,促进物流业降本增效。对平台汇聚的全国货运车辆数据进行大数据综合分析,可为广大道路货运企业、大车队、挂车共享、网络货运等新业态新模式的发展提供运输组织、过程监控等各类服务,推动货运物流信息资源的集约整合,提升运输组织效率,促进"互联网+高效物流"发展,带动货运行业降本增效。

三是促进北斗终端广泛应用,带动性能提升、价格亲民。2012年,随着"重点运输过程监控管理服务示范系统工程"拉开帷幕,民用二代北斗卫星定位终端正式在交通运输领域启动应用。2014年,随着《道路运输车辆动态监督管理办法》出台,货运车辆公共平台入网车辆超过52万辆,北斗终端款式增加到189款,价格由2013年的3000元下降至1000元左右,2015—2017年,大多数终端价格稳定在500元左右。货运平台的落地应用为北斗终端的推广使用以及终端价格大幅下降、北斗数据回收验证等作出了突出贡献。

2. 社会效益

一是服务交通安全保障,有效应对突发事件。利用货运平台与广大货运车辆实时联通互动的优势,在应对突发事件和重大活动时,能够及时传递车辆禁限行措施、绕行路线、管制政策等各类信息,实现运力的及时合理调度和有序疏导。货运平台在国内各大型会议期和重大活动中都发挥了重大作用,累计下发次数超过5000万车次,受到了广泛好评。

二是发挥大数据优势,助力疫情防控。在疫情联防联控方面,货运平台发挥了车联网大数据技术优势和精准触达货车驾驶员的能力,配合主管部门管控调度社会营运车辆,护航车辆货运安全,协助各省交通运输主管部门管控调度社会营运车辆,为驰援疫区的运输车辆及货车驾驶员提供安全提醒、防疫通知等一系列安全保障服务,在保障物资供应、助力防疫复工等方面发挥了作用。

三是为国家发展北斗系统提供服务。货运平台是我国二代北斗卫星定位终端最大的民用工程,通过多年不断努力,有效促进了北斗系统发展进步、相关终端设备落地应用推广,为北斗民用化提供了良好的试验、示范、落地土壤。2012—2017年,货运平台不断为北斗相关部门反馈相关问题,使北斗终端在定位精度、数据准确性和传输稳定性上都有了大幅提升。

借鉴意义

全国道路货运车辆公共监管与服务平台的建设、经营及在道路运输领域的监管与服务应用,对于促进我国道路运输领域数字化、智能化发展,深化数据智能应用,提升综合交通运输服务水平,推进大数据融合创新等具有借鉴意义。

(一) 人工智能与安全监管融合创新

全国道路货运车辆公共监管与服务平台构建了数字化、自动化监管平台,实现了人工智能 (AI) 技术与安全监管相结合。一是构建了 AI 安全大脑,通过 AI 计算平台将大数据与计算模型深度结合,对运营、驾驶和道路进行精准画像,实现了事故侦测预警、车辆智能预警、风险智能预警等功能,为大数据应用奠定了基础。二是实现了智能提醒,通过对货运车辆的实时安全监控,将不同车型的车辆与时间、路网、危险路段、天气状况等信息相结合,综合判断,及时发现超速行驶、长时间驾驶和不按规定线路行驶等交通违法行为,并在发现后自动向车辆和驾驶员发出安全提醒信息,减少了交通事故的发生。

(二) 货运数据与行业监测融合创新

通过深化数据智能应用,全国道路货运车辆公共监管与服务平台在行业监管治理、分析决策方面起到了支撑作用,与社会各方积极开展数据分析应用工作,联合行业权威研究单位或机构发布行业报告,开展运输组织能力、安全等级、运输效率及节能减排多方面综合评价,对深入挖掘行业数据价值,支撑经济运行监测和社会服务具有重要意义。

案例执笔人

中国交通通信信息中心卢洋洋、赵正

素材提供人

中国交通通信信息中心赵维祖、王津

建设综合交通大数据体系，提升数字交通服务治理能力

案例摘要

为深入推进交通运输大数据融合应用，解决交通运输行业数据基础薄弱、跨部门跨行业协同应用不强、数据服务行业治理效果不明显等痛点问题，天津市交通运输委员会以"打基础、重整合、搭框架、强数据、深应用、抓治理"为发展目标，率先建成"一云、一屏、一网、一平台、两系统、一体系"的天津市综合交通运输大数据中心，形成了行业数据全面汇聚、高效管理、融合共享局面，在行业治理、便民服务等方面形成了一大批鲜活应用场景，有力提升了行业治理能力和治理水平。

关键词

交通大数据、数据融合共享、创新治理、协同应用

做法与成效

（一）案例背景

在国家及天津市智能交通相关政策指引下，为解决数据基础薄弱、标准体系不统一、共享交换与协同应用服务行业治理效果不显著等问题，天津市交通运输委员会立足行业信息化发展基础，以大数据、云计算等手段，着力打造"一云、一屏、一网、一平台、两系统、一体系"格局，建设了具有天津特色的综合交通运输大数据中心（图6-11）。依托交通大数据关键要素，开展了数据标准体系建设、数据共享交换与协同创新应用，加快建立了统一、开放、有序、集约的综合交通运输行业大数据应用体系，助力了行业治理效能提升。

图6-11 天津市综合交通运输大数据中心

(二)总体情况

天津市交通运输委员会围绕"整体设计、服务导向、业务驱动、突出重点、服务应用"总体原则,以提升数据资源协同应用和综合服务能力为落脚点,建成了综合交通运输大数据中心。综合交通运输大数据中心于2019年入选交通运输部首批交通运输大数据融合应用试点,2020年纳入交通运输部"交通强国建设试点"项目,数据资源覆盖了公路、铁路、水运、民航、邮政、城市公共交通等九大交通运输行业,跨行业接入教育、民政、卫生等部门数据,跨区域与北京、河北建立三地数据共享交换协同联动机制(图6-12)。天津市大力开展数据融合共享创新应用,围绕重点民生领域创建数十项应用场景,解决了行业治理痛点问题,切实将数据资源转化为行业治理效能。

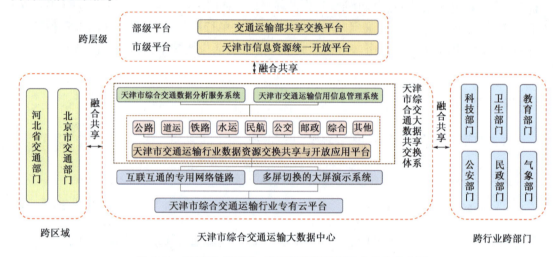

图6-12　跨区域、跨行业、跨部门数据资源融合共享示意图

(三)典型做法和经验

1. 突出归集共享,实现交通大数据全面覆盖

天津市交通运输委员会将数据作为基础性战略资源,深入推进数据归集工作。大数据中心现已汇聚50余家行业单位数据资源,数据总量超过3600亿条,日均以3.6亿条速度持续增长,为69个系统24个部门建立了数据资源共用机制,日均调用数据约25万次。

一是实现交通运输行业内部数据整合共享。大数据中心持续汇聚交通运输行业数据资源,涉及公路、水运、铁路、民航、邮政及城市公共交通等领域,其中95%以上为活数据,基本可实现实时更新;整合了天津市港口航运、道路运输等领域共计13万路视频资源,覆盖城市道路、高速公路、三站一场、港口、营运车辆等重点领域,可实现重大时空节点全面监控。

二是深化数据跨行业融合共享。构建了跨行业数据共治共享共用体系,持续对接公安、应急、民政、教育、卫生等重点部门,形成大数据赋能"学生办卡""信用城市建设"等数十个跨领域数据融合应用场景,实现了跨行业数据融合。

三是推进交通大数据纵向联动共享。深入对接交通运输部,持续共享交换市场主体及从业人员等行业数据资源;突出区域协同一体化发展,积极对接北京、河北等地,高频共享交换

"两客一危"等行业关键数据信息,有效助力跨区域联合监管,共享数据已达40类;高效支撑数字政府建设,开展了市级信息资源目录编制、数据挂接,为全市经济运行分析等关键决策提供了信息支撑。

2. 突出精细管理,实现数据精准管控

一是推行数据进出统一管理。天津市交通运输委员会编制印发了《天津市交通运输政务信息资源交换共享及开放应用管理办法》等3项制度,突出大数据中心的统一性、权威性和唯一性,为数据资源汇聚的"唯一入口"和对外共享"唯一出口"提供了制度保障。

二是优化数据存储管控。一方面深化数据分类管理,2019年,天津市交通运输委员会发布了国内首个省级资源目录《天津市交通运输政务信息资源目录》,形成了数据资源"总账本",实现了数据资源数字化、资产化、规范化。另一方面构建数据质量管控体系,编制了天津市交通运输行业《数据质量管控技术规范》《数据服务技术规范》等地方性标准,明确了数据质量管控要求,有力指导了交通运输行业数据资源质量管理工作。

3. 突出创新应用,勾勒系列大数据应用场景

一是大数据+民生服务。接入中小学生学籍数据,与公交乘车卡信息融合共享,免去了以往"先开证明、再办卡"的烦琐流程,实现了中小学生乘车卡一站式办理,让"数据多跑路、百姓少跑腿",大大提升了部门服务办事效率,为广大学生提供了巨大便利。

二是大数据+社会治理。与市委网信办、市卫健委、市民政局建立了数据共享机制,规范公交老龄优惠卡管理,首批注销失效证卡66万张,累计注销80余万张,有效避免了盗刷行为,节约了财政支出近8000万元,充分释放公共资源,提升了财政资金使用效能。

三是大数据+信用监管。与市发改委、市高级法院等部门开展跨行业合作,融合失信人员、企业与小客车指标配置信息,扩大失信人员、企业管控范围,促进行业内外联合奖惩,助力了信用城市建设。

四是大数据+行业治理。利用30余万辆共享单车的实时信息,自主研发蓝牙嗅探小程序,实现了80米范围内精准自动识别超投车辆,有效治理违规超投行为。加大行业内电子证照有关数据信息融合共享力度,支撑建立全市电子证照库,为从业人员、车辆和业户完成8万余次电子证照办理,可做到"一次办结""一次拿证",提升了数字化政务服务监管能力。

五是大数据+行业发展。创新构建了基于实时交通大数据的路网运行、公共交通、慢行交通、综合运输、港口运营等五大领域综合交通运输指标体系。通过路网运行指数实时监测分析全市域路网拥堵情况,与市公安交管部门建立数据共享联动机制,掌握重要拥堵节点,助力拥堵治理和路网系统优化。构建了综合交通运行监测体系,按期发布监测日报、周报、月报、年报和专题报告。

(四)案例创新

1. 机制创新

构建全市大数据共享交换机制,形成了跨行业跨层级的数据共治共享共用体系。跨部门实现了数据联动共享,达成了战略合作,以"大数据+业务"引领行业共同发展,加快了数字政府建设,服务了百姓民生。

2. 模式创新

创新开展了"一个中心"服务全领域发展模式。整合公铁水航邮、城市公共交通全领域数据资源,加快推进传统的"多对多"业务模式向"多对一"模式转变,促进了业务融合、数据融合、技术融合,推动了行业管理、政府管理与社会管理模式创新。

3. 管理创新

创新开展了以问题为导向的大数据应用场景建设,用大数据重构便民服务新流程,形成了行业监管新手段,打造了跨部门跨行业跨区域协同管理新模式,实现了交通大数据赋能民生服务、社会治理、信用监管、行业治理、行业发展,提升了数字治理能力。

借鉴意义

(一)以多级共享机制为依托,推动综合交通运输数据深度融合

依托部、市、委三级政策要求,形成部市上下联动、委局间横向融合、行业内部全面整合的局面,有助于实现交通运输行业全领域、全业态大数据融合。与公安、教育、民政、卫生等部门深化数据联动共享,与科技、气象等部门建立大数据协同应用战略合作机制,助力了行业跨区域跨层级高效治理,推动了多部门协同应用场景建设。

(二)以问题为导向、以人民为中心,谋划数据应用场景

聚焦人民群众"急难愁盼问题",围绕教育、出行、政务服务等民生领域,形成"大数据+"公交、出租、小客车摇号等应用场景助力学生办卡、城市信创等工作,以数据为关键要素提升交通运输行业治理效能,创新管理模式,加快数字政府建设,服务百姓民生,可切实增强人民群众的获得感、幸福感、安全感。

(三)以常态化制度管理机制为保障,保证数据旺盛生命力

以管理制度、数据规范、数据标准等为核心的数据管理体系可为大数据汇聚、融合、协同、应用、治理等提供全过程保障。构建交通运输行业数据资源目录发布体系,形成行业数据"总账本",使数据资源数字化、资产化、规范化,有助于指导交通运输大数据全生命周期运营与管理。

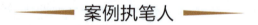

案例执笔人

天津市智能交通运行监测中心贾国洋

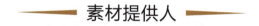

素材提供人

天津市智能交通运行监测中心樊祺超、葛思彤

开创政企合作模式，
打造全国首个出行数据开放应用平台

案例摘要

为攻克交通大数据开放机制障碍、多方数据协同技术欠缺、交通数据治理技术弱等一系列问题，交通运输部公路科学研究院研发了全国首个交通运输领域出行数据开放应用平台——"综合交通出行大数据开放云平台"（简称"'出行云'平台"）。该平台深入落实国家大数据发展战略，率先推动交通运输行业政企出行信息资源开放，开创了交通数据开放政企合作模式，具备符合交通领域特点的数据治理、数据开放能力，并在春运决策、信息服务方面提供了多场景应用。"出行云"平台的建设应用起到了唤醒行业沉睡数据、释放数据要素活力的作用，成为交通行业惠民生和推动政府治理能力现代化的重要组成部分。

关键词

"出行云"平台、政企合作、数据开放、信息服务、春运

做法与成效

（一）总体情况

在交通运输部的指导下，交通运输部公路科学研究院综合交通运输大数据处理及应用技术交通运输行业研发中心（中路高科）开展了交通运输领域政府与企业数据、技术开放共享相关技术、政策、制度的体系化研究工作，并采用政企合作模式，汇聚相关研究成果，建立了"出行云"平台。"出行云"平台于2016年11月在世界互联网大会上正式上线，建立了"3+2+1+N"发展体系，具备出行数据开放、决策支持服务、应用服务开放三大核心功能，建立了成员单位和用户两个维度的用户体系，接入了政企195项共12太字节（TB）的开放数据集，以及7大类47项决策服务。政府通过平台开放数据，企业使用数据并反哺技术和服务，实现了政府与企业在数据、技术、服务多层面的融合，支持各类主体依法平等使用出行公共信息资源，促进了综合交通出行信息服务健康生态形成。

自上线以来，"出行云"平台以"服务行业，促进开放，优化管理，创新服务"为宗旨，围绕数据共享开放、出行信息服务建设、决策服务产品开发、数据开放能力和数据底座平台建设等方面开展了系列工作，通过多年长期可持续运营，不断融合行业最新大数据分析需求进行迭代升级，平台现已发展成为集多源数据融合采集、数据综合治理、数据模型构建、数据分析应用等全链条大数据技术为一体的综合性大数据赋能及能力开放平台。

(二)典型做法和经验

1. 开创数据开放领域的政企合作模式

"出行云"平台开创数据开放领域的政企合作模式,构建了政府开放数据资源、企业开放技术能力的资源置换模式,促进政企双方基于平台自发建立合作关系,形成了以政企合作为长期可持续运行机制的交通出行大数据开放环境。出行系列应用服务成果支撑了京津冀和广东、江苏、四川、重庆等多个省(自治区、直辖市)出行信息服务能力升级。平台于2016年入选"中国'互联网+'行动百佳实践",获评电子政务理事会"2016年电子政务优秀案例",并荣获了数字中国建设2018年度最佳实践奖。

2. 建立完善的"3+2+1+N"发展体系

经过多年积极探索,"出行云"平台建立了较为完善的"3+2+1+N"发展体系。

"3"指三大核心功能。平台具备出行数据开放、应用服务开放、决策支持服务等功能,向社会开放综合交通出行数据,支持各主体向公众提供综合交通出行信息服务,向管理部门提供大数据决策分析应用。平台具备皮字节(PB)级数据存储、亿次/秒运算能力,达到了互联网国际安全水平。

"2"指两类用户体系。平台建立了成员单位和使用用户两个维度的用户体系。面向成员单位,以共建共管为原则成立了"出行云"平台联席会议,由交通运输部科技司作为召集单位,交通运输部公路科学研究院作为办公室,共吸引了政企60余家成员单位。面向使用用户,编制发布了《"出行云"平台管理办法》等一系列运行制度,保障了平台开放数据的有序使用。

"1"指一批价值数据。平台已接入政企195项共计12TB开放数据集,涵盖地面公交、出租汽车、班线客运、水运、移动互联、铁路民航等领域。同时,为建立行业数据、企业数据的关联关系,真正实现政企数据融合,描述出行用户完整出行特征,平台开发了出行链采集微信小程序,可对出行链种子数据进行自采。

"N"指若干创新应用。平台联合百度、高德等互联网企业向行业管理部门提供百余项出行信息服务接口。同时,接入了16家企业40余项决策支持服务应用,涵盖城路网管理、公交管理、春运服务、综合运输等7大业务领域,极大支撑了交通大数据挖掘分析创新应用。

3. 全面支持春运客流研判预测等决策管理工作

"出行云"平台全面支持各级交通运输部门的春运客流研判预测工作,首创全国多层级客流研判与预测技术,集成研发了客流规律分析挖掘系统平台,实现了春运场景决策支持技术突破。系列决策服务成果在2016—2022年连续6年受到交通运输部运输服务司表彰。2020年新冠疫情期间,平台支撑"乘客客运信息登记系统"开发部署,有力支持了疫情防控和交通运输保障工作。

4. 持续提升数据开放能力,产出数据底座产品

"出行云"平台依托国家科技计划项目完成了数据治理能力的升级,具备元数据管理、数据标准管理、数据模型管理、数据质量管理、数据资产管理、数据共享服务管理等核心功能,为交通运输行业数据的高品质应用提供了重要基础。平台可支持省、市交通数据中心或专项业务部门梳理行业及社会数据资源,支持开展数据资源目录编制、数据融合应用、数据质量评估、

数据开放共享等工作。平台数据开放能力与数据底座价值高、应用前景广阔,已服务交通行业从业者 100 余万次,服务了产业企业公交线网、运游融合、春运、百度地图智慧交通平台等众多应用系统研发,以及"京津冀城市群多模式客运枢纽一体化运行关键技术"等近十项国家重大科技研发项目研发。

5. 研发全国客运大数据监测分析与决策支持平台

"出行云"平台积极响应《交通强国建设纲要》《国家综合立体交通网规划纲要》《推进综合交通运输大数据发展行动纲要(2020—2025 年)》等对数据资源赋能交通发展提出的要求,考虑了常态化、应急情况下的多方式客流综合分析研判手段缺乏等制约交通运输行业现代化治理的痛点,拓展研发了全国客运大数据监测分析与决策支持平台(简称"客流大数据平台")。客流大数据平台于 2021 年春节期间上线运行,以"出行云"平台为依托,支撑了交通运输部 2021 年和 2022 年综合运输春运疫情防控与运输保障工作,其提供的联程旅客出行特征分析、人口出行实时监测、多方式客运量监测与预测、客流时空分布特征、典型群体春运出行专题分析等模块,对交通运输部、全国各省市交通运输行业相关管理部门与运输企业在春运期间科学研判春运形势特点、引导旅客合理安排出行、部署运输保障等工作起到了实际支撑作用。客流大数据平台已面向 30 个省级用户和 20 个地市级用户进行了示范应用,取得了重大经济社会效益,具有广阔应用前景。

借鉴意义

(一)利用云平台盘活交通数据,激励大众创新

"出行云"平台聚合交通行业散落、封闭的各种数据源,对数据进行标准化、打包、安全审核和处理,并结合云计算,以数据接口的方式提供给大数据应用开发者和行业企业,极大刺激了大数据应用创新以及生态系统的完善。依托平台,企业可实现其服务业务在交通领域的创新发展和市场潜力的发掘,有利于新技术的推广应用和公众出行信息服务的健康长效发展,能够为整条产业链带来巨大的发展空间和经济效益。

(二)利用互联网企业优势提升交通数据服务能力

"出行云"平台通过与互联网企业合作,搭建集数据整合、数据开放共享、数据应用等功能为一体的智慧交通云平台,形成了政府数据与社会企业应用服务的资源置换模式,充分激活了社会企业大数据应用开发动力。平台利用云平台技术融合互联网企业数据和多源交通数据,实现了跨区域路径规划、一站式服务以及个性化信息推送等出行服务应用,使交通出行服务覆盖面更广、智能化更高、实用性更强,从而提升了居民的出行服务体验。

(三)利用大数据技术提升交通运输科学治理能力

云平台可为行业管理部门提供安全热力、迁徙、起讫点、客货运车辆、出租车及公交车分析等决策支持服务,使交通行业管理部门在进行规划、决策时做到有数据可依。"出行云"平台结合专题分析,利用定位数据和智能化分析技术,连续 6 年开展全国春运交通大数据分析工作,为科学决策提供技术支撑,有效提升了行业科学治理和决策能力。

案例执笔人

交通运输部公路科学研究院宋艳、侯德藻

素材提供人

交通运输部公路科学研究院王海鹏,中路高科交通科技集团有限公司刘冬梅

京畿坦途，雄心"智"造
——京雄智慧高速与未来同行

案例摘要

为加快推进交通强国建设和智慧高速公路试点建设工作，交通运输部公路科学研究院下属北京交科公路勘察设计研究院有限公司针对京雄高速公路河北段的特点和定位，构建了"11456"智慧交通体系，探索了我国智慧高速公路建设的新技术、新模式，提升了出行服务水平和综合管理能力。京雄智慧高速公路河北段的创新案例，推动了高速公路基础设施数字化转型、智能升级，提升了高速公路通行能力和服务水平，对促进"高标准、高目标、高质量"建设雄安新区、深入推进京津冀协同发展战略具有重要的基础意义，经济和社会效益显著，对我国智慧高速公路建设的理念创新、新技术新装备的实效验证和推广等具有借鉴意义。

关键词

智慧交通、智慧高速公路、数字化、自动驾驶专用车道、全天候通行

做法与成效

（一）案例背景

《交通强国建设纲要》明确要求大力发展智慧交通。近年来，交通运输部大力推动智慧公路特别是智慧高速公路建设，各省（自治区、直辖市）也积极推进智慧高速公路建设，在路网运行监测、应急处置、公众信息服务以及路网管理等方面取得了很多突破，大幅提高了管理和服务水平，但仍存在需求快速增长、服务能力相对滞后、有效手段缺乏、数据不准确等诸多难题亟须解决。随着智慧公路试点、智慧高速公路建设等不断推进，各省（自治区、直辖市）在智慧高速公路方面积累了一定的经验，推动了高速公路基础设施数字化转型、智能升级，获得了较快发展。

京雄高速公路是雄安新区"四纵三横"高速公路网的重要组成部分，是北京中心城区连接雄安新区最便捷的高速公路，也是雄安新区连接北京大兴国际机场的快捷通道。京雄高速公路建成通车后，两地可实现1小时通达，对"高标准、高目标、高质量"建设雄安新区、深入推进京津冀协同发展战略具有重要意义。

按照"世界眼光、国际标准、中国特色、高点定位"要求，交通运输部公路科学研究院下属北京交科公路勘察设计研究院有限公司从国内外调研、邀请专家研讨，到调整设计思路、完善技术方案，秉持"敬业、精益、专注、创新"的工匠精神，圆满完成了试点工程任务。

(二）总体情况

京雄高速公路河北段全长75公里，作为交通强国建设试点工程和河北省智慧公路试点工程，京雄高速公路河北段明确了推动基础设施数字化、路运一体化车路协同和北斗高精度定位综合应用的建设目标。北京交科公路勘察设计研究院有限公司通过1个中心、1个平台、4项感知、5网融合、6项服务的设计理念，探索并构建了京雄高速公路"11456"智慧交通体系。

（三）典型做法和经验

1. 高水平科研支撑高质量设计

支持自动驾驶的高速公路专用车道设计在国内外均没有已成功实施的先例可循，依托科技部重大专项等课题，北京交科公路勘察设计研究院有限公司以高水平科研指导设计项目，以研究结果支撑关键技术在项目中的应用，实现了"科研课题-设计方案-工程落地"的科研成果转化，保证了设计内容的落地效果。

2. 打造路段轻量级AI云控"大脑"

试点工程基于高精度地图和大数据平台打造四维数字化底座，提供动态交通管控、车路协同与自动驾驶、运营与服务管理决策、智能服务、协同综合办公、可视化运维云等功能集成子平台，涵盖了车道级精准监测、多元数据融合的自动预测与报警、车道级主动管控、伴随式信息服务、全媒体融合的流程化应急处置、数字化资产管理等应用服务。

3. 建设首条自动驾驶专用车道

依托科技部重大专项等课题，试点工程研究探索并示范自动驾驶专用车道，将行车方向最内侧车道设置为自动驾驶专用车道，形成了中国方案，也对其他地区智慧高速公路的专用车道建设和车路协同系统应用起到了示范作用。

4. 构建一体化智慧照明

作为河北省首条"智慧照明路"，道路全线设置了"一杆多用"的智慧灯杆（图6-13），集成了能见度检测、摄像机、路面状态检测、边缘计算等设备，实现了在监控中心分区段调控，通过识别环境光照度、车流量等数据进行亮度和色温自主调节，在保障低能见度和夜间行车安全的同时有效降低了能耗。

图6-13 一体化智慧照明

5.逐步实现特定车辆全天候通行

试点工程采用分阶段建设的方式,通过结合自动驾驶专用车道、车路协同、智能融雪除冰等系统,可实现特定车辆7×24小时通行(图6-14)。

图 6-14　特定车辆全天候通行

6.打造首个基于物联网的数字化电信级运维保障系统

试点工程以全线的物联网监测设备为基础,结合高精数字地图为京雄高速公路河北段基础设施数字化管理、运维提供持续有效的拟真环境,对运维上报信息的路径进行查询并开展故障全程溯源,对提升路段机电信息化系统运维水平意义重大。

(四)案例创新

1.管理创新

云控平台通过提供全媒体融合的流程化应急处置、数字化资产管理、车道级主动管控等应用服务,提升了各系统协同管理和高效运转的水平,实现了业务管理数字化、管理流程标准化、管理决策科学化,促进了业务流程高度融合,带动了管理增效。

2.组织创新

数字化管理、集约化管理方式改变了交管、路政、路企等涉路多方的对接方式,有效降低了沟通成本,提高了多方协同能力、资源调度配置能力、流量管控服务能力,提升了事故处理效率,降低了事故带来的损失。通过提前预判,科学布控,提高组织管理效率,减少未知风险隐患,路段更加安全、高效、有序。

3.技术创新

北京交科公路勘察设计研究院有限公司秉持以技术创新为动力的企业发展理念,以技术为依托,以满足高速公路服务社会需求为导向,带动业务创新,实现了从被动解决问题向主动探索创新发展的转变。

(五)应用效果

一是构建了京雄智慧高速公路体系,在基础设施数字化、路运一体化车路协同、北斗高精度定位综合应用、准全天候通行等方面提供了技术方案,为国内其他高速公路建设积累了经验。

二是建设了基于北斗的高速公路应急救援一体化管理系统,可实现车辆人员的精准定位、交通事件动态管理、预案的智能选择和应急处置区域协调,可有效降低各类突发事件带来的经济损失和人员伤亡,控制次生灾害,经济效益显著。

三是建设了京雄高速公路综合运维保障平台,可实现京雄高速公路物理实体资源设备和应用系统运行状态的在线监控、故障报警和高效运维,可降低人力成本,提升运维效率,降低设备平均故障率,经济效益显著。

四是建设了智慧照明控制系统,照明亮度能根据交通量分区段自动调节,可实现"车来灯亮、车走灯暗",有效降低了能源消耗;同时,智慧照明控制系统能够根据天气状况调整灯具色温,当检测到能见度降低时,灯色可变换为更具有穿透性的黄色暖光,全天候为道路提供安全保障。

五是为恶劣气象条件下的出行服务提供了强有力保障。项目建设了智慧照明系统、基于车路协同的碰撞预警场景、智能融雪除冰系统,允许智能车辆在能见度 50 米以上的恶劣天气条件下安全行驶,可防止桥面比路面提前结冰,保证安装车载终端的车辆在恶劣气象条件下全天候安全通行,提高了道路通行效率。

六是通过车路协同的落地应用提供了安全辅助服务和信息服务,依托车路协同应用系统为公众提供了高速公路合流区、施工区、前方拥堵、突发事件、恶劣气象、碰撞风险预警等车路协同安全辅助服务,以及道路信息服务、交通状态服务、车辆行驶状态追踪等车路信息服务。

借鉴意义

京雄智慧高速公路的创新案例对我国智慧高速公路设计理念创新、自动驾驶专用车道探索实践、新技术新装备的实效验证和推广等具有借鉴意义。

(一)智慧高速公路设计理念创新

京雄智慧高速公路河北段作为第一批交通强国建设试点工程和河北省智慧公路试点工程,率先提出分车道主动精准管控和均衡诱导、智慧专用车道、伴随式信息服务、准全天候通行、综合运维保障、全媒体融合调度等先进理念,并真正将理念融入规划设计且落地实施,这些设计理念在后续国内多个智慧高速公路建设项目中均得到了认可和应用,为我国智慧高速公路的建设提供了重要的经验启示。

(二)自动驾驶专用车道探索实践

通过对自动驾驶专用车道相关建设的探索,试点工程确定了适合高速公路环境的具备一定成本控制的外场设备布设原则,可为《公路工程适应自动驾驶附属设施技术指南》《高速公路车路协同路侧设施技术要求》等适用于高速公路车路协同系统建设的相关标准规范推广实施提供经验参考。

(三)新技术新装备的实效验证和推广

通过在智慧高速公路建设中对北斗、云计算、车路协同、人工智能、智慧照明等新一代信息技术开展实践应用,试点工程验证了设计方案、技术路线和产品性能的可行性和实际效果,可为各地区建设智慧高速公路提供经验支撑。同时,直接或间接引导了产品研发、技术更新和推广应用。

案例执笔人

北京交科公路勘察设计研究院有限公司 刘见振

素材提供人

北京交科公路勘察设计研究院有限公司 吴辰

网络货运新业态信息化监测监管

案例摘要

网络货运新业态具有资源整合能力强、服务链条长、业务范围广的特点,仅靠传统的事前准入的静态监管模式难以适应新业态的发展特点。网络货运平台现已成为道路货运经营者开展货运经营的主要载体,是动态反映其经营行为的窗口。为加强网络货运新业态监管,规范新业态经营行为,交通运输行业积极探索"互联网+"监管模式,构建部省两级监测系统,利用信息化手段加强对新业态经营行为的事中事后动态监测,通过监管平台与企业平台联通,加强人车户等物流要素、交易行为与第三方数据的动态分析比对,实现了以网管网、线上线下一体化监管,提升了行业管理部门治理能力和治理水平。

关键词

网络货运新业态、信息化监测、数字监管

做法与成效

网络货运政策实施两年来,交通运输行业建立了"1+32+N+I"信息监测服务体系,"1"是指"1个部交互系统","32"是指"32个省监测系统","N"是指全国网络货运企业,"I"是指全国道路货运车辆公共监管与服务平台、道路运政管理信息系统等外部系统。网络货运监测技术体系总体架构如图6-15所示。

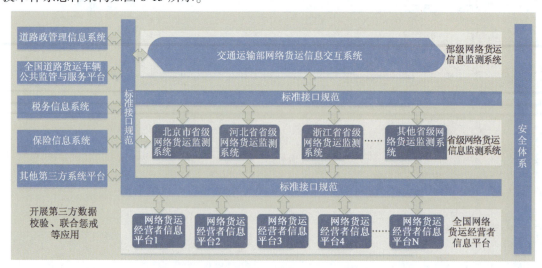

图6-15　网络货运监测技术体系总体架构

交通运输部网络货运信息交互系统根据网络货运企业上传的单据数据，依托监测评估指标体系分析归纳出企业单据中可能存在的各种逻辑异常，设计了不同的单据异常识别算法，通过与银联、运政、全国货运平台、保险等第三方机构建立的接口标准，搭建大数据环境，构建多维度交叉验证模型，并开展闭环验证，通过大数据分析和信息化手段加强事中事后动态监管。交通运输部通过官方网站首页、微信公众号等渠道，以季度为周期对网络货运企业监测情况进行通报。

借鉴意义

经过努力，网络货运新业态"互联网＋"监管模式逐步确立，数字监管能力稳步提升，监测监管工作对规范网络货运企业经营行为和促进行业有序健康发展起到了积极作用。

一是"互联网＋"监管覆盖率提高了23%。从2020年和2021年的监测数据看，纳入监测的企业占比由47%提高到70%，接入正常率维持在99%左右，监测数据质量不断提高。

二是经营合规率大幅提高。2021年，车辆资质合规率维持在65%左右；驾驶员资质合规率达到76.5%，违规转包率、超范围经营率、运单重复出现率维持在2%以内。

案例执笔人和素材提供人

交通运输部科学研究院董娜、沈严航

建设交通基础设施科学观测网，打造全寿命周期大数据平台

案例摘要

2018年1月，《国务院关于全面加强基础科学研究的若干意见》提出"加强国家野外科学观测研究站建设，提升野外观测研究示范能力"。内蒙古自治区交通运输厅聚焦公路路基路面长期性能，通过布设技术指标感知外场设备，建立了交通基础设施智能感知大数据平台，探索交通基础设施性能演化规律，为交通基础设施高质量发展提供了技术支撑。

关键词

公路交通基础设施、科学观测网、大数据平台

做法与成效

（一）公路交通基础设施科学观测网基本形成

以交通基础设施建设为依托，内蒙古自治区先后建设路基路面长期性能观测站13处、冻土路基观测站15处，观测站点覆盖东中西不同气候分区、不同道路结构类型，基本建成了内蒙古交通基础设施科学观测网。

（二）交通基础设施综合研究技术体系基本构建

依托观测网建设，内蒙古自治区获批"东北多年冻土区公路长期性能交通运输行业野外科学观测研究基地"，编制了《公路长期性能观测站建设技术规范》《公路长期性能观测站数据分析技术规范》《高纬度多年冻土区公路路基监测规程》等多部内蒙古自治区地方标准，开展了《内蒙古自治区公路长期性能监测平台优化及数据挖掘研究》等课题研究，构建了"平台观测＋标准体系＋科研攻关"的技术体系。

（三）科学观测支撑交通基础设施高质量发展

依托观测网建设，内蒙古自治区实现了对交通基础设施环境、荷载、结构与性能演化等数据的持续跟踪观测；构建形成了统一规范的数据平台，实现了通过大数据分析获取设施关键性能演化规律，可为科学开展交通基础设施建设养护提供支撑，助力交通基础设施高质量发展和交通强国建设。

借鉴意义

(一) 系统谋划

应结合交通基础设施建设规划,做到不同道路等级、不同路面结构类型全覆盖,连点成线,聚线成网。从站点布局、平台搭建、科研攻关、标准编制、成果转化等方面开展系统谋划,针对森林、草原、戈壁、沙漠等不同区域和不同气候特征,做到全系统、全区域覆盖,构建交通基础设施科学观测网。

(二) 组织实施

要及时与依托工程沟通,切实做到"同步规划、同步设计、同步建设、同步监测"四同步,使观测数据能够反映交通基础设施真实状态。建设过程中应持续完善建设方案,边布设边监测,保证传感器存活率。

(三) 持续支持

可通过财政、专项及平台建设等资金资助,引导企业、科研院所等相关单位配套、多渠道筹措资金,保障观测网资金投入。

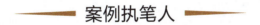

案例执笔人

内蒙古自治区交通运输科学发展研究院张洪伟、王学营

素材提供人

内蒙古自治区交通运输科学发展研究院高源、刘恒

第七章

综合交通运输安全和应急

全力做好交通物流保通保畅工作

案例摘要

党中央、国务院高度重视物流保通保畅工作,习近平总书记多次作出重要批示指示。2022年4月18日,国务院召开全国保障物流畅通促进产业链供应链稳定电视电话会议,成立了物流保通保畅工作领导小组(办公室设在交通运输部),统筹调度交通物流保通保畅和国际物流供应链体系建设工作。

关键词

交通物流、保通保畅、供应链产业链

做法与成效

(一)案例背景

交通运输部认真贯彻落实习近平总书记重要指示精神,充分发挥领导小组办公室作用,会同各成员单位全力做好了国内国际物流保通保畅工作。

(二)典型做法和经验

1. 迅速行动部署,推动形成齐抓共管工作格局

推动各省(自治区、直辖市)组建由党委、政府主要负责同志双牵头的物流保通保畅工作机制,建立了运行监测、跟踪调度、一事一协调、值班值守等工作制度,保障机制高效运转。坚持日周月跟踪调度,确保各项任务落实到位,各项问题及时解决。

2. 坚持精准施策,因时因势制定各项制度举措

印发30余份文件,探索建立了分类精准通行保障、"即采即走即追"+闭环管理、通行证等政策举措,推动了全国关闭关停的高速公路收费站和服务区、快递分拨中心和关停网点逐步解封。

3. 实施挂图作战,坚决遏制层层加码、"一刀切"

建立包括责任分工、调度事项、突出问题等在内的清单体系,实行挂图作战、督办转办。累计转办事项近 4000 项,下发督办函 60 余份。向全社会公布全国交通物流保通保畅服务热线,坚持值班值守,累计协调解决货车驾驶员电话反映问题 36 万余项,保障各类重点物资运输需求 34 万余项。

4. 紧密供需对接,全力保障重点物资运输需求

持续加强能源、粮食、民生等重点物资运输保障的跟踪监测,督促指导各地主动对接全国重点产业链供应链"白名单"企业、外资外贸重点企业。将"三夏"、秋粮生产农资农机等纳入重点物资运输保障范围实行优先发运、优先转运、优先配送,免收跨区域联合收割机通行费。持续落实疫苗高速公路通行费减免政策,保障医疗物资安全高效运输。

5. 加强统筹谋划,着力推进国际物流供应链体系建设

组织印发《关于推进现代国际物流供应链发展的指导意见》和五年行动计划,系统部署国际物流供应链体系建设。选择典型省份、骨干企业开展国际物流体系建设及创新发展先行先试,着力培育具有国际竞争力的现代物流企业。按照"平时服务市场主体、急时统一指挥调度"的原则,组织加快建设国际物流供应链服务保障系统。

6. 着力助企纾困,全力稳住市场主体和发展信心

会同相关部门,研究出台 40 余项交通运输业助企纾困政策,全年新增减税降费和退税缓税缓费超 3000 亿元,推动汽车央企和金融机构对货车贷款办理延期还本付息。出台阶段性收费公路货车通行费减免 10%、政府定价的港口货物港务费降低 20% 政策。

7. 系统总结评估,推进物流保通保畅长效机制建设

系统梳理经验做法,查找短板不足,制定发布《关于推进交通物流保障体系建设的指导意见》《交通物流运行动态监测管理办法》《规范交通物流基础设施关停关闭和运输服务限制运行工作指南》等系列文件,对信息共享、运行监测、指挥调度、应急储备等进行系统部署,加快推进构建协同联动、保障有力、安全可靠的交通物流保障体系。

在党中央、国务院坚强领导下,在各地各部门共同努力下,全国交通大动脉全面打通,物流微循环实现畅通,重点物资保障安全有序,全国物流运行全面恢复正常。2022 年,全社会营业性货运量较 2019 年增长 8.2%,较 2021 年下降 3.1%,为服务支撑产业链供应链安全稳定、经济社会平稳健康发展提供了坚强保障。

借鉴意义

(一)持续发挥领导小组办公室作用

固化实化物流保通保畅工作机制,及时总结经验,推动组建国家交通物流监测与调度指挥中心,实现对交通物流运行的动态监测、组织协调、应急处置,有助于加快构建安全可靠、保障有力的国际国内物流服务保障体系。

（二）保障交通物流网络畅通有序

持续坚持 24 小时值班值守，畅通各级应急运输保障电话，聚焦各类交通物流不通不畅问题，加强督办转办和跟踪调度，坚持"一事一协调"，及时做好重点物流通道的疏导，坚决防止发生长时间、大范围拥堵和中断，确保了交通物流顺畅运行。

（三）保障重点物资运输高效顺畅

加快构建综合交通运输体系，创新多式联运组织模式，将不断推动运输结构调整取得新成效。要继续做好供需对接和统筹调度，加大在农村地区人力和运力的投入，健全应急运力储备，落实公路运输"绿色通道"政策和水路运输"四优先"保障措施，切实保障粮食、能源、医疗、农业生产等各类重点物资运输高效顺畅。

（四）加强交通物流运行动态监测分析

加快建设交通物流调度指挥和运行监测体系，加强对铁路、公路、水运、航空、邮政快递行业运行以及重点枢纽、重点通道、重点区域保通保畅情况的动态跟踪监测，及时分析研判问题，加强应急指挥调度，有助于确保交通运输骨干通道网络畅通、物流运输顺畅。

（五）加快推进国际物流供应链体系建设

不断拓展国际物流通道网络，提升服务保障能力，有助于确保能源、粮食、矿产等重要物资运输高效畅通。要加快提升航空货运保障能力，组织开展国际物流先行先试，培育具有国际竞争力的现代物流企业，着力构建开放共享、覆盖全球、安全可靠、保障有力的国际物流供应链体系。

案例执笔人

交通运输部科学研究院张改平

素材提供人

交通运输部运输服务司余兴源、孟文戟

强化路网服务保障,提升冬奥交通环境

案例摘要

为办好2022年北京冬季奥运会和冬季残奥会(分别简称"冬奥会"和"冬残奥会"),全面落实有关决策部署,交通运输部公路局联合交通运输部路网监测与应急处置中心等单位,坚持精益求精、善始善终、善作善成,坚持部省联动、部门协作,高标准、高质量、高效率地完成了冬奥会和冬残奥会公路交通服务保障工作。

关键词

冬奥会、冬残奥会、公路交通、服务保障

做法与成效

(一)案例背景

第24届冬季奥林匹克运动会于2022年2—3月在北京、张家口召开。2022年1月21日起,为期55天的2022年北京冬奥会张家口赛区交通运输保障全面启动,保障任务至3月16日圆满完成。为确保按要求、高质量地完成各项交通保障任务,交通运输部公路局、交通运输部路网监测与应急处置中心联合北京市、天津市、河北省、山西省、内蒙古自治区交通运输主管部门实施了一系列举措,提前制定保障方案、区域协同调度铲冰除雪装备物资、强化ETC服务、开展应急演练等,为冬奥会、冬残奥会圆满成功举办提供了良好的交通保障。

(二)典型做法和经验

为确保交通保障工作取得圆满成功,交通运输部公路局联合交通运输部路网监测与应急处置中心,指导北京市、河北省及周边省份公路交通主管部门实施了一系列举措,为赛会提供了良好的交通环境。

1. 提高站位,强化工作部署

交通运输部各相关司局和北京市、河北省及周边省份公路交通部门深刻领会习近平总书记提出的"绿色办奥、共享办奥、开放办奥、廉洁办奥"的办奥理念和"简约、安全、精彩"的办赛要求,认真落实筹办工作总体安排,交通运输部公路局联合部路网中心牵头制定了铲冰除雪等各类工作方案,明确了路网监测调度、保通保畅、重点项目建设与协调推进等各方面任务,做到了夯实责任、细化分工、挂图作战、一体推进,切实做好了服务保障制度与方案部署。北京市、河北省公路交通部门按照交通运输部相关要求,成立了领导小组和专项工作组,细化工作方案、研究部署推进,确保了各项任务及时落实、高标准执行。

2. 协调联动,高效组织实施

路网监测与管理方面,推动了公路监测视频部省联网,累计接入涉奥公路视频 1915 路,在线率稳定在 95% 以上,完善部、省、站三级调度机制,不断提升跨部门、跨区域的协调调度和管理水平。应急保障和抢通保通方面,交通运输部探索建立健全"统一指挥、统筹调度、有机衔接、运行顺畅、反应迅速、果断处置"的交通指挥调度机制,推动构建了部省联动、部门协同、区域协作、整体推进的工作格局。交通运输部公路局在指导北京市、河北省做好应急装备、物资和人员队伍科学调度的基础上,协调周边省份及时提供各项支援,指导山西省、内蒙古自治区交通运输主管部门分别在大同市、乌兰察布市设置了应急备勤点,提前储备了能够满足"一次性完成 40 公里路段铲冰除雪"任务的应急人员、装备和物资,以应对特大暴雪等极端天气下的铲冰除雪、保通保畅任务。

3. 提质增效,加强路网服务

交通运输部指导北京市、河北省交通运输部门按照冬奥组委的相关要求,制定了冬奥专用道路、专用车辆等各类保障方案,科学组织实施专用道标记施画和标志牌安装等工作,配合完成 4030 辆冬奥专用车辆的 ETC 安装、调试等工作。制定了各类专项工作预案,指导湖南省、北京市等 6 个省市保障奥运焰火运输车辆在收费站优先快速通行、在服务区优先停车,并做好就餐和加油等服务。针对赛会期间可能出现的新冠疫情压力,印发了服务区、收费站疫情防控指南,加强涉奥重点人员公路出行"点对点、一站式"服务,严格落实公路交通服务保障人员的闭环管理要求,全力做好了疫情防控相关工作。

4. 严阵以待,强化应急保障

赛会开幕前,交通运输部联合北京市人民政府等单位开展了以"北京冬奥会极端天气综合交通保障"为主题的联合应急演练(图7-1),设置了"铲冰除雪、地质灾害处置、事故救援、公共交通保障"四大板块、22 个科目,紧紧围绕冬奥交通保障的实际需要,主题设置、场景设置、科目设置贴近实战,充分检验预案、磨合机制、锻炼队伍、提升能力;演练结束后,所有参演队伍就地转为冬奥保障队伍,切实提升了公路交通冬奥保障能力。为高效做好铲冰除雪保障,指导北京、河北两地配备保障人员 1487 人、机械设备 667 台,协调国家区域性公路交通应急装备物资(河北)储备中心、承德市、秦皇岛市做好应急备勤,确保了小雪即下即清,大雪以上雪停 2 小时内双向车道完成清雪,核心线路赛时始终保持通行条件。

图 7-1 联合应急演练现场

(三)应用效果

1. 助力更"稳",路网运行平稳有序

冬奥会和冬残奥会期间,交通运输部公路局联合部路网中心开展了专项调度449次,制作专报56期,北京、河北京藏、京新、京礼、首都环线(张家口段)等4条涉奥高速公路日均通行量31.99万辆,同比上升7.96%,路网运行高效有序,10个重点路段、55个收费站运行平稳。

2. 助力更"畅",保通保畅工作扎实有效

通过加强会商研判,及时发布预警,开展专题调度,实现了有效应对开幕式前及赛时大范围强降雪天气。冬奥期间,北京、河北两地投入除雪机械3748台班、人员7946人次、撒布融雪剂2.47万吨,做到了以雪为令、迅速行动、随下随清、雪停路净,高效完成了1月20日、2月13日的铲冰除雪保通保畅任务,为涉奥公路提供了安全畅通的通行环境。

3. 助力更"优",精益求精展现一流公路形象

交通运输部公路局指导各相关单位保质保量完成了相关涉奥公路建设项目,并在涉奥公路建成通车后,继续指导河北省、北京市相关部门结合冬奥主题和地域特色,改善路域环境,提升路容路貌,完善专用道路标志施画、指示牌安装等,优化隧道洞内净空和涂装、照明、洞门覆土绿化及路基边坡防护,最大限度提升了行车体验、视觉效果和服务保障水平。

借鉴意义

(一)坚持党的领导,不断提高政治站位

习近平总书记重要指示精神为做好冬奥会、冬残奥会公路交通保障工作提供了根本遵循,交通运输部主要领导多次亲赴一线,提出具体工作要求和攻坚方向。交通运输部相关司局和北京市、河北省及周边省份交通运输主管部门切实增强责任感、使命感和紧迫感,对标对表,不折不扣抓好贯彻落实,保证了任务的圆满完成。

(二)坚持团结协作,加强多方联动,形成保障合力

交通运输部强化与冬奥组委沟通协调,健全公路交通保障领导机构,建立了部省、省际、政企联动机制,形成了统一、高效、规范的赛会公路交通保障体系,保证了各项准备和应急工作有序开展。

(三)坚持贯彻新发展理念,加强创新引领、示范带动

完整、准确、全面贯彻新发展理念,以关键共性技术、前沿引领技术、现代工程技术为突破口,建设一流公路设施,为推动公路交通高质量发展,书写交通强国公路建设新篇章积累了宝贵经验。

(四)坚持人民至上、生命至上,严守底线、保障安全

冬奥公路交通保障直接关系人民生命财产安全和赛事组织高效运行,保障任务繁重,特别是冬季冰雪天气多发、气温极寒、山路坡陡弯多,疫情防控形势复杂,必须坚持精致、精细、极致标准,有效应对冬奥公路交通保障工作面临的新形势和新挑战,确保各项工作万无一失。

案例执笔人和素材提供人

交通运输部路网检测与应急处置中心 张恒通

推进安全生产体系建设,共享平安交通发展成果

案例摘要

吉林省交通运输厅按照"以改革创新为动力,研究探索全省交通运输安全生产工作新常态,建立安全生产工作新机制和新体系,提高交通运输安全发展水平"的总要求,强化交通运输安全生产体系建设顶层设计,把"将安全做到实处"和"让各相关方共享安全发展成果"作为安全生产体系建设工作的落脚点,从三个层面(省、市、县)和四个维度(企业、行业主管部门、第三方机构、社会公众)推进安全生产体系建设。同时,以法治化、标准化、信息化深度融合为支撑,大力推进科技兴安,运用"五化"(清单化、图表化、手册化、模板化、机制化)方法推进各项工作,科学解决了长期困扰交通运输安全生产监督管理的顽疾。

关键词

平安交通、安全生产体系、安全责任、信息化

做法与成效

(一) 案例背景

近年来,吉林省交通建设投资步伐加快,全省交通运输基础设施得到显著改善,与此同时,行业安全保障能力、风险防范能力和应急救援能力依然不足。为解决管理部门监管责任落实不到位、先进装备和技术应用不充分、科技兴安能力不足等难题,吉林省交通运输厅大力推进安全生产体系建设,建立了权责清晰、监管规范的责任体系,积极推进安全监管信息化建设,广泛开展先行先试,形成了一批可复制、可推广的成果经验。

(二) 总体情况

围绕法治化、标准化和信息化三条主线,省、市、县三个层面紧密衔接,形成了一系列创新性成果。吉林省编制完成了安全生产权力、责任和边界三个清单及安全生产监督管理工作责任规范,明确了各单位、各部门和各岗位的工作范围、界限、流程和标准。建立健全"党政同责、一岗双责、齐抓共管、失职追责"、安全监管"网格化"等制度体系,实现了行业监督检查规范化、标准化。通过"互联网+道路运输""互联网+质量安全"等信息手段,实现了对重点营运车辆、重大交通工程建设项目的动态监管。

(三) 典型做法和经验

1. 坚持目标导向,建立权责清晰、监管规范的责任体系

一是梳理权责清单,切实解决"管什么"和"谁来管"的问题。针对行业监管部门责任不

清、边界模糊、难以落实到位的突出问题,吉林省以梳理行业安全清单为抓手,全面厘清了交通运输安全监管权力、责任和边界"三个清单"。通过厘清权力和责任清单,每个单位、部门和岗位实现了工作职责清晰、权责配套;通过梳理边界清单,划清行业监管部门、企业和第三方服务机构间的边界以及行业监督管理部门内部边界,每个层面、单位、部门和岗位实现了工作边界清晰、有机衔接。

二是规范监管行为,切实解决"怎么管"的问题。在清单梳理的基础上,吉林省对每项职责编制了安全生产监督管理工作规范,使每项工作都有流程,每个环节都有标准,从而实现了可操作、可执行、可量化和可追溯。

2. 坚持科技导向,积极推进安全监管信息化建设

一是大力支持了一批关于安全生产方面的科技攻关项目。开展了多塔矮塔斜拉桥设计施工安全关键技术研究、客车运行安全视频自动监测与预警研究、积雪冰冻地区高速公路长大下坡安全整治等10余项攻坚项目。

二是研发应用了"互联网+交通运输"等六个项目监管平台。例如,"互联网+道路运政"项目,以依法履行道路运输管理职责为核心,实现了道路运输行政执法流程闭环管理。执法人员如果发现营运客车车辆技术状况不合格,系统就会自动将该车列入不合格名单,该车在整改期内,客运站不售票、不办理年审等业务,以此避免车辆不合格参加营运,杜绝了隐患,降低了风险,防止了事故发生。

3. 广泛开展先行先试,形成可复制可推广经验

一是选择吉林省高速公路集团有限公司在高速公路建设领域开展了"互联网+质量安全"示范应用。采用智能终端现场记录检查数据,通过预先设定的质量清单、安全清单,明确提醒检查内容,准确记录检查人、检查时间、检查地点、检查项、隐蔽工程照片、检查结果,并通过互联网实时上传。目前,"互联网+安全质量监管系统"已经在吉林吉舒高速公路、吉林双洮高速公路、长春交投珲阿公路等10余个项目近50个工区推广应用。其中,吉林双洮高速公路在应用期间上传了15万余条安全质量检查记录、约50万张现场检查照片。该项目充分督促了施工单位和监理单位安全质量检查人员开展自查和抽查工作,消除了现场安全隐患,在很大程度上预防了项目建设过程中安全事故的发生,获得了吉林省交通运输厅、吉林省高速公路集团有限公司、中国铁路工程集团有限公司相关领导一致好评及认可,并获得了2020—2021年度第二批中国建设工程鲁班奖(国家优质工程)。

二是选择吉林市开展了危险货物道路运输委托第三方监管模式的研究与实践。通过实施第三方对企业的动态监控,为行业监管提供了真实的数据,可及时发现问题和隐患,有效解决了"自己的刀削不了自己的把"的问题。平台经过近4年的运行,及时发现并督促企业改正车辆违法行为,为政府相关职能部门提供实时的报警信息,实现了政府应急、交通、交管等各部门间的数据共享,同时,平台提供专用车辆运输危险货物信息、安全救援信息,可为事故状态下的安全救援提供有效支持。2018年以来,车辆违章数量呈现不断下降趋势,由2018年10月的57752起下降到2022年7月的14853起,下降幅度达到74.3%,应用效果十分明显。

（四）案例创新

1. 模式创新

"互联网+质量安全监管系统"对工程建设项目安全检查模式进行了创新,安全清单全面覆盖行业安全生产各环节,包括责任制清单、制度与费用清单、安全管理清单、安全设备设施清单等,实现了清单管理内容、进展情况、完成状态等信息实时快捷查询,也实现了对日常安全事务的跟踪、追溯管理、闭环管理及对紧急事件的快速督导处理。

2. 机制创新

吉林省交通运输厅坚持以"五化"推动全行业安全生产各项工作落实。一是坚持"清单化"管理,编制了厅党政领导干部安全生产职责清单及任务清单12个,推动全省各级交通运输部门完成了党政领导干部安全生产职责清单和任务清单。二是坚持"图表化"推进,研究制定了"2个专题、4个专项"11个业务领域的《安全生产工作作战图集》,编制了吉林省交通运输行业安全生产监督检查、动态监控工作等6个流程图。三是坚持"手册化"操作,编制了《吉林省公路水路行业安全生产风险分级管控指导手册》《吉林省公路水路行业生产安全事故隐患分级排查治理指导手册》等11本手册。四是坚持"模板化"运行,建立健全安全生产监管和责任体系,完善了市(州)、县(市、区)、乡镇(街道)三级安全生产"网格化"责任体系,建立了风险防控和隐患排查治理表格等38个模板。五是坚持"机制化"运行,制定印发了《吉林省道路运输动态监督管理规定》《吉林省交通运输行业安全生产监督检查一般程序》等9个长效机制。

（五）应用效果

吉林省交通运输安全应急管理能力和水平不断提升,安全责任体系逐步完善,建立起了覆盖全省全行业的安全生产"网格化"责任体系,构建了党组集体领导、"一把手"负总责、领导班子成员分片包保的安全生产责任制,行业监管执法行为进一步规范,"科技兴安"成效初显,安全生产事故各项指标逐年下降,安全形势稳中趋好。"十三五"期间,全省发生道路客运行车亡人事故11起,死亡31人,与"十二五"时期相比事故起数和死亡人数稳步下降,如图7-2所示。

图7-2　2011—2020年吉林道路客运行车事故情况

借鉴意义

（一）推进安全生产监督管理系统化、规范化、精细化

安全生产监督管理权责清单科学准确界定了安全生产权力和责任，规范了安全生产监督管理履职行为，对于目前交通运输安全生产监督管理工作中普遍存在的"承担哪些安全生产监督管理职责""如何才能安全生产监督管理到位"等问题和困惑给出了答案。针对每一项安全生产监督管理职责，要优化安全生产监督管理履职程序，细化具体的工作指标、行为、形式、标准和结果，尽可能对安全生产监督管理行为进行量化，明确安全生产监督管理行为记录要求，形成标准化的安全生产监督管理履职模式，从而实现"程序合规、行为合法、有据可查"。

（二）科技创新推动交通运输安全生产水平提升

要通过发挥科技创新对交通运输安全生产工作的支撑和引领作用，提高交通运输安全生产的防、管、控能力，强化行业安全生产监管能力建设，助力企业安全生产主体责任落实。采用新技术、新工艺、新材料和本质安全设备，可大幅提高运输企业装备设施的本质安全水平，夯实安全基础，提高安全保障能力。推广使用信息管理系统、互联网＋安全、物联网＋安全、安全大数据等技术和手段，可为本质安全提供巨大动力。

案例执笔人

交通运输部科学研究院彭建华、耿红

素材提供人

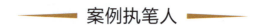

吉林省交通运输厅陈德华、王莹

交通运输调度与应急指挥平台

案例摘要

进入新时代,统筹发展和安全两件大事,对应急管理工作提出了新的更高要求。为有效提升部级综合交通运输运行管理、预防预警、应急指挥调度等能力,解决突发事件应急处置中"连不上、听不到、看不见"等问题,交通运输部通信信息中心通过公开招标确定由北京易华录信息技术股份有限公司负责建设交通运输调度与应急指挥系统。作为部级综合应急指挥平台,系统建设以交通运行监测调度中心(TOCC)功能模组为核心,结合应急管理工作实际,创新平台设计及架构,搭建融合通信平台,强化大数据融合应用,以信息化推动应急管理现代化,提升了信息实时获取能力、分析研判决策能力、远程调度指挥能力和综合应急处置能力。

关键词

应急管理、信息化、融合通信、突发事件

做法与成效

(一)案例背景

党的十八大以来,在以习近平同志为核心的党中央坚强领导下,我国交通运输事业取得辉煌成就,交通运输体系不断完善,服务质量持续提高,为经济社会高质量发展提供了坚实支撑。目前,我国部分领域交通运输现代化水平已跻身世界先进行列,我国正阔步迈向交通强国。党中央、国务院先后印发《交通强国建设纲要》《国家综合立体交通网规划纲要》,加快建设交通强国,推动了交通事业驶入高质量发展快车道。

交通运输应急管理是交通强国建设的重点领域之一,加快交通运输应急管理体系和能力建设,以信息化推动应急管理现代化,对于推进交通运输安全发展、加快建设交通强国具有重要意义。

现代化的应急指挥平台是信息网络技术与应急管理业务深度融合后形成的新业务形态,通过应急管理信息化建设和应用系统智能化升级改造,推进现代信息网络技术与应急管理业务深度融合,有利于促进体制机制创新、业务流程再造和工作模式创新,提高监测预警、辅助指挥决策、应急救援能力,逐步改变传统经验式、粗放化的应急管理方式,向科学化、精准化和智能化转变,实现智慧应急。

部级调度与应急指挥系统面向部领导、部业务司局及部分直属单位用户,重点聚焦"运行异常预警、调度协调联动、应急指挥决策"相关业务而打造。系统以"突发事件应对"为核心,以"时间轴"贯穿,以"音视频融合"为主要支撑手段,面向突发事件上报、报警核实、应急处置、事件跟踪、事件归档等进行全流程一体化的"时空数据综合管理",可辅助提升部级应急管理能力。

(二) 总体情况

目前,交通运输调度与应急指挥系统服务对象已覆盖部内司局、省级部门、省级海上搜救中心、部派出机构、试点城市机构等千余用户,实现了掌握行业总体运行态势、实时调度应急事件信息、快速查阅各类报告、综合查看各类资源等功能。交通运输调度与应急指挥系统业务逻辑架构如图7-3所示。

(三) 典型做法和经验

1. 构建五大应用体系

一是构建了行业数据资源接入体系。汇聚了部级数据共享交换平台、交通行业专网、互联网和文件书籍等多渠道数据信息,形成了30个数据源、72类细分项、万余项数据项,整合公路、水路资源信息,建立基础数据框架,为系统运行提供了重要数据支撑。

二是构建了综合通信调度体系。按照平战结合的思路,融合手机App、短信、邮件、电话和传真等多种通信方式,实现了与综合通信调度系统的对接,保障了部级相关指挥调度指令的快捷下达以及省级相关突发事件信息的及时报送。

三是构建了综合交通运行动态管理体系。推进公路网、道路运输、水路网、水路运输等交通状态、基础信息、运行环境等静态和动态信息融合,实现了对载运装备、基础设施、风险隐患等的交通运行动态管理,为提升铁路、公路、水路、民航、邮政应急管理体系高效运行筑牢了基础。

四是构建了综合交通应急指挥体系。汇聚了应急资源库、专家库、预案库等信息,构建了应急值守、应急资源管理、应急辅助决策、应急指挥调度、应急演练和应急信息服务等功能,实现了应急事件的监测、预警、接收以及按照事件核实、启动响应、指挥调度等工作流程,保障了省级突发事件相关信息及时报送,部级相关指挥调度指令快速下达,协同高效处置交通运输应急突发事件。

五是构建了综合交通预测预警体系。综合交通预测预警体系,融合行业内外资源数据,接入极端恶劣天气(台风、暴雨、寒潮、高温等)、地质灾害、海洋灾害(海浪、风暴潮等)、水旱灾害等预测预警数据,提升了自然灾害预防预控能力,为应急指挥提供了基础数据支撑。

2. 打造综合交通应急一张图

按照"数据即服务"思想,打造综合交通应急一张图作为基础数据底座,创新完善数据架构,丰富行业内外多元数据应用,为分析研判、预警预防、辅助决策提供了数据保障和参考依据。

3. 推进行业数据融合应用

强化数据治理,深耕数据采集、加工处理、数据分类、数据作业等环节,围绕提高综合应急处置能力的核心诉求,聚合公路水路等重点领域行业资源数据,以数据融合驱动了交通运输应急管理工作能力不断提升。

4. 重构突发事件信息处置流程

依托应急指挥调度平台、交通行业通App以及短信平台,实现了分节点设置突发事件处置权限,推进了全国重大突发事件的统一管理。基于时效管理,实现了对突发事件报送、处置、归档的全流程记录和规范化管理。

第七章 综合交通运输安全和应急

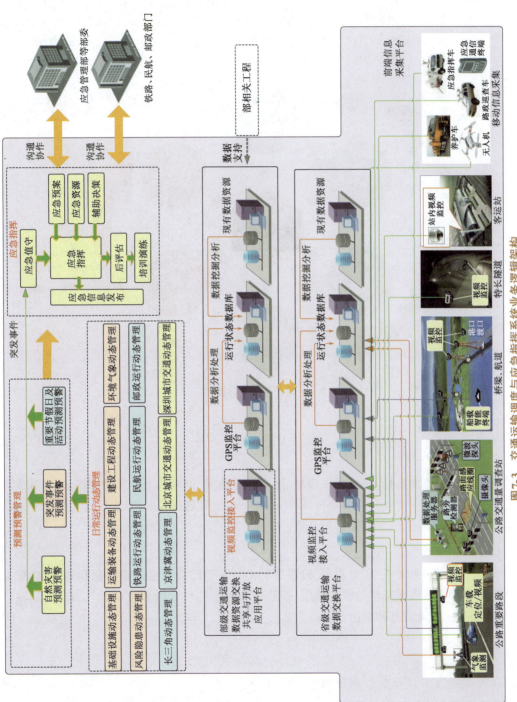

图7-3 交通运输调度与应急指挥系统业务逻辑架构

199

5. 打造融合通信平台

推动交通专网与各省级已建相关系统实现对接,建设了集文字、语音、视频会议于一体的移动通信调度系统,可提供信息采集、上报和指挥决策指令下达等移动信息服务,为部省间日常运行监测、应急指挥调度等工作的协同联动提供了技术支撑。融合通信业务模式如图7-4所示。

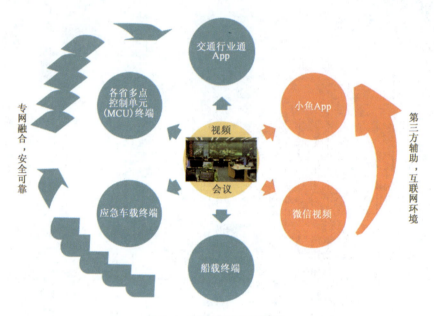

图7-4　融合通信业务模式

(四)案例创新

1. 创新线上业务模式

围绕突发事件处置实际,研发系统模块、融合行业数据、创新线上业务管理模式,在线支撑交通运输应急管理数据调取和视频指挥调度,与线下应急管理工作有机结合,有力保障了部级应急组织体系高效运行、应急处置有效开展。

2. 行业大数据融合应用

高效融合行业应急队伍、应急物资、设备库和CCTV等综合应急处置力量和资源,构建天气、风场、潮汐等气象数据及数值模拟模型,服务保障行业运行分析和极端天气对交通运输影响的研判,提升了风险防范和预防预警能力。

(五)应用效果

1. 提升了突发事件分析研判能力

通过整合部内外数据信息资源,基于情景构建实现应急处置模型应用,为突发事件分析研判、有效应急处置提供了支持,为台风等极端天气防御、风险防范等应急辅助决策提供了有效支撑。系统已为贵州省银百高速公路峨坝隧道事故应急演练、京津冀协同演练等应急演练工作实际提供了有力保障。

2. 增强了突发事件指挥调度能力

紧紧围绕"观察现场、沟通信息、评估情况、评判方案、实施指挥"的工作目标，实现了基于程控电话、手机短信、电子邮件、移动 App、北斗短报文等多种通信手段于一体的综合通信服务集成和便捷化应用，可根据突发事件接报信息、现场视频调度、卫星遥感数据等，及时开展事件评估、应急处置方案辅助决策、指挥调度等工作。实现了综合应急指挥中心与各省级交通运输主管部门、海上搜救机构和一线应急力量的联合视频会商，为及时高效开展调度指挥提供了有力支撑。

3. 保障了新冠疫情防控和交通运输保通保畅工作

根据新冠疫情防控总策略，"疫情联防联控服务及口岸一张图"及时研发上线，通过调度公路口岸运行情况、水路口岸运行情况、港澳台公路水运口岸运行情况及跨境运输领域发现病例情况信息，实现了对全国 60 余个公路口岸、120 余个水路口岸的运行状况动态监测。通过集成全国客运运行信息、货运运行信息、重点场站枢纽运行信息、公路网运行信息、重要舆情监测信息等数据，构建了全国保通保畅"形势图""数据图"，为达到"挂图作战"要求以及全国交通运输运行总体情况可视化提供了支持保障。

借鉴意义

加快信息化系统建设是构建新时代应急管理体系的迫切需要，是提升应急管理现代化能力的必然选择。交通运输调度与应急指挥系统的建设充分证明，通过信息化赋能交通运输应急管理工作，有利于促进应急管理工作体制机制创新、业务流程再造和工作模式创新，提高监测预警、辅助指挥决策、应急救援能力，可促使应急管理方式逐步由传统的经验式、粗放化向科学化、精准化和智能化转变，实现应急管理现代化的工作目标。

案例执笔人和素材提供人

交通运输部应急办孟未璐

突发事件和重大工程的公路交通跨省运输保障

案例摘要

近年来,各类突发事件和专项工作的跨省运输保障工作呈现增多趋势。上述工作时间紧、任务重,需协调保障事项多,涉及多省份、多部门以及多种运输方式的沟通协调配合。本案例基于对具体案例的介绍、分析和经验总结,重点阐述突发事件和重大工程的公路交通跨部门、跨区域、跨多种运输方式的组织协调保障工作。

关键词

跨省运输、路网保障、协调联动

做法与成效

(一)湖南省交通运输厅许可瑞金电厂 331 吨变压器大件运输服务事件

2021 年 2 月 2 日,湖南省交通运输厅收到来自华能秦煤瑞金发电有限责任公司和特变电工衡阳变压器有限公司的两封特殊公函,请求支持华能瑞金电厂二期扩建项目 3 号机组主变压器设备运输。该设备作为华能瑞金电厂二期扩建项目的重要组成部分,需在春节前运抵江西。

考虑到该工程系国家支持赣南中央苏区振兴发展的能源重点保障项目等特殊情况,湖南省交通运输厅迅速启动了"绿色通道"等特事特办机制(图 7-5),在春节前夕提前完成了预审查工作,一边委托第三方专业机构对其申请的通行线路进行复勘,出具经专家评审的桥梁可通行性评估报告,一边协调高速公路交警、高速公路集团等部门,启动了湖南省特大件运输服务保障联勤联动机制,并及时向湖南省春运工作领导小组完成了报备。经科学分析论证,湖南省交通运输厅牵头会同有关部门研究制定了《关于瑞金电厂 331 吨变压器公路运输交通组织保障方案》《瑞金电厂 331 吨变压器高速公路运输护送方案》,按规定许可了该大件运输申请。

图 7-5 工作人员对雁峰收费站出口进行拓宽改造,以便大件运输车辆能顺利从收费站出口逆行驶入高速公路

为做好该大件许可的后续运输服务保障工作,湖南省交通运输厅牵头成立了临时协调工作专班,下设现场协调、大件护送、交通管制、技术保障、应急广播五个小组,并于启运前召开了瑞金电厂331吨变压器公路运输交通组织保障联席会议,就交通诱导分流、交通管制、大件护送和应急处置等方面进行了精心组织和周密部署(图7-6、图7-7)。

图7-6 湖南高速公路路管人员指挥大件运输车辆通过关键路段

图7-7 大件运输车辆通过G72泉南高速公路的孟塘枢纽匝道,该桥系双支座独柱墩匝道桥,高速公路交警需提前封闭交通以保障大件运输车辆"一桥一车居中匀速"行驶

2月7日凌晨3时30分,在湖南省交通运输厅的组织协调下,该大件运输车组从特变电工衡阳变压器厂起运,在湖南境内行驶约190公里后,于2月8日10时顺利驶入江西,春运期间特大件运输服务保障任务圆满完成。

(二)公路与海上救捞系统跨部门合作,全力保障潜水救援装备跨省运输

2018年10月28日,重庆万州区"10·28"公交车坠江事故发生后,交通运输部紧急部署上海打捞局深水饱和潜水专业救援设备赴重庆万州长江二桥,并要求交通运输部路网中心做好装备转场交通保障工作。接到任务后,部路网中心立刻启动应急预案进入应急值班状态,与部救助打捞局、应急办紧密沟通,根据工作职责协调江苏、安徽、湖北、上海、重庆五省(市)路网管理部门积极做好配合工作,并部署采取专用车辆带道、省界收费站设置专用通道、跨省接力保障方式。

路网中心精心准备、周密部署,全程值守、密切跟踪,连续48小时作战,全力保障了上海打捞局29日23时20分和30日23时30分两批次专业深浅设备和应急装备从上海出发到重庆万州长江二桥事发现场全程1500公里的公路运输。经部路网中心全力保障和沿途五省(市)路网管理部门支持配合,两批次公路运输均于24小时内到达目的地,比正常行驶时间至少缩短4小时,有力保障了救援工作及时开展。

(三)部省联动发挥综合运输优势,建立绿色通道,迅速完成人体捐献器官转运工作

2019年某日22时09分,交通运输部路网中心值班室接报郑州大学第一附属医院器官转运协调员求助电话。他们携带三例人体捐献器官(一例肝脏、两例肾脏)从兰考赶赴郑州大学第一附属医院,由于大雾封路,目前两辆器官转运车辆被困于日兰高速公路兰考西收费站入口。

值班室接报求助电话后,立刻启动应急预案,按照国家卫生计生委、公安部、交通运输部等六部门《关于建立人体捐献器官转运绿色通道的通知》要求,迅速部署相关工作,通知河南省高速公路联网管理中心立刻建立人体捐献器官转运绿色通道,给予协调员和转运车辆必要协助,同时值班室与协调员保持密切联系。

由于郑州周边雾大,已发布大雾橙色预警,能见度不足5米,途经的连霍高速公路郑州段不具备通行条件。部路网中心、河南省高速公路联网管理中心与协调员多次会商,决定发挥综合运输优势,确定器官转运的最优方案,即由兰考西收费站通过高速公路行驶到开封,再由协调员携带捐献器官在开封换乘高铁到郑州。

河南省高速公路联网管理中心充分发挥路警联合指挥中心应急指挥协调机制优势,协调路段管理单位开封路达公司于22时52分在兰考西收费站放行转运车辆,并安排路政车引导护送,经日兰高速公路、连霍高速公路、大广高速公路,于23时26分从开封杜良收费站安全驶出并一路护送至开封火车站。随后,安排协调员携带三例人体捐献器官从开封火车站乘坐高铁到达郑州。

次日0时20分,部路网中心值班室接协调员电话,他们已通过高铁安全到达郑州市区,并将捐献器官安全运抵郑州大学第一附属医院。协调员感谢交通运输部和河南省交通部门的全力协助和快速响应,对部省协调和河南高速公路及时高效顺畅的应急处置体系表示高度肯定。

(四)对计划性跨省运输的保障工作(以大件运输为例)

1. 开辟大件运输"绿色通道"

对运往"一带一路"沿线国家和国省重点工程建设项目的重要设备及应急抢险、疫情防控、清洁能源和水火电项目等大件运输申请推行优先办、加班办和上门办,积极协调途经省份加快并联审批。

2. 加强事前事中监管

一是事前监管夯实安全基石。为确保车货总重200吨及以上大件运输申请安全审查的科学性,湖南省交通运输厅委托第三方专业机构对其申请的通行线路进行现场勘察,对照桥梁通行能力等标准,展开了安全风险评估,并出具经专家评审的安全评估报告,将此作为许可前置条件,有效预防和管控了安全风险。

二是事中建立大件运输监管和运输服务联动机制。为保障超过300吨及以上大件运输许可的后续服务,湖南省交通运输厅牵头会同公安交警、高速公路集团公司等有关部门建立了特大件运输服务保障联动机制,确保了大件运输安全顺畅。

3. 强化宣传,引导大件运输安全畅行

组织交通广播提前5天发布交通诱导分流信息,实时发布路况和交通管制等信息,以降低对人民群众交通出行的影响;通过电视采访、网络媒体拍摄视频短片、视频直播等方式让群众实时了解大件运输的相关信息,形成了融媒体矩阵式宣传。

(五)对突发性、临时性跨省运输的保障工作

一是加强演练和平时协调配合。2018年11月5日,在2018年度全国公路交通军地联合

应急演练中,"人体器官转运协调"被纳入应急演练非预设科目。演练现场 50 余家单位参加演练和观摩,大屏幕直播部省两地处置情景,有效宣传了人体器官转运公路运输保障的应急处置工作,扩大了这一工作的影响,通过演习起到了教育、培训、宣传、警示的综合性作用。在河南省转运保障工作中,接报这一工作的河南高速公路联网管理中心一位副处长观摩了这次演练,在全过程保障中发挥了重要作用。

同时,交通运输部公路局、路网中心多次与部内各相关机构、部属各单位通过会议研究、文件编制、桌面推演、信息化模拟等方式,努力做好突发事件的路网保障、公路保通保畅工作。部路网中心与各省级公路交通部门建立了信息化的联系方式和指挥调度体系,可实现跨省运输的紧急调度功能,在发生突发事件时发挥了关键作用。

二是制定专项应急预案。2016 年 5 月 6 日,国家卫生计生委、公安部、交通运输部、中国民用航空局、中国铁路总公司、中国红十字会总会联合印发《关于建立人体捐献器官转运绿色通道的通知》,明确了交通运输部门的职责以及交通运输部的具体负责部门——交通运输部路网监测与应急处置中心。通知印发后,部路网中心制定了该项工作的应急预案,并进行了多次培训。同时,针对各种突发事件和公路接力运输保障,部路网中心均制定了内部工作流程,并在值班中多次开展桌面演练,在紧急保障从上海到重庆的救援装备物资运输案例中起到了关键作用。

三是在工作中始终坚持"以人民为中心"的工作理念。《关于建立人体捐献器官转运绿色通道的通知》向社会公布了 010-65292200 这一交通运输部人体捐献器官转运绿色通道 24 小时应急电话号码,这个号码也是部路网中心值班室的值班电话。部路网中心值班室一次次参与完成紧急救援保障任务,在保障人民群众生命财产的过程中不断发挥重要作用,这是路网人"人民至上""以人民为中心"在工作中的最直接体现。

借鉴意义

一是在工作中充分发挥铁路、公路、水路、航空等综合运输体系作用,在重要物资运输保障中实现最优运输模式。

二是建立各部门、各单位与各省级交通运输主管部门和省内各运输方式管理机构的沟通机制,在工作中实现跨部门组织运输调度。

三是充分发挥信息化功能,将各种运输方式监测、处置、服务等功能融为一体,实现突发应急和国计民生重大工程运输保障的"千里眼、顺风耳"功能,做到能指挥、能调度,在运输保障中发挥关键作用。

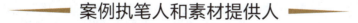

案例执笔人和素材提供人

交通运输部路网监测与应急处置中心郑宗杰

第八章 综合交通运输可持续发展

国家公交都市建设

案例摘要

交通运输部自 2011 年起持续开展国家公交都市建设示范工程建设，先后确定北京等 87 个城市为国家公交都市创建城市，通过建立健全制度体系、持续完善支持政策、加强示范创建指导、严把示范创建验收等工作，持续推动公交都市创建工作。截至 2022 年 9 月，已有 46 个城市通过验收，被授予"国家公交都市建设示范城市"称号。通过示范创建，城市优先发展公共交通的理念得到了进一步落实，优先发展的保障机制和措施逐步建立健全，公共交通基础设施布局逐步完善，服务能力和水平大幅提升，竞争力和吸引力稳步增强，并有力带动了全国城市公共交通快速发展。

关键词

国家公交都市、城市公共交通、示范创建

做法与成效

（一）案例背景

城市公共交通具有集约高效、节能环保等特点和优势。优先发展城市公共交通是缓解交通拥堵、转变城市交通发展方式、提升人民群众生活品质、提高政府基本公共服务水平的必然要求。为贯彻习近平总书记关于城市公共交通发展有关重要论述，深入落实城市公共交通优先发展战略，交通运输部自 2011 年起持续开展国家公交都市建设，以"公共交通引领城市发展"为战略导向，通过科学规划和系统建设，建立了以公共交通为主体的城市交通体系，扭转了城市公共交通被动适应城市发展的局面，实现了公共交通与城市良性互动、协调发展。"十二五""十三五"期间，经城市人民政府申请、省级交通运输主管部门推荐和专家评审等程序，先后确定北京、石家庄、太原等 87 个城市为国家公交都市创建城市。截至 2022 年 9 月，已有 46 个城市通过验收，被授予"国家公交都市建设示范城市"称号。

(二) 典型做法和经验

自国家公交都市创建开展以来,交通运输部组织开展了一系列相关工作。

一是建立健全制度体系。印发《交通运输部关于开展国家公交都市建设示范工程有关事项的通知》《国家公交都市建设示范工程管理办法》等10余项文件,对公交都市创建申报、组织实施、验收命名、动态评估等作出了规定。

二是持续完善支持政策。基于政策文件,对"十二五"期间国家公交都市创建城市加快城市综合客运枢纽、智能公交系统和清洁能源公交车辆推广应用给予了资金支持。

三是加强示范创建指导。建立了公交都市创建工作年度报告制度,并连续多年组织调研督导组,采取实地走访、座谈交流、查阅材料等方式,对示范创建情况进行了调研督导。

四是严把示范创建验收。通过印发通知,明确了公交都市创建验收工作程序和评分标准,通过集中评审、现场检查、实地暗访等形式,对创建城市开展验收,并对示范城市每3年开展一次动态评估。

五是加强示范创建推广。连续多年组织召开公交都市创建工作推进会,邀请各创建城市有关负责同志参加,总结交流经验,有力推进创建工作。通过每年9月的绿色出行宣传月和公交优先宣传周活动渠道,宣传各地先进做法,促进了经验交流推广。

(三) 应用效果

1. 城市公共交通基础设施建设取得新进展

创建城市依托示范工程平台,持续推进城市公共交通基础设施建设,有效改善了城市公共交通硬件设施条件。

一是枢纽场站建设稳步推进。全国建成了北京四惠交通枢纽、深圳福田综合交通枢纽等一批集多种运输方式于一体的城市大型综合客运枢纽,实现了高铁、城市客运等多种方式的便捷换乘。城市公交停保场站建设快速推进,创建城市的公共汽电车车辆进场率从创建初期的74.4%提升至90%以上。

二是城市轨道交通实现跨越式发展。截至2023年2月,31个省(自治区、直辖市)和新疆生产建设兵团共有54个城市开通运营城市轨道交通线路291条,运营里程9628.2公里,较创建初期分别增加41个城市、7929.5公里。

三是城市快速公交系统和公交专用道建设加快推进。全国共有北京、大连、上海等30余个城市开通了快速公交系统,公交专用道总长度突破18000公里,比创建初期增加了3倍多。

2. 城市公共交通服务水平全面提升

一是服务能力显著增强。截至2021年底,全国共有城市公共汽电车运营车辆80.5万标台,运营线路总长度达159.4万公里,2019年客运量超过930.5亿人次,较创建初期分别增长67%、190%。创建城市的平均公共交通机动化出行分担率达到63%,较创建初期增长12%。北上广深等超大城市积极构建以城市轨道交通为骨干、常规公交为主体、快速公交和定制公交为补充的多模式、多层次的城市公共交通出行体系。武汉市大力建设以城市轨道交通、快速公交系统为骨干,常规公交为主体,支线微线和水上巴士为补充的"快干支微"多元交通网络。

湖州、常州等城市因地制宜,构建了以城市公共交通为主导,步行和自行车交通统筹发展的绿色出行体系。

二是服务品质明显提升。城市公共交通与不同运输方式间的设施衔接更为紧密,换乘更加便捷。运营管理水平不断提升,城市公共交通准点率、运行速度和可靠性显著提高。交通一卡通、手机移动支付等非现金支付方式稳步推进,327个地级以上城市、1609个县级行政区实现了交通一卡通互联互通。无障碍交通基础设施建设和改造加快推进,城市出行无障碍"硬设施"和"软环境"持续优化。

3. 城市公共交通安全保障能力显著增强

一是各创建城市交通运输主管部门和运营企业持续完善运营安全管理体系,筑牢织密了安全网。长春市出台了安全生产工作定期报告制度、安全生产巡查工作制度等9项城市公交安全管理制度,推进了"安全生产风险管控和隐患排查治理"双重预防机制建设。西宁公交集团有限责任公司先后制定了《推进安全生产领域改革发展的实施细则》等一系列规章制度,建立了从上到下、全覆盖的安全生产责任体系,实现了安全生产责任全员化。

二是加强设施设备升级改造,提升了本质安全水平。为避免乘客干扰公交驾驶员驾驶,柳州市对所有车辆安装了安全门;为杜绝公交车后门夹摔乘客情况发生,对所有公交车辆安装了机械式后门安全自动锁控装置,车门开启状态下车辆无法起步。

三是强化了科技兴安支撑。广州市建成了覆盖地铁站、公交车等的动态运行监测体系,推广控制器局域网络(CAN)总线、全球卫星定位系统等在运营状态监控、驾驶行为分析、公交分段限速等方面的应用,提升了安全生产、事故防御等方面的管理和防控水平。

四是有效提升了应急能力。各城市均制定了政府管理部门、运营企业等各层面的城市公共交通突发事件应急预案,并定期采取桌面推演、实战演练、"双盲"演练等多形式开展应急演练,全面强化了应急处置能力。

4. 城市公共交通绿色发展水平取得新突破

一是城市轨道交通运行全部采用电能驱动,随着城市轨道交通的跨越式发展,城市公共交通绿色供给比例快速提升。

二是新能源汽车在城市公交领域加快推广应用,进一步促进了城市公共交通节能减排。截至2021年底,全国共有新能源公共汽电车运营车辆50.89万辆,占城市公共汽电车运营车辆总数的71.7%,与创建初期相比,占比提高了69.7%。除保留了部分应急车辆外,深圳市已实现城市公交全面纯电动化。据测算,新能源城市公交车每年可减少碳排放3000多万吨。

三是以示范工程创建为载体,积极推进"城市公交+慢行交通"出行模式,推动构建了城市绿色交通体系。上海、杭州等城市编制发布了慢行交通规划,打造了自行车和步行交通网络。武汉市实施慢行复兴计划,每年新建100公里的自行车道。深圳市建成的城市步行绿道已超过2500公里。

5. 城市公共交通可持续发展能力不断增强

一是探索建立票制票价动态调整机制,保障了运营企业的合理收入。北京市综合考虑社会可承受能力、公共财政能力、运营成本等因素,定期对城市公共交通票价进行评估调整。同时,实行计程式票价,按照多乘坐多付费、递远递减原则收取票款。

二是完善运营补贴机制,弥补了政策性亏损。广州、杭州、南京、大连、昆明等城市对城市公共交通实行成本规制管理,对因执行低票价和完成政府指令性任务造成的亏损予以全额补贴。广州市出台了《广州市市本级城市公交车财政补贴资金分配管理暂行办法》《城市公交行业政策性财政补贴方案》等系列制度文件,确保了城市公共运营补贴及时发放到位。

三是加快落实城市公共交通用地综合开发政策,增强了内生发展动力。大连市重点推进了城市轨道交通沿线、公共交通枢纽周边土地的综合开发利用,并建立了用地综合开发增值效益反补机制。

借鉴意义

示范工程创建开展十多年以来,示范创建城市的公共交通系统建设取得显著成果,经总结,主要有以下方面经验。

(一)始终坚持以人民为中心

示范工程创建坚持"发展为了人民、发展依靠人民、发展成果由人民共享"的原则,将为人民群众提供安全、便捷、高效的城市出行服务作为终极目标。在构建考核评价指标体系时,公共汽电车责任事故死亡率、轨道交通责任事故死亡率、公共交通乘客满意度、公共交通站点500米覆盖率、早晚高峰时段公共交通拥挤度、公共交通乘车一卡通使用率等多项涉及人民群众财产安全和便捷出行的指标均被纳入体系,相关指标权重占所有考核指标的30%。在验收流程中,对验收结果设立公示环节,充分听取各方意见,有效保障了人民群众的知情权和参与权。

(二)始终坚决落实城市公交优先发展战略

城市公共交通集约高效、节能环保和先导性等特点,决定了其优先发展的定位。优先发展城市公共交通是党中央、国务院重要决策部署,示范工程创建城市深入实施城市公共交通优先发展战略,通过部、省、城市多层面出台规划、建设、用地、路权、资金、财税等一系列扶持政策,全力保障城市公共交通优先发展。以"公共交通引领城市发展"为导向,各创建城市通过科学规划和系统建设,建立了以城市公共交通为主体的城市交通体系,扭转了城市公共交通被动适应城市发展的局面,实现了公共交通与城市的良性互动、协调发展。

(三)始终坚持城市人民政府主导

城市公共交通发展涉及交通运输、发改、财政、自然资源、住建等多部门职责,且城市公共交通基础设施建设需要投入大量资金和占用土地稀缺资源,没有城市人民政府的组织领导和强力支持,难以取得明显成效。示范工程创建坚持以城市人民政府为主体,通过引导创建城市建立政府领导牵头、相关部门参与的工作机制,有效调动和整合了各方资源和力量,汇聚了推动城市公共交通发展的强大合力。

(四)始终坚持推进城市交通协调发展

在优先发展城市公共交通的基础上,要将城市交通协调发展作为重要目标予以推进。在细化考核标准时,将促进城市绿色出行作为考核内容,引导创建城市开展交通需求管理,保障了非机动车和行人的通行权。指导创建城市将促进交通运输新业态有序发展、慢行系统建设等工作纳入创建任务,有力促进了创建城市形成以公共交通为主体,出租汽车、互联网租赁自行车、步行等出行方式相互协调、紧密衔接的良性出行格局。

案例执笔人和素材提供人

交通运输部科学研究院 路熙、安晶

公路长大桥梁结构健康监测系统建设

案例摘要

近几十年来,我国公路桥梁建设取得了举世瞩目的成就,在役公路桥梁运行安全水平总体向好,危桥数量持续下降,但一些长大桥梁曾发生的重大险情、重大事件也给我们敲响了警钟。按照党中央、国务院指示批示精神,交通运输部党组高度重视,组织开展公路桥梁安全耐久专题调研。应对长大桥梁的结构安全隐患,特别是缆索承重桥梁的涡激振动、吊杆脱落等"黑天鹅"事件,需要更及时、更精准和更全面的结构状态感知和研判,开展长大桥梁结构监测系统建设是"见之于未萌、治之于未发"的重要举措。近年来,各地勇于创新,在长大桥梁监测系统的技术发展上取得了一定成绩,为做好长大桥梁健康监测工作奠定了坚实基础。

关键词

长大桥梁、健康监测系统、数据交互、信息联动

做法与成效

(一)构建"一桥一策、应试尽试"试点建设模式

2021 年,综合考虑桥型、系统新建和改造、地域等因素,交通运输部确定辽宁、河北、安徽、四川、湖北、江苏、江西、浙江、贵州、广东等 10 个省份 11 座桥梁作为系统建设试点,其中有拱桥 3 座、斜拉桥 4 座、悬索桥 4 座,新建系统 2 座、改造系统 9 座。根据试点桥梁运行环境、受力状态、耐久性、运行风险、监测应用目标等分析评估结果,按照"一桥一策"原则制定了系统建设具体方案,对于符合指南技术要求并且具备实施条件的监测内容按照"应试尽试"原则选取监测方法。通过试点桥梁系统建设,积累了组织领导模式、质量保障措施、系统升级改造、新技术应用等方面的实施经验,为下一步全面推进建设奠定了扎实的工作基础。

(二)统一单桥监测系统建设运维标准

2021 年,交通运输部组织技术支持单位开展了广泛调研,结合公路桥梁运营维护管理近 5 年对信息化、数字化、新技术和新设备的引入实际,以及公路桥梁的日常养护、应急和管理需求,提炼总结了国内外相关领域在桥梁监测技术领域的最新可靠技术成果,并在试点桥梁和省份评估总结的基础上,结合省级监测平台和部级数据平台在数据交互、安全保障、存储备份、分析应用等方面的具体需求,完成了规范制定,统一了单桥系统的建设运维标准,明确系统监测内容,规范运维管理行为,夯实监测数据互联互通、共享共用基础,保障和提升了监测系统建设质量和技术水平。监测系统大屏如图 8-1 所示。

图 8-1 监测系统大屏

(三)实现"单桥、省级和部级"三级联动

单桥系统负责单座桥梁监测数据的采集、分析与应用;省级监测平台汇聚各省辖区内的单桥系统特征数据,向部级数据平台推送省级统计数据及单桥特征数据,支撑省级交通运输主管部门履行行业监管职责;部级数据平台汇聚全国省级监测平台和单桥系统数据,支撑部长大桥梁养护管理宏观决策、运行状况实时监测和应急事件在线监测,开放共享监测数据,支持行业基础科研。交通运输部公路科学研究院已完成省级监测平台模板和部级数据平台的前期建设工作,预计 2024 年 6 月底前实现三级系统的正式联网运行,系统将实现跨江跨海跨峡谷等长大桥梁结构实时监测,动态掌握桥梁结构运行状况,防范化解公路长大桥梁运行重大安全风险,进一步提升公路长大桥梁结构监测和安全保障能力。

借鉴意义

(一)动态监测,提升运行安全水平

各单桥监测系统建成后,将实现对环境、作用、结构响应和结构变化的长期实时监测,实时推送超限报警信息,支撑桥梁管养单位动态掌握长大桥梁结构运行状况,辅助研判长大桥梁运行重大安全风险和制定针对不同风险事件的应急处治决策,进一步提升长大桥梁结构的运行安全水平。

(二)深化应用,提升科学决策水平

单桥监测系统建设完成后,将汇聚桥梁历史数据和实时监测数据,结合桥梁日常巡检、定期检查和特殊检查等检测信息,助力重载车通行、钢桥疲劳态势、连续梁跨中下挠和高墩倾斜等专项应用分析更精准开展,拓展应用效能,提高数据在养护规划和养护决策等方面的支撑作用。

(三)打通链路,提升应急响应水平

三级系统平台正式联网运行后,将打通部-省-单桥系统之间的通信链路,对应急事件桥梁能实现"看得见、听到着、可分析",可查询桥梁基本信息、应急预案、历史信息、实时数据、应急知识库等,充分发挥部省两级行业主管部门在长大桥梁突发事件应急处置中的统筹协调、技术支持等作用,有效提升桥梁管养单位的应急响应能力。

(四)联网运行,提升行业治理能力水平

三级系统平台正式联网运行后,交通运输部将对省级监测平台和单桥监测系统的长效运行进行常态化监督考核,汇聚全国长大桥梁监测数据,开展全国范围内的公路桥梁长期服役性能规律研究和安全态势分析,辅助交通运输部年度公路桥梁运行状况报告编制,支撑部在长大桥梁养护管理上的宏观决策,科学指导各省级行业主管部门和桥梁养管单位开展隐患排查,进一步提升行业的数字化和科学化治理能力水平。

案例执笔人和素材提供人

交通运输部公路科学研究院 韦韩

江苏省开展绿色出行创建行动，构建绿色出行环境

案例摘要

2017年，党的十九大报告明确提出开展全国绿色出行创建行动。2020年，按照交通运输部、国家发展改革委联合印发的《绿色出行创建行动方案》总体要求，全国109个城市开展了绿色出行创建行动。江苏省交通运输厅同发改、公安、住建等部门研究制定了全省绿色出行城市创建方案，加强城市指导，将南京等11个城市明确为创建对象。

关键词

绿色出行、城市公共交通

做法与成效

一是紧扣"规定动作"，锚定创建目标任务。省级层面指导各城市紧扣国家标准、彰显地方特点、对标寻找差距，认真按照国家规定的七个方面创建标准细化实施方案。

二是创新"自选动作"，彰显地方主题特色。结合"强富美高"新江苏的建设要求，研究确定了"强有力的出行设施保障、丰富的出行产品、美丽的出行环境、高效的出行服务"全省特色创建主题，积极指导各城市深入挖掘创建特色、亮点和示范性。选择确定了"枢纽场站一体化衔接""智能城市交通大脑支持""一站式出行""绿色出行碳积分激励""绿色文化宣贯""常规公交提质、慢行环境治理""出行新业态融合发展""公交专用道成网""毗邻地区绿色出行交通一体化""无障碍设施改善""城市动车一体化换乘"等12项绿色出行创建行动示范工程。

三是完善"政策体系"，加强体制机制保障。省级各部门协同合作，推进指导各地建立健全绿色出行支持体系，强化了财政、金融、税收、土地、投资、保险等方面的保障措施。

四是建立"监测体系"，注重建设效果评估。组织开展了绿色出行监测评估体系研究，深入分析各相关影响因素，建立了系统性的监测评估体系。

借鉴意义

开展绿色出行创建行动以来，江苏全省城市公交服务品质明显提升。据调查统计，2021年，全省新增更新新能源公交车3700辆、纯电动巡游出租车2200辆，江苏省南京市、无锡市、徐州市、常州市、苏州市、连云港市、淮南市、盐城市、扬州市、昆山市等10个绿色出行创建城市绿色出行比例均超过70%。绿色出行创建期间，全省新增公交专用道里程超过253公里，推广应用低地板及低入口公交车超过7000辆，高峰期公交平均运营时速提升至19.8公里。江苏省初步形成了南京市智能城市交通大脑、南通"适老化"交通出行等一批绿色出行示范样板。以创建促发展，江苏省正在加快构建形成"布局合理、生态友好、清洁低碳、集约高效"的绿色出行服务体系，绿色出行在公众出行中的主体地位逐步确立，人民群众选择绿色出行的认同感、获得感和幸福感不断得到加强。

案例执笔人

交通运输部科学研究院刘晓菲、李振宇

素材提供人

江苏省交通运输厅宋昌娟

上海市便利老年人交通出行，推进"一键叫车"

案例摘要

按照国务院办公厅《关于切实解决老年人运用智能技术困难的实施方案》（国办发〔2020〕45号）和交通运输部等七部门《关于切实解决老年人运用智能技术困难便利老年人日常交通出行的通知》（交运发〔2020〕131号）等文件有关要求，各地持续完善交通运输领域便利老年人出行服务的政策措施，确保老年人日常交通出行便利。上海市以加强和改善老年人无障碍出行服务为核心，全力打造出了"覆盖全面、安全舒适"的无障碍交通出行环境。

关键词

适老化出行、"一键叫车"、无障碍出行

做法与成效

一是推进"一键叫车"出租汽车候客站建设。为贯彻落实《关于本市深化改革推进出租汽车行业健康发展的实施意见》（沪府发〔2016〕98号）精神，上海市交通委员会启动了出租汽车候客站建设工作，通过大数据筛查打车热点，在大型居住区、医院、商场、办公楼等打车需求较高的区域设置了具有泊车功能的出租汽车候客站。2019年起，上海市积极探索出租汽车服务数字化转型，尝试在出租车候客站点结合"一键叫车"信息化服务提升乘客叫车体验。在出租候客站升级"一杆一码、一扫叫车"功能，乘客使用微信或支付宝扫描候客站屏幕二维码，即可免输入信息发送用车需求，方便了老年人叫车。

二是试点"一键叫车"服务进社区，方便市民出行。上海市在全市范围内选定了10个街道、100个点位作为"一键叫车"进社区项目首批试点。针对老年人叫车特点，研究设计了可实现刷脸叫车、优先派单、自动呼叫的"一键叫车智慧屏"便捷设备，乘客通过扫脸即可直接验证乘客信息并发送用车需求，实现了"无感叫车"。同时，运用技术手段实现了倾斜派单，对老年人打车需求优先响应。除尽力简化产品使用流程外，平台还在设备周边配备了使用指引、客服电话以及现场志愿者等，为老年人使用全方位提供服务。

借鉴意义

上海市利用出租汽车候客站、社区服务终端和智能手机应用程序已逐步构建起"三位一体"交通出行场景矩阵。截至2020年底，上海市8个中心城区累计建设完成了200余个具备"一键叫车"信息化功能的出租汽车候客站。2021年，上海市持续推动100个候客站点建设，并通过修订出租汽车候客站设置规范，持续完善候客站的点位布局。截至2021年底，上海市已有200台"一键叫车智慧屏"设备完成安装，通过"刷脸叫车"服务，出租车已累计为9000名乘客提供服务，其中60岁以上用户占比超过70%，极大便利了老年人交通出行需求。

案例执笔人

交通运输部科学研究院刘晓菲、赵屾

素材提供人

上海市道路运输管理局李晓冬

加快新能源汽车推广应用，推进绿色低碳交通发展

案例摘要

推广应用新能源汽车对改善我国能源结构、降低碳排放、减轻空气污染、推动汽车产业和交通运输行业转型升级具有积极意义。近年来，交通运输部将加快交通运输行业新能源汽车推广应用作为落实新发展理念、构建新发展格局、加快建设交通强国、推进绿色低碳发展的重要举措，在城市公交、出租汽车、城市物流配送等领域持续加大推广力度，取得了突破性进展。

关键词

新能源汽车、绿色低碳发展、行业转型升级

做法与成效

在车辆推广规模方面，新能源公交车、巡游出租汽车分别达到50.89万辆和20.78万辆，深圳、广州、太原等多个城市的城市公交车或巡游出租车实现了全面电动化。超过2万辆实现充电/换电兼容的纯电动出租车已在北京、厦门等城市为市民提供服务。在北京冬奥会期间，超过200辆氢燃料电池公交车投入使用，圆满完成了赛区运输任务。

在配套设施建设方面，全国已有约1500对高速公路服务区建成了充换电设施，约占全国高速公路服务区总数的45%，累计建成充电桩约12600个，较好满足了人民群众驾驶电动汽车长距离出行的充电需求。

总体来看，新能源汽车推广应用成效显著，以纯电动公交车为例，根据交通运输行业节能与新能源补贴申报数据统计，全国平均日运营里程从2016年的97公里稳步增长到了2019年的133公里。新能源汽车推广应用已从高速增长阶段进入高质量发展阶段。

借鉴意义

一是重视顶层设计引导。2015年，交通运输部印发了《关于加快推进新能源汽车在交通运输行业推广应用的实施意见》（交运发〔2015〕34号），确定了顶层设计，明确了"十三五"期间行业的推广应用重点领域和数量目标；出台了《新能源公交车推广应用考核办法（试行）》（交运发〔2015〕164号），建立了鼓励新能源公交车应用、限制燃油公交车增长的机制。

二是强化示范工程引领。依托国家公交都市建设、绿色出行创建行动、城市绿色货运配送示范工程等，交通运输部将城市公交车新增和更新、城市物流配送车中新能源汽车占比纳入创建指标和任务，选择基础条件较好的城市先行先试，形成了示范效应。

三是加强充电网络支撑。实施绿色出行"续航工程"，推动在重要城市群、都市圈等重点区域高速公路服务区、公路水路客运枢纽等交通运输服务场站建设充电桩、充电站，加快形成了"适度超前、快充为主、慢充为辅"的高速公路公共充电网络。

案例执笔人

交通运输部科学研究院李成、吴忠宜

素材提供人

交通运输部运输服务司郑宇

长江经济带船舶和港口污染防治

案例摘要

在船舶和港口污染防治领域,交通运输部贯彻习近平生态文明思想,将"生态优先、绿色发展"理念融入该领域工作各方面和全过程。通过颁布实施交通运输部《关于推进长江经济带绿色航运发展的指导意见》《关于建立健全长江经济带船舶与港口污染防治长效机制的意见》,船舶和港口污染防治设施不断建成并投入使用,助推了长江经济带水运绿色发展。

关键词

长江经济带、污染防治、绿色转型发展

做法与成效

一是推动绿色低碳港口建设。针对港口污染,长江经济带11省市共排查了5106个内河码头,改造提升码头环保设施,完善环保手续,取缔或关停环保不达标码头。同时大力推进港口节能降碳,提高能源效率,加快改善港口用能结构,通过风力发电、光伏发电提高了清洁能源和可再生能源在港口的应用比例。

二是完善船舶水污染物接收处置协同体系。船舶水污染物应按照国家标准处理排放或交岸接收。截至2020年,31323艘船舶完成了生活污水收集或处理装置改造,建设了船舶水污染物港口固定和移动接收设施33872个,实现了码头接收或移动接收全覆盖。长江干线13座水上危化品洗舱站完成建设。船舶污染物联合监管与服务信息系统实现了船舶污染物来源可溯、去向可寻。

三是提升船舶大气污染防治能力。针对船舶大气污染防治,对进入长江干线的海船开展了船舶尾气排放监测。长江江苏段在6座跨江大桥安装了23套船舶尾气遥感监测装置,上海、湖北、重庆等地通过在重点水域安装监测装置减少船舶违法违规排放。同时,通过推动船舶使用新型清洁能源,推广船舶靠港使用岸电,减少了大气污染物排放。截至2021年底,长江经济带已建成岸电设施覆盖泊位7500多个。2021年,长江经济带11省市港口和水上服务区累积使用岸电约50万次、558万小时、6615万千瓦时。大型游轮和客运码头基本实现了岸电全覆盖、全使用。

借鉴意义

做好顶层设计,促进任务落实。交通运输部会同相关部委印发《关于建立健全长江经济带船舶和港口污染防治长效机制的意见》,建立季度调度制度,确保了长效机制任务措施的落实。

提供试点示范,促进绿色转型。长江经济带港口已基本实现了船舶污染物接收设施全覆盖,其中生活垃圾免费、生活污水部分免费接收,有些地区探索采用政府购买服务模式开展船舶污染物接收。船舶污染物联合监管与服务信息系统已覆盖长江经济带内河码头,基本覆盖了到港中国籍船舶。长江经济带船舶和港口污染防治为水路污染防治提供了试点示范。

案例执笔人和素材提供人

交通运输部水运科学研究院杨献朝

碧海行动贯彻绿色发展理念，做好海上"污染防治攻坚战"示范

案例摘要

"碧海行动"是交通运输部贯彻习近平生态文明思想，落实绿色发展理念，坚决打好污染防治攻坚战，切实保护海洋生态安全的重要举措，是进一步落实《交通强国建设纲要》和《国家综合立体交通网规划纲要》，推动绿色交通和可持续发展的关键一招，也是减少污染存量的民生工程，对清洁海洋、促进海洋经济发展意义重大，为加快建设交通强国作出了重要贡献。

关键词

绿色发展、污染防治、海洋生态安全

做法与成效

因在渤海海域出现不明来源的油污漂浮带、部分地区油污上岸，且2011年以来污染情况愈发严重，作为船舶污染防治的主管部门，交通运输部向国务院呈送了请示，申请开展"碧海行动"，彻底清除沉船溢油对环境的污染，得到了国务院批准。

2013年，交通运输部开始在渤海海域组织实施"碧海行动"计划。2019年，"碧海行动"计划由渤海海域推广至全国。截至2019年底，交通运输部共计打捞了障航、高污染风险沉船82艘（其中黄渤海海区69艘、南海海区4艘、东海海区9艘）。

"碧海行动"计划实施以来，随着沿海大量沉船陆续清除，近海水质逐步改善，海洋环境污染风险和渔业生产威胁有效缓解，沿海港口发展条件和海上船舶通航条件明显改善，经济和社会效益显著。

（一）有效清除了海洋环境污染风险

"碧海行动"计划有效清除了沉船存油泄漏风险源，极大降低了海上船舶油污风险，提高了海洋自然环境的均衡净化循环和可持续发展能力，保护了海洋生态环境，渤海近海水质变差趋势已得到有效遏制。据《2018年中国生态环境状况公报》，渤海近海水域一、二类海水比例由63.2%上升至76.5%，四类、劣四类海水比例由20.4%下降至13.6%。

（二）明显改善了海上通航环境

"碧海行动"计划实施以来，截至2019年底，交通运输部共打捞清除位于航道、锚地、习惯航路等功能区附近的沉船82艘，畅通了海上航运通道，优化了船舶航路，为沿海地区经济社会发展创造了更加安全便捷的通航环境。

(三) 有力保障了海洋经济发展

利用较少的资金集中打捞清除沿海沉船,节省了对沉船的经常性扫测费用,同时节约了大型船舶绕行的时间成本和费用开支,为航运、渔业、旅游和能源经济发展提供了保障和便利。

(四) 有效锤炼了海上专业应急打捞队伍

各打捞局在海上天气复杂多变、有效作业时间短、工程技术复杂、沉船沉没时间长、图纸资料缺失、船体强度差、淤埋深等困难条件下,抽调大量专业救捞船舶、技术装备、工程技术人员、潜水员,攻坚克难完成了"碧海行动"计划目标,锻炼了队伍,检验了装备,提升了应急抢险打捞能力。实践证明,利用少量的财政资金,依托国家专业救捞队伍对海洋污染存量进行清除打捞,是最为理想和高效消除海上环境污染的举措。

案例执笔人

交通运输部救助打捞局付冬东、郑云亮

材料提供人

交通运输部救助打捞局张立山、张洲卿

节能降碳减污协同增效,生态环境质量持续改善

案例摘要

交通运输节能减排工作是交通运输部深入贯彻习近平生态文明思想,坚决打好污染防治攻坚战,落实"绿水青山就是金山银山"重要理念,推动交通运输转型升级的重要举措,对交通运输行业优化能源结构,提高能源利用效率,实现节能降碳减污协同增效,促进生态环境质量持续改善具有重要意义。

关键词

节能减排、低碳、绿色发展

做法与成效

2011年,交通运输部印发《公路水路交通运输节能减排"十二五"规划》,提出要不断深化"车、船、路、港"千家企业低碳交通运输专项行动,深入推进低碳交通运输体系建设研究工作。

2013年,交通运输部印发《加快推进绿色循环低碳交通运输发展指导意见》,首次针对铁路、公路、水路、民航和邮政各领域绿色发展作出统筹安排和总体部署,明确提出要加快建成资源节约型、环境友好型交通运输行业,实现交通运输绿色发展、循环发展、低碳发展。为鼓励引导交通运输企业应用先进适用的节能低碳新技术,交通运输部发布了《交通运输行业节能低碳技术推广目录》,涵盖了道路运输、船舶运输、公路、港口和航道5大领域。

此外,交通运输部组织开展了低碳公路建设评价指标体系,公路建设、运营及养护能效和二氧化碳排放强度等级及评定方法,公路交通基础设施节能减排项目温室气体减排量核证方法(ETC和温拌沥青项目)等研究,出台了《绿色循环低碳公路考核评价指标体系(试行)》《交通运输节能减排专项资金申请项目节能减排量或投资额核算技术细则》,研究建立了绿色交通制度框架和指标体系。

自2011年交通运输节能减排工作实施以来,交通运输部启动了三批共22个绿色循环低碳公路主题性项目,里程累计达到4300公里,如京港澳高速公路河北京石段和石安段、吉林省鹤大高速公路、广东省广中江高速公路、青海省花久高速公路等,获得了首批专项资金支持。交通运输节能减排专项资金累计支持了六批共896个部级节能减排示范项目。

在新能源和清洁能源运输装备应用方面,交通运输部严格实施能源消费总量和强度双控制度,着力提升交通运输综合效能。截至2019年底,全国铁路电气化比例达到71.9%,新能源公交车超过40万辆,新能源出租汽车超过14万辆,新能源城市物流配送车超过43万辆,天然气运营车辆超过18万辆,LNG动力船舶建成290余艘,机场新能源车辆设备占比约14%,飞机辅助动力装置替代设施全面使用,邮政快递车辆中新能源和清洁能源车辆的保有量及在

重点区域的使用比例稳步提升。全国942处高速公路服务区内建成运营充电桩超过7400个；全国港口建成岸电设施5800多套，覆盖泊位7200余个。交通运输部实施了绿色出行续航工程，大力推进长江经济带运输船舶、渤海湾和琼州海峡省际客滚以及沿海内贸大型干散货船舶靠岸使用岸电；推进了快递物流包装绿色转型。

案例执笔人

交通运输部公路科学研究院王丹、梁天闻

素材提供人

交通运输部公路科学研究院邵社刚

实施绿色公路建设，助力人与自然和谐共生

案例摘要

2016年，交通运输部在进一步总结"六个坚持、六个树立"的勘察设计理念，深入开展现代工程管理和施工标准化活动的基础上，印发了《关于实施绿色公路建设的指导意见》，并启动了一批绿色公路试点工程建设。实施绿色公路建设，是交通运输行业贯彻创新、协调、绿色、开放、共享的新发展理念，支撑交通强国建设，实现行业转型升级的重要举措。

关键词

绿色公路建设、公路高质量发展

做法与成效

自2016年以来，交通运输部启动了三批共33条绿色公路建设典型示范工程，项目类型涵盖了高速公路、独立大桥及普通国省干线公路，项目性质包括了新建和改扩建。截至2020年底，延庆至崇礼高速公路北京段、银川至昆明高速公路昆明至磨憨联络线小勐养至磨憨段、沈阳至海口高速公路莆田至炎陵联络线广昌至吉安段等10个部级绿色公路典型示范项目建成通车试运营。同时，湖南、广东、河南及四川等16省（自治区、直辖市）开展了省级绿色公路建设试点示范工作，福建省深入推进了绿色公路建设与品质工程打造协同创建的"双创"行动。为更好推动绿色公路建设，2019年交通运输部公路局出版了《绿色公路建设技术指南》，系统总结了绿色公路的理念内涵，聚焦设计和施工的相关专业领域，阐释绿色公路建设的技术方案，突出绿色和智慧发展理念，进一步完善了绿色公路建设的技术支撑体系。

2020年，交通运输部陆续批复了湖南、河南、河北、湖北、浙江等19个省（自治区、直辖市）的交通强国建设试点实施方案，这些省（自治区、直辖市）试点方案均提出了推进绿色交通发展，贯彻节能环保低碳发展理念，降低用能成本，优化能源消费结构等内容，绿色公路发展进入了交通强国建设试点的新阶段。

借鉴意义

这些典型示范工程在工程建设特点与难点、沿线区域生态环境保护、路网功能定位、设计施工管理等方面均具有一定的代表性，充分发挥了绿色公路试点示范的引领和带动作用，为全行业推动绿色公路发展积累了宝贵的经验。

一是探索推进了工业化建造，将绿色与品质结合，共同提高工程品质。

二是推广应用了钢结构桥梁和建筑信息模型（BIM）技术，与智慧公路建设相结合，推动了公路发展的"质变"。

三是完善了公路旅游服务功能，促进交旅融合发展，充分考虑了旅游公路和旅游风景道的

建设要求。

四是因地制宜,准确把握区域环境、建设条件和工程特点,明确了项目定位、特色、措施和重点任务,不盲目加大投入、增加投资。

五是完善了绿色公路建设和公路高质量发展的相关管理制度,形成了长效机制。

同时,绿色公路示范工程的建设过程注重"四新"技术的研发与应用,大力推广应用先进适用技术和产品。动物通道设置,废旧材料再生循环利用技术,隧道节能照明和太阳能光伏发电等节能技术,清洁能源、装配化施工、绿色服务区建设等大量"四新"技术得到广泛推广,有力支撑了绿色公路建设。

案例执笔人

交通运输部公路科学研究院邵社刚、梁天闻

素材提供人

交通运输部公路科学研究院王丹

津冀沿海打造绿色低碳港口

案例摘要

党中央高度重视港口发展，津冀沿海黄骅港、天津港牢固树立"建设绿色港口，共享碧海蓝天"的环保理念，以"双碳"政策为指引，坚持人-港-自然和谐可持续发展。黄骅港是我国重要的煤炭装船港，以国能黄骅港务有限责任公司为代表的港口企业，探索出了一条能源输出港的特色环保发展之路。黄骅港通过自主研发环保技术，建立了覆盖全港的生态治理体系。天津港是《国家综合立体交通网规划纲要》确定的国际枢纽海港之一，以天津港（集团）有限公司为龙头的港口企业，牢固树立绿色发展理念，采用新型工艺模式和堆场平行码头的边装卸方案，建成了全球首个零碳码头智慧绿色能源系统。

关键词

绿色港口建设、环保新技术、零碳码头

做法与成效

一是加强领导，高度重视。黄骅港、天津港深入贯彻习近平总书记关于港口发展的一系列指示精神，全面落实《交通强国建设纲要》《国家综合立体交通网规划纲要》要求，依托体制机制改革、充足的资金投入和高效的组织保障，实现了环境保护和经济发展双赢的可持续型发展。

二是坚持创新和自主研发。黄骅港通过自主创新研发环保新技术，突破了北方冬季0℃以下无法进行湿法除尘等行业治污瓶颈，使粉尘无组织排放减少98%，实现了港区粉尘超低排放。天津港不断攻关，成功解决了自动化集装箱码头垂直布置端装卸作业模式不适合我国传统码头自动化改造升级的问题，平均单箱能耗降低20%，综合运营成本下降10%。

三是科技引领，推进新基建。黄骅港在煤炭筒仓工艺、长效抑尘、中水循环、智能化控制等多个方面，综合应用物联网、5G、大数据等技术，取得了良好的成效，绿色安全评价在《中国港口高质量发展报告（海港篇）2019》中排名第一。天津港依托无人驾驶和北斗厘米级高精定位技术，全球首创"堆场水平布置边装卸+单小车地面集中解锁"工艺，有效提升了水平运输组织自动化、智能化水平。

四是多措并举，节能减排。黄骅港岸电接驳率为同类港口最高，碳减排量、粉尘监测值、综合能耗等生态环保指标达到国内外领先水平，花园式港口绿化率超30%，被认定为国家AAA级工业旅游景区。"两湖三湿地"系统可实现水污染物零排放，年循环利用水资源超过400万立方米、节约水费超过1800万元，同时可有效防范极端天气海域环境污染；"煤粉尘回收制饼"每年可减少煤炭货损340万元。天津港C段自动化码头成为全球首个100%使用电能，电能100%为风电、光伏等绿色电能，且绿色电能100%自给自足的零碳码头，率先实现了能源生产和消耗两侧的二氧化碳"零排放"。

借鉴意义

以煤炭为代表的能源外运和北方国际航运中心建设,是津冀沿海港口群的两大突出特色,黄骅港、天津港等港口坚持绿色发展理念,重视创新、依托科技、不断投入、多措并举,形成了能源输出型港口大宗干散货运输低碳工艺、国际枢纽海港传统集装箱码头智慧绿色改造的宝贵经验,为其他港口的绿色发展提供了十分有益的启示和借鉴。

案例执笔人

交通运输部规划研究院丁文涛、孙路

素材提供人

沧州市港航管理局王晖,天津港(集团)有限公司王轩

第九章

综合交通运输治理

主动融入国土空间规划"一张图"，多措并举优化交通运输规划

案例摘要

2019年5月，中共中央、国务院发布《关于建立国土空间规划体系并监督实施的若干意见》，要求强化国土空间规划对各专项规划的指导约束作用。国务院及各省级人民政府由自然资源部门牵头陆续开展了国土空间规划编制和"三区三线"划定工作，统筹安排各类空间资源要素和建设活动。交通运输与国土空间存在紧密联系，一方面，交通基础设施是国土空间的一部分，其规模与布局需要符合国土空间保护相关要求；另一方面，交通基础设施起着串联"三生"空间的作用，是国土空间变化的重要驱动力。交通运输规划作为国土空间规划的专项规划，需要主动融入国土空间规划"一张图"，推动构建国土空间开发保护新格局。

关键词

国土空间规划、"三区三线"、交通运输规划

做法与成效

在国土空间背景下，交通运输部门多措并举优化了交通运输规划体系和方法。

一是内外协同编制综合立体交通网规划。在《国家综合立体交通网规划纲要》及各省市综合立体交通网规划纲要编制过程中，交通运输部门与自然资源部门密切沟通，推动了综合立体交通网规划和同级国土空间规划的同步衔接，特别是在用地用海供给、"三线"（生态保护红线、永久基本农田、城镇开发边界）划定、自然保护地优化调整与管理政策制修订等方面进行了有效互动。

二是开展交通基础设施国土空间控制规划。为加强与国土空间规划对接和"三区三线"划定协同，交通运输部于2018年7月印发了《关于做好交通基础设施国土空间控制规划有关工作的通知》，指导督促地方交通运输部门以国家及省级公路为重点，形成工可深度、1∶5万比例尺的工程选线，加强土地资源节约集约利用，避让和保护生态保护红线、永久基本农田等空

间要素。

三是加快推进交通项目在国土空间规划中上图入库。为加强国土空间规划与交通规划的协调统筹,有效发挥交通基础设施建设对国土空间布局优化和区域协调发展的支撑作用,支持交通投资依法依规加快落地,自然资源部办公厅、交通运输部办公厅于2022年7月印发了《关于加快推进公路水运类规划建设项目纳入国土空间规划"一张图"的通知》,指导地方交通运输部门和自然资源部门将公路、港口、航道项目纳入国土空间规划"一张图",做好交通基础设施与耕地和永久基本农田、生态保护红线的统筹,并在国家级规划"一张图"系统中建立了重点项目库,协调解决空间冲突矛盾。

四是深入推进交通规划环境影响评价工作。按照环境影响评价相关法规要求,针对各级各类交通运输规划项目,根据国土空间和生态环境保护需要,相关部门开展了不同形式的规划环境影响评价工作,推动了规划规模与布局优化,推动落实了项目环境评价、环境监理、跟踪评价、生态修复与补偿等工作,全面加强了资源环境敏感区域保护修复。

借鉴意义

面向国土空间开发保护的交通运输规划优化具有多方面的积极成效。

一是能有效节约利用土地资源,科学制定规划交通基础设施目标任务和建设规模,提高综合交通基础设施土地资源共用比例,提升交通基础设施土地资源利用效率,降低交通用地总量。

二是能有效预留交通基础设施空间资源,在各级国土空间规划中,使交通运输用地指标得到较充分保障,港口围填海指标取得一定突破,公路、航道等线性交通工程可有条件穿越相关生态敏感区域。

三是能有效保护重要敏感国土空间,通过优化交通基础设施空间布局,采用隧道或桥梁等"无害化"设计,减少对国土空间和生态系统的占用和分割,可提高对生态保护红线、自然保护地、基本农田的保护水平。

四是能有效推动国土空间开发保护新格局构建。依托"六轴七廊八通道"的国家综合立体交通网主骨架,我国正在构建以京津冀、长三角、粤港澳、成渝"四极"为核心,综合运输大通道为骨架的"钻石型"国土空间。

案例执笔人和素材提供人

交通运输部规划研究院朱高儒

以"标准化"引领综合客运枢纽高质量发展

案例摘要

"十三五"时期,交通运输部强化综合客运枢纽标准化建设,以标准引领枢纽一体化建设发展,相继发布了《综合客运枢纽术语》《综合客运枢纽换乘区域设施设备配置要求》《综合客运枢纽通用要求》《综合客运枢纽分类分级》《综合客运枢纽服务规范》《综合客运枢纽公共区域总体设计要求》《综合客运枢纽导向系统布设规范》等行业标准,填补了综合客运枢纽标准空白,为综合客运枢纽建设提供了技术支撑。

关键词

综合客运枢纽、标准制度、便民换乘

做法与成效

综合客运枢纽系列标准自发布以来,在行业中得到了广泛应用,指导了全国 118 个综合客运枢纽的规划、建设、运营与管理工作,全国一体化综合客运枢纽占比较"十三五"末提升了 30% 左右。北京大兴国际机场等一批新建综合客运枢纽换乘距离进一步缩短,80% 的枢纽基本实现了 200 米内便捷换乘。既有综合客运枢纽设置完善了自动步行道、风雨廊道等换乘接驳设施,换乘环境进一步改善。通过建设和优化配置无障碍设施设备和便民设施,提高了特殊人群出行便利程度,创造了适老化、无障碍出行环境。通过规范统一、连续、明晰的枢纽导向标识系统,旅客换乘效率进一步提高。天津站、北京西站等具备条件的综合客运枢纽实现了铁路与城市轨道交通安检流程优化,旅客出行体验明显改善。枢纽运营主体、第三方平台积极探索空铁、公铁旅客联程运输"一票制",旅客出行便利化程度大幅提升。

借鉴意义

一是注重系统谋划。交通运输部印发了《综合交通运输标准体系》,根据综合客运枢纽统一规划、统一设计、统一建设、协同运营等发展要求,系统梳理了综合客运枢纽重点标准需求,合理界定了各领域标准范围,指导了标准制定工作。

二是注重凝聚共识。在标准制定过程中,交通运输部全面吸纳公路、铁路、民航等各领域专家参与标准起草,充分听取行业管理部门、企业及社会公众等各方面的意见,紧密结合交通运输部"十三五"期间综合客运枢纽政策要求开展各项工作,推动了我国综合客运枢纽一体化建设。

三是注重宣传贯彻。交通运输部通过强化标准宣贯培训,使相关建设和设计单位更加积极贯彻落实标准技术要求,有力促进了综合客运枢纽高质量快速发展。

案例执笔人

交通运输部科学研究院王明文、王显光

素材提供人

交通运输部科技司赵晓辉,交通运输部科学研究院王明文、王显光

服务构建新发展格局,建设全要素"大交管"基础型

案例摘要

为准确把握新发展阶段,深入贯彻新发展理念,加快构建新发展格局,推动"十四五"时期水上交通安全保障体系的高质量发展,促进水上安全监管治理能力现代化建设,交通运输部海事局提出了构建全要素"水上大交管"的总体要求。监管指挥系统工程作为推进全要素"水上大交管"建设和贯彻落实新海安法的标志性工程,是建设全要素"水上大交管"的起步项目,有必要统一思想、坚定方向、明确措施,加快推进。

关键词

全要素"水上大交管"、水上交通安全保障体系、监管指挥平台

做法与成效

根据"统一开发,复制推广"的总体建设思路,按照打造全要素"水上大交管"基础型的工作目标,交通运输部海事局成立专班统筹推进监管指挥系统建设。在充分调研各单位监管指挥系统功能需求的基础上,落实"统一功能模块、统一业务界面、统一软件架构、统一数据格式、统一接口标准"要求,制定了《海事综合监管指挥系统工程总体方案》,组织开展了系统详细设计和软件功能开发等,打造了全要素"水上大交管"基础应用平台、海图基础平台、数据基础平台和通信基础平台。

推进全国统一的监管指挥平台建设,为各级水上"大交管"智能化运行提供了支撑。根据水上、区域水上"大交管"业务要求,全面掌控各类船舶全生命周期和航行全轨迹周期、船员全职业周期、货物全流转周期、通航环境全演变周期,为船舶、人员及其活动的安全态势提供智能化分析研判和风险预警,为海事现场执法提供精准查违纠违建议,对船舶违章和隐患问题作出智能分析和自动提醒,全面提升了海事现场执法精准度。

监管指挥平台实现了自上而下、分级管理、分层展示海事服务,能充分展现五星旗、中资方便旗船舶全球航行,我国战略物资全球航线的"一球全景",沿海和内河通航水域的"一国全景",京津冀、长三角、粤港澳大湾区等重点水域、重大涉水工程的"一域全景",重要港口的"一港全景",航运公司的"一司全景",船员的"一船全景""一员全景"等内容。平台全面提升了海事管理机构在船舶动态全面掌控、水上交通安全风险防控、现场监督检查、动态指挥畅通协同、应急突发事件有效处置、通航保障有力等各方面的海事监管服务能力,优化了"跨层级、跨部门、跨区域"应急联动的体制机制,实现了应急指挥工作"看得见、听得到、通信畅通、指挥畅通"。

案例执笔人

交通运输部海事局赵培雪

素材提供人

交通运输部海事局徐斌胜、迟俊

交通基础设施投融资政策创新案例

案例摘要

党的十九大以来,各级交通运输部门按照党中央、国务院关于深化财税体制改革、投融资体制改革的决策部署,结合行业实际情况,持续推进交通运输投融资改革与创新,加快推动交通强国建设,促进了交通运输高质量发展。本例通过介绍江苏、新疆地区的典型项目做法,阐述在公路水路交通基础设施领域的投融资创新举措,可供其他地方开展交通投融资工作借鉴参考。

关键词

投融资创新、水运投融资改革、公路 PPP 模式

做法与成效

(一) 省市合力,推进水运枢纽船闸投融资改革

为解决水运建设项目财政资金投入不足、管养效率不高等问题,江苏省交通运输厅联合省发改委、常州市政府及有关部门,经江苏省政府批复,开展"常州德胜河魏村枢纽船闸投融资改革"试点。通过省市联动,完善综合改革思路,提出了"明确常州市为魏村枢纽扩容改造建设责任主体,所需投资除中央专项建设资金、省级航道建设资金外,不足部分由常州市明确国有交通投融资主体进行投资,按照市场化方式多渠道依法融资筹措资金"等综合改善思路。多次召开座谈会,邀请代表企业、船民参加,深入听取各方意见,齐心协力共建人民满意交通。创新收费机制,助推市场化融资,通过收费机制创新助推项目市场化融资发展,由项目法人常州交投船闸管理公司作为贷款主体申请银行贷款。省市合力,推进了水运枢纽船闸投融资改革。

(二) 抢抓机遇,用好政府和社会资本合作(PPP)机制拓宽公路融资渠道

新疆各级交通运输部门抢抓机遇,主动作为,按照交通高质量发展要求,落实执行"政府主导、社会办交通"的指示要求,采取"政府规划、政策引导、分级负责、市场运作"的方式,因地制宜设计项目投融资结构,大力推进 PPP 模式,将公路 PPP 项目投融资结构设计为"BOT(建设运营转让)+ EPC(设计采购施工总承包)+ '一路一价'政策 + 政府可行性缺口补贴",在此基础上,财政、发改、交通等部门加大协作和服务力度,形成了一套行之有效的审查审批流程办法,广泛吸引了中国交建、中国中铁、中国铁建、中国电建、中国能建等众多大型央企投资新疆、建设新疆,累计吸引社会资金 1500 多亿元。新疆初步构建了"投资主体多元化、政府投资规范化、融资渠道市场化、项目管理专业化"的现代化交通投融资体系,有力拓宽了公路融资渠道。

借鉴意义

(一) 完善机制推动多方联动，凝聚改革创新合力

江苏省交通运输部门积极争取省政府支持，充分联合省发改、财政、司法等部门力量，调动常州市政府及相关部门积极性，由省政府批复明确由市级企业作为项目法人实施，通过调整收费性质和收费分配使用方式，充分挖掘船舶过闸费现金流潜力，实现了项目市场化运作和商业融资落地。新疆交通运输部门联合财政、发改等其他部门，拧成一股绳，齐心合力建立了一套PPP项目审核把关的流程和方法，共同推动了项目高效落地。

(二) 用好试点机制先行先试，为改革积累宝贵经验

江苏省交通运输部门在"常州德胜河魏村枢纽船闸投融资改革"试点基础上，研究提出了4个"短名单"推荐项目，积极扩大改革试点范围。新疆各级交通运输部门及时总结PPP模式实践做法，持续推动了一批公路PPP项目落地，有效破解了资金难题。

(三) 广泛参与凝聚人心，增强人民群众获得感

江苏省在水运投融资改革过程中充分听取相关方的意见和建议，有效减轻了船运企业及船民过闸和税费负担，得到了服务对象和人民群众的欢迎和支持，确保了改革的顺利推进。

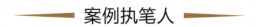

案例执笔人

交通运输部科学研究院翁燕珍、褚春超

素材提供人

江苏省交通运输厅秦义林、孟令达

交通运输行业科技创新人才推进计划

案例摘要

为落实《国家中长期人才发展规划纲要（2010—2020 年）》《国家中长期科技人才发展规划（2010—2020 年）》相关部署，科技部在"十二五"和"十三五"期间牵头实施了创新人才推进计划，并对接中共中央组织部国家高层次人才支持计划。为对接国家和科技部相关人才计划，加快发现和培养行业优秀科技人才，交通运输部于 2014 年启动实施了交通运输行业科技创新人才推进计划，自 2015 年起面向行业组织申报遴选工作，具体工作由交通运输部科技司会同人教司组织实施。

关键词

创新人才推进计划、人才培养、行业科技创新

做法与成效

2015 年起，交通运输部每年面向各省级交通运输主管部门、各共建高校及具有优势交通学科的高校、部属各单位和有关企业发布年度人才计划申报遴选工作的通知，经组织专家开展网评和会议答辩评审，遴选若干年度行业中青年科技创新领军人才、重点领域创新团队和创新人才培养示范基地，并在入选者中择优推荐申报相关国家级人才计划。同时，在行业科技创新规划研究、科技政策咨询、重大科技需求论证、行业科技评审、重大科研任务委托、国家科技计划专家推荐等工作中，注重发挥入选人才作用，为行业人才的培养使用提供了广阔平台。

交通运输行业科技创新推进计划实施以来，共遴选出约 100 名行业中青年科技创新领军人才、约 50 支重点领域创新团队和 20 多家创新人才培养示范基地。入选者中已有十余名专家入选国家高层次人才特殊支持计划、教育部"长江学者"等国家级人才计划，大连海事大学入选科技部创新人才培养示范基地，一批年富力强的创新领军人才加快涌现，大批优秀的科技人才脱颖而出，一支技术结构比较合理、门类基本齐全的科技创新人才队伍茁壮成长，为行业科技创新增添了强大动力。

特别是近年来，交通运输行业科技创新人才推进计划坚持"聚天下英才而用之"的思想，开放选才用才，除部属科研单位和高校、共建高校外，还面向清华大学、上海交通大学、同济大学、东南大学、北京航空航天大学、哈尔滨工业大学等国内具有交通优势学科的重点高校和华为、百度、腾讯、阿里等高技术企业开放推荐渠道，在应用基础研究和交叉学科领域遴选了一批行业迫切需要的高质量科技人才，深入参与行业科技创新工作，较好地发挥了领军作用。

同时，在实施人才计划过程中，交通运输部深入贯彻落实中央科技改革精神，特别是"三

评"改革意见要求,开展人才分类评价,破除人才评价中的"四唯"倾向,确保了人才计划选才用才符合相关科技人才政策要求和行业加快建设交通强国、构建国家综合立体交通网的科技需求,为落实国家战略和行业中心工作提供了有力的人才支撑。

案例执笔人

大连海事大学匡海波、贾鹏

素材提供人

交通运输部人事教育司钱大军,交通运输部科技司张成,大连海事大学弓永军

推动中央科技改革举措先行先试,激发创新创造活力

案例摘要

科技是第一生产力,创新是第一动力。党的十八大以来,习近平总书记高度重视科技创新工作和交通运输工作,多次强调要加快建设科技强国、交通强国。交通运输行业牢牢把握交通"先行官"定位,以推动重大科技研发应用和强化科技创新体系建设为重点,坚持科技创新和体制机制创新双轮驱动,全面提升交通运输科技创新水平和创新能力,取得了一批国际领先、实用性强的重大科技成果,不断推动交通发展由依靠传统要素驱动向更加注重创新驱动转变,为交通当好中国现代化的开路先锋提供了强有力的科技支撑。

关键词

科技改革"先行官"、交通科技、改革创新

做法与成效

交通运输部高度重视科技创新工作,从以下方面不断推动交通发展由依靠传统要素驱动向更加注重创新驱动转变。

一是注重系统谋划。坚持远近结合、统筹部署,交通运输部联合科技部出台了《关于科技创新驱动加快建设交通强国的意见》《交通领域科技创新中长期发展规划纲要(2021—2035年)》《"十四五"交通领域科技创新规划》系列文件,构建了以科技研发为重点、以平台建设和人才培养为基础、以创新环境营造为保障、以试点示范为引领的科技创新体系,系统谋划了"十四五"及中长期交通运输科技创新工作。

二是注重部门协同。通过建立一部三局技术创新联席会议机制,将铁路、民航、邮政重点技术需求融入交通运输科技规划和纲要,引领了综合交通各种运输方式一体化融合发展。与科技部签订战略合作协议,共同推动了交通运输科技规划纲要编制、重点技术攻关、先进技术应用、国际科技合作与战略科技力量建设,并引导了广西、浙江、陕西、甘肃、重庆等地方交通运输主管部门深化"科交协同"制度。

三是注重改革创新。积极推动中央科技体制机制改革举措在行业落地实施,制定实施了深化科技体制机制改革、促进科技成果转化、加强科学技术普及、统筹行业科技资源的政策举措,切实激发了行业创新创造活力。大胆探索科技管理新模式,实施交通运输行业重点科技项目清单管理制度,建立了交通运输重大科技创新成果库,形成了适应中央改革趋势和加快建设交通强国需要的科技组织模式。

四是注重全链条创新。建立了涵盖基础研究和应用基础研究、技术研发、成果转化应用、产业自主发展的一体化、全链条创新链,建设了交通基础设施长期性能科学观测网和行业野外观测研究基地,可为揭示交通领域自然规律提供基础服务;联合科技部实施了一批国家重点科

技专项,推动了行业重点科技攻关;组织实施了自动驾驶、智能航运先导试点和交通运输科技示范工程,推动了先进技术集成创新示范应用;开展了交通运输关键核心技术攻坚,掌握了产业发展主动权。

交通运输科技创新已取得诸多成效,为交通当好中国现代化的开路先锋提供了强有力的科技支撑。

一是基础设施建造和交通装备制造技术能力大幅提升,为加快建设交通强国提供了"硬核"支撑。交通基础设施建造技术实现整体跃升,港珠澳大桥、北京大兴国际机场、川藏铁路拉林段、长江南京以下12.5米深水航道等世界级工程项目建成投用。交通装备技术自主创新取得重大突破,时速600公里高速磁浮试验样车下线;C919飞机获颁型号合格证并投入商用;智能船舶"大智号""凯征号"交付使用,"天鲲号"成功试航;圆满完成了500米饱和潜水陆基载人实验,沉船整体打捞能力达到世界先进水平。

二是智慧绿色技术广泛应用,科技支撑交通现代化作用更加凸显。京张高铁成为世界首条时速350公里的智能高铁;自动驾驶测试里程超过1000万公里,商业化试运营迈出新步伐;自动化码头已建和在建规模均居世界第一,长江数字航道联通运行;智慧民航、智慧邮政建设向纵深推进;自动分拣中心在快递物流领域广泛应用。在用新能源汽车规模成为世界第一,营运车辆超过100万辆;靠港船舶使用岸电、路用材料循环利用等绿色低碳技术持续深化应用。

三是交通科技创新能力不断提升,国家级科技领军人才和创新平台建设取得了新的突破。持续实施的交通运输行业科技创新人才推进计划遴选了100余名中青年科技领军人才、50余个重点领域创新团队,一批交通领域科技工作者当选两院院士。国家科技创新平台建设取得新突破和入选了3个国家工程研究中心和3个国家野外科学观测研究站。

四是交通科技体制机制改革不断深化,为加快建设交通强国、科技强国增添了新动能。联合科技部实施了综合交通运输与智能交通、交通基础设施、交通载运装备与智能交通技术等一批交通领域国家重点研发计划专项,中央财政科研经费支持超过40亿元。持续推动科技成果应用,实施了交通运输科技示范工程50余项,启动了自动驾驶和智能航运先导应用试点项目18项。印发实施《交通运输部促进科技成果转化办法》,推动了部属单位科技成果转化6525项。

案例执笔人

交通运输部科学研究院费文鹏

素材提供人

交通运输部科技司汪水银、邢凡胜

"四好农村路"高质量发展案例

案例摘要

为深入贯彻习近平总书记关于"四好农村路"的重要指示批示精神,解决制约农村公路建设、管理、养护、运营高质量发展的瓶颈,以浙江、辽宁、河南、贵州、新疆为代表的多个省份,在党建引领推动"四好农村路"发展,统筹推进农村路建设,以"路长制"为基础创新农村公路管养体系,推动群众参与农村公路发展,"农村公路+"文化、产业、旅游融合发展等方面探索了一些好的做法,取得了较为显著的成效,让农民群众感受到了实实在在的获得感、幸福感,为实施乡村振兴战略、推进农业农村现代化、助力农民农村共同富裕奠定了良好基础。

关键词

党建引领、统筹推进、路长制、融合发展

做法与成效

(一)案例背景

"四好农村路"是习近平总书记亲自提出、亲自推动的一项重大民生工程、民心工程、德政工程。交通运输部深入贯彻习近平总书记关于"四好农村路"重要指示精神,认真落实党中央、国务院决策部署,着力消除制约农村发展的交通瓶颈,全面推进了"四好农村路"建设。各省积极探索"四好农村路"发展路径,从本省发展阶段和实际需求出发,呈现了很多好的做法和较为突出的发展成效。党的十八大以来,农村公路发展取得了历史性成就,随着农村公路网的不断延伸,激活了产业发展潜力,搞活了乡村旅游经济,将农村地区的资源优势转化为经济优势、发展优势,使产业兴旺的基础更加牢固,农民群众感受到了实实在在的获得感、幸福感,为实施乡村振兴战略、农业农村现代化、城乡共同富裕奠定了良好基础。

(二)典型做法和经验

1. 坚持党建引领,推动"四好农村路"高质量发展

浙江嘉兴市南湖区以红色基因为特色,加强基层党组织建设,发挥基层党员先锋模范作用,推动"四好农村路"高质量发展。坚持建设与管养并重、生态与富民并举、社会效益和经济效益并行,走出了一条"党建强,公路美、产业旺、乡村兴"的新路子。建设了以"精神传承、使命永恒"为主题的30公里党建引领"四好农村路"精品线,深入挖掘凸显精品线红色元素,打造红色公路驿站,设置了集补给供应、旅游休闲和文化阅读等为一体的多功能区,成为群众的"温馨驿站"。

2. 统筹推进,提升农村公路服务质量

县级人民政府是农村公路的责任主体,"四好农村路"的建设工作需要多个部门统筹安排、协同推进。为提升农村公路服务质量,辽宁省本溪市本溪县委、县政府成立了工作领导小组,积极发动乡镇政府、驻村第一书记和农民代表共600余人广泛开展了农村公路底数和百姓出行需求调研,并根据调研成果、道路功能属性等,因路制宜,逐一确定技术标准和结构组合,同时,统筹县公共财政资金、交通专项补助资金、财政一事一议奖补资金等各类涉及农村道路建设资金,合力推进了农村公路建设。

3. 以"路长制"为基础,创新农村公路管养体系

2020年,交通运输部印发了《关于全面做好农村公路"路长制"工作的通知》(交公路发〔2020〕111号),各地积极推动农村公路"路长制",不断创新和完善农村公路管养体系。河南省兰考县全面推进"路长制",并推行路政与养护联勤联动、协作共治。引进了农村公路养护公益岗位,优先聘用低收入人群,配备公益岗护路员2592名,全域实现了农村公路网格化管理。县乡村道路经常性养护率达100%,农村公路实现了"全路无垃圾、行车无扬尘"。

4. 鼓励农民群众参与,推动共商共建共管共享

我国农村公路量大面广,线路短、分布散,推动"四好农村路"高质量发展,离不开广大农民群众的参与和支持。贵州省黔南州长顺县探索建立了"发展大计与人民共商、美丽家园与人民共建、社会事务与人民共管、发展成果与人民共享"的"四共"发展机制,通过"院坝会"、农民讲习所等方式,充分听取群众意见,积极宣传党的好政策。在建设上,群众主动投工投劳,全程参与和监督。在管养上,成立乡、村交管所(站),实现了农村公路政府主导养、党员示范养、群众志愿养。在运输上,推行城乡公交一体化改革,实现了建制村100%通硬化路、通客运、通邮和快递。

5. 积极开展"农村公路+",创新融合发展模式

农村公路是农村地区的重要基础设施,对农村地区经济社会发展具有积极的基础性、先导性作用。新疆阿克苏地区新和县坚持围绕产业发展助力群众稳定脱贫这一主线,制定了"产业路"攻坚计划,将产业路与村民家门口、田间地头有机结合,降低了运输成本,获得了直接经济效益。自2018年开始,按照全县产业规划将养殖产业道路建设前置,对产业园区外老旧农村公路进行了改造升级,做到了"养殖小区到哪里,路就修到哪里"。

(三) 案例创新

各省在"四好农村路"高质量发展过程中,形成了一系列创新性成果。

一是积极推动党建引领,挖掘本地特色文化,将红色文化与农村公路相结合,进而发挥党员先锋作用,推动了"四好农村路"发展。

二是将"自上而下"的建设计划编制模式改为"自下而上",真正做到了问需于民,修百姓想修的路,切实将以人民为中心的发展理念落到了实处。

三是以"路长制"推进为契机,整合多个部门力量,协同推进农村公路发展,改变了以往各部门"各自为战"的局面,合力推进了"四好农村路"高质量发展。

四是建立了群众参与的长效机制，创新工作方式，充分听取群众意见，积极宣传党的好政策，推动了群众主动投工投劳、让土让田，全程参与建设、养护和监督。

五是持续推广"农村公路+"的融合发展模式，推广将农村公路与当地文化、旅游、产业、电商等有机融合，更加深入地服务了地方经济和社会发展。

（四）应用效果

浙江嘉兴市南湖区通过党建引领美丽乡村精品线建设，使分散的红色乡村旅游资源得到有效整合，大放异彩。2021年，全区乡村旅游接待游客总人数达到111.8万人次，旅游经营总收入达到4744.5万元，同比增长66.3%。2021年，南湖区城乡居民收入倍差缩小至1.49:1，成为全省城乡居民收入比最小的县市区之一。

辽宁本溪市本溪县自2018年以来，共新改建农村道路614公里，推进实施资源路、产业路、旅游路等功能道路280公里，农村道路建设大调查成果100%转换为道路实体，全县乡镇通三级路比重达到100%，县域720个自然屯通硬化路比重达到100%，村内主干道路基本实现硬化，98个建制村全部实现通客通邮。

河南兰考县把"四好农村路"建设作为城乡发展的"先手棋"，以道路连通促城乡贯通，为乡村产业发展带去人气、财气、底气，带动了更多群众增收致富。通过交通引领产业发展，2021年城镇和农村居民人均可支配收入分别是2013年底的1.5倍、2.1倍，2017年在全国率先脱贫摘帽，荣获"全国脱贫攻坚先进集体"，2018年创建成为全国"四好农村路"示范县。

贵州黔南布依族苗族自治州长顺县通过便捷的交通助力经济发展，强化管理养护，提升农村公路服务质量，促进了地方特色农产品推广，"高钙苹果""绿壳鸡蛋""紫王葡萄""优质核桃"依托农村公路走出了大山。神泉谷、五千年银杏等网红旅游打卡点不断涌现，乡村驿站、农家乐鼓了村民的腰包，长了村民的精气神，全县于2019年实现高质量脱贫摘帽，彻底撕掉了贫困标签，2021年城镇居民可支配收入达到35701元。

新疆阿克苏地区新和县"沙漠花海""天籁加依"等AAAA级旅游景区道路、养殖小区道路的建成有效带动了沿线产业园区、中小型企业发展，直接受益村民达7000余人，沿线3个村庄实现人均增收3000~5000元，旅游产业成为惠民富民的支柱产业，有效形成了景区发展、农民增收的双赢局面。

借鉴意义

各省"四好农村路"（图9-1~图9-5）的高质量发展经验具有较高的推广复制价值和重要的借鉴意义。

"四好农村路"建设体现了以人民为中心的发展思想，彰显了党执政为民的深厚情怀。"四好农村路"高质量发展以实现好、维护好、发展好人民群众的根本利益作为出发点和落脚点，充分体现了中国共产党亲民、爱民、忧民、为民的真挚情怀和为人民谋幸福的使命担当。

各省"四好农村路"的高质量发展，为党在基层凝聚了民心。建设"四好农村路"是对人民美好生活向往的积极响应和主动作为,是为了让交通运输发展成果更多更好地惠及全体人民,切实增强了人民群众的获得感、幸福感、安全感。

图 9-1　浙江嘉兴市南湖区七沈农村公路

图 9-2　辽宁本溪市本溪县农村公路

图 9-3　河南兰考县岳侯线 X052

图 9-4　贵州黔南州长顺县农村公路

图 9-5　新疆阿克苏地区新和县农村公路

各省"四好农村路"的高质量发展是农村公路发展的重要样板,为交通运输发展指明了思路。各省在满足广大农民群众基本出行需求的基础上,根据乡村振兴战略部署,把农村公路工作与优化村镇布局、发展农村经济结合起来,充分发挥了农村公路的基础性、先导性作用,巩固拓展了脱贫攻坚成果,同乡村振兴有效衔接,实现了让广大农民共同分享现代化发展成果。

案例执笔人

交通运输部公路科学研究院李冰、张勐

素材提供人

嘉兴市南湖区交通运输局陶秀珍,本溪市交通运输局诗洋,兰考县农村公路管理中心金国利,长顺县交通运输局杨锦程,新疆维吾尔自治区交通运输厅马超

以"互联网+新业态"理念,打造出行新模式

案例摘要

2020年9月,国务院办公厅印发了《关于以新业态新模式引领新型消费加快发展的意见》,提出支持互联网平台企业向线下延伸拓展,加快传统线下业态数字化改造和转型升级,发展个性化定制、柔性化生产,推动线上线下消费高效融合、大中小企业协同联动、上下游全链条一体发展。2022年政府工作报告指出,要推动线上线下消费深度融合,促进生活服务消费恢复,发展消费新业态新模式。在此背景下,交通运输领域推出了多种新型出行模式,积极促进"互联网+"交通运输融合发展,新业态、新模式多点开花,更加关注出行者的新需求和个性化需求,将提供更为优质、高效的出行服务。

关键词

"互联网+"、出行模式创新、新业态

做法与成效

交通运输部以"互联网+新业态"理念,通过以下做法,打造出行新模式,助力行业转型升级。

一是模式创新,推出新型出行模式。在各大城市实行推广互联网租赁自行车(俗称"共享单车")、网络预约出租汽车、需求相应公交、网络货运等多种新型出行模式。借助互联网平台,关注个性化、多样化出行需求,以"互联网+"为驱动,创建交通领域的新业态。

二是科技赋能,提升综合治理效能。结合各经营管理工作需要,开展信息系统建设改造,搭建互联网交通监管服务平台,为监管部门和行业企业提供基于大数据的决策支持。同时,推动车载设备智能化,探索各模式的线上精准监管方式,利用各监管交互平台精准执法,确保出行者与经营者的交通安全,引导社会预期。

三是建章立制,强化运营管理。编制各种规章制度,规范各运营企业营业行为,明确内部工作流程,确保运营过程合法合理合规。有序发放经营许可,严格实施线上服务能力认定,规范开展经营者数据接入工作,依照技术标准完成"互联网+"出行的检测系统建设,强化管理,做好服务。同时,制定公约,加强对严重违规用户的信用管理措施,引导出行者文明出行。

交通运输领域积极促进"互联网+"交通运输融合发展,新业态、新模式多点开花,取得了以下工作成效。

(一)新型交通模式出行量持续提升

各类新型交通模式在各地发展势头良好,2021年,北京市共享单车骑行量达到9.5亿次,单日骑行量最高达471万人次。广州市共享单车日均活跃车辆数达到28.8万辆,日均客运量

达181万人次。南宁、银川、昆明、呼和浩特、哈尔滨、石家庄、合肥等7座城市共享电单车已形成较高服务规模,服务占比均超过70%。北京市已开行定制公交278条,2022年实现日服务市民出行超过2万人次。截至2022年底,全国共有298家网约车平台公司取得网约车平台经营许可,各地共发放网约车驾驶员证590万本、车辆运输证211.8万本。

(二)行业服务质量明显提升

各地聚焦行业文明提升,通过开展文明服务、文明出行的宣传活动,提升了整体服务水平。同时,通过平台、设备的智能监管,将从严执法、科技赋能与文明引导有机结合,推动了行业规范健康发展。各地对行业的满意度均有显著提升,北京市对"市民单车乱停乱放"问题解决的满意度达到92%。2020年,广州市服务投诉量同比下降约57%,深圳市同比下降约80%。

(三)新型交通模式助力行业新风貌

共享单车作为绿色交通模式的一种,其广泛使用有助于减少碳排放。相较于2020年,共享单车2021年车均减碳量同比增加13.1千克,其中呼和浩特市、太原市、南昌市减碳量增长超过20千克。网约出租汽车与需求响应公交可提供个性化出行服务,在各地多次开展"爱心送考""疫情防控保障""关爱残疾人"等社会公益活动,受到了社会各界好评。

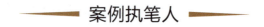

案例执笔人

大连海事大学 李欣

素材提供人

大连海事大学 匡海波

打造"零待时"服务品牌,促进水运供应链提质增效

案例摘要

为最大限度压缩船舶等待时间,提升天津港通航效率,促进水运供应链提质增效,天津海事局、天津港(集团)有限公司按照习近平总书记视察天津港时提出的指示要求,致力于最大限度压缩船舶等待时间、最大限度提高综合交通运输网络效率,制定了"航行计划随时接收,航行动态及时编排"的船舶航行计划报告"零待时"举措。联合港口、轮驳、引航等调度资源,根据船舶实际动态制定"移动的船舶时刻表",以船舶时刻表为核心促进港口作业方、监管方跨部门、跨层级的业务协同,实现了精准有序、全链延伸的交通组织新模式,提升了对船舶动态的感知能力,提高了船舶直靠率和码头在泊率,进而提升了全港域通航效率。

关键词

"零待时"、港域通航效率、水运供应链

做法与成效

为打造"零待时"服务品牌,天津港采取了以下创新举措。

一是创新合作机制提供制度保障。推行4C(交管中心、调度中心、引航中心、轮驳公司)联席会议制度,建立了与港口调度、引航调度、轮驳公司等部门和单位的定期会商和联席会议机制,共同落实提升交通效率的举措,深入推进数据资源共享、研究成果共用、水上交通安全共治,为推进港口一体化交通组织模式做好了组织保障、制度保障、机制保障。

二是创新交通运输组织,提供技术保障。开展了"先进后出""直接移泊"交通组织创新。试验靠离同港池同泊位的船舶"先进后出",加强现场协作,科学开展交通组织,实现了船舶在航道的精准会遇;推动天津港优化水域环境,根据疏浚情况逐步实现了大型船舶在北港池与新港水域常态化直接移泊,节省了船舶移泊时间。

三是创新合作模式发挥各主体协作效能。整合了船舶进出港全生命周期各类数据,通过与港口相关方数据的互联互通,实现了实时共享船舶作业进度、动态关键时间节点、水上水下施工进度、引航轮驳装卸等情况。建立了各类计划动态联动调整机制,根据实时船舶时刻表灵活调整计划(码头作业计划、拖轮计划、引航计划、施工计划),实现了各类计划与实际动态的精准匹配以及航行计划与作业计划的无缝衔接,提升了各类计划编排的科学性、有效性。

天津港在促进水运供应链提质增效方面取得了以下工作成效。

一是压缩了船舶等待时间,降低了船舶公司的成本费用。充分利用复式航道的间歇时间,多走船,少等待,最大限度压缩了船舶等待时间,降低了物流成本。据统计,2020年已实施"零待时"举措3.7万余艘次,每艘船舶平均节省等待时间2小时43分钟,商船船期成本节省约2600万元。受益于"零待时"举措,渤海石油作业船舶装卸计划效率由原来的88%大幅提升

至95%以上;天津港推出的精品航线"北欧1线"2020年平均船时效率205箱/时,平均在泊时长21.9小时,居全球领先地位。

二是改善了港口服务保障能力。随时接收航行计划、及时编排航行动态,为船舶公司节省了大量的等待时间,同时也为港口赢得了许多宝贵的作业时间。"零待时"举措不仅有利于提高港口泊位资源利用效率,也缩短了船舶在港非生产性等待时间,使港口客户获得了更加优质高效的服务,也为目前天津港集团主推的精品航线、两港一航、海上高速等具体项目提供了战略支撑,实现了港航双赢。

三是显著降低了船舶资源能耗和污染物的排放量。"数字+航行计划"的深度融合,有利于实现港口方作业时间与船舶航行时间的无缝衔接,在提高港航各方信息资源利用效率的同时,不仅缩短了船舶等待时间,提高了港口通航效率,也在一定程度上降低了船舶资源能耗和污染物的排放量,对我国交通运输绿色低碳发展具有重要意义。

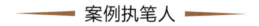

案例执笔人

交通运输部天津水运工程科学研究院周然、朱乐群

素材提供人

天津海事局船舶交通管理中心马龙,天津港股份有限公司刘洪洋

附录

全球综合交通运输典型案例

区域交通一体化典型案例——欧盟

案例摘要

随着经济和社会的发展,欧洲一体化进程不断加快,欧盟在发展和壮大自身实力的同时,对各成员国乃至世界各国的经济发展也起到了促进作用。经济的发展离不开交通运输业的配合,欧盟交通运输业存在的诸多问题,在20世纪90年代以后开始日益显著,严重制约着欧盟经济和社会发展。为此,欧盟各成员国逐渐意识到运输政策的重要性,正式赋予其法律效力,并颁布了一系列政策法规,为缓和欧洲经济一体化进程与运输政策之间的矛盾打下了坚实的基础。

关键词

交通一体化、协同服务、运输政策

做法与成效

(一)案例背景

1985—1991年,这一阶段的运输政策主要侧重于强调多种运输方式的有效结合,尤其是铁路运输与其他运输方式的有效结合。1985年《建立欧盟一体化市场白皮书》颁布,成为欧盟运输政策发展的一个转折点,其为各成员国运输法规的协调与统一奠定了基础。

1992—2000年,在此时期的运输政策侧重于交通运输的发展与社会经济的发展相协调,强调运输方式之间的统一规划,实现交通运输的可持续发展。1992年,《共同运输政策未来发展白皮书》颁布,随后《共同运输政策诉讼程序1995—2000》和《共同运输政策诉讼程序1998—2004》颁布,是欧盟运输政策历史发展的又一重要里程碑。

2001年以后,运输政策主要是在前阶段运输政策的基础上进行补充和完善。值得一提的是,欧盟委员会决定对航空运输重新定位,并进行了相关改革。

(二)典型做法和经验

1. 铁路一体化

铁路在传统上是在一国(地区)范围内以上下一体的方式运营的,因此相对于其他运输方式更容易形成各自封闭的系统,彼此间存在各种差异,从一国(地区)到另一国(地区)开展铁路运输,即使不进行卸载换装货物,也需要更换机车和司乘人员。欧洲传统铁路如附图1所示。

附图1 欧洲传统铁路

欧共体理事会于1991年通过了题为"关于共同体铁路的发展"的91/440指令,该指令明确指出欧盟铁路改革的主要目的是"推动作为市场重要组成部分的共同体铁路运输一体化"和"恢复铁路相对于其他运输方式的效率和竞争力"。

为了进一步促进铁路改革,欧盟委员会于1996年发布了《复兴共同体铁路的战略白皮书》。该白皮书认为所有铁路部门都必须紧紧围绕客户的要求,专注于如何满足他们的需要,并建议尽快开放一些跨国通道,提供以迅速、定时、定线和高效、方便为特色的跨境铁路运输服务。欧洲铁路运输一体化形成了以下经验:

一是开放竞争,促进发展。建立欧洲铁路运输市场统一竞争体系,统一运价,该体系的创建是欧盟开拓铁路运输市场的必由之路。

二是铁路建设与环境保护协调发展。环境保护是欧洲铁路发展的重要关切。对此,欧盟制定了绿色、节能及低噪声的铁路技术研发战略,其重点是节约能源与降低噪声。

2. 海关同步化

欧盟现有海港1200多个,分属于20个海洋国家,年处理货物约35亿吨,几乎承揽了欧盟与第三世界国家90%的贸易,以及共同体内部交通运输30%左右的份额;年运送旅客3.5亿人次,约占欧洲人口的70%。

欧盟于1993年成立了欧洲海港组织(ESPO)来协调、管理整个欧洲地区的海港,以应对经济全球化和贸易自由化带来的挑战。ESPO管理模式的主要特点包括:

一是采用协会式管理,不直接参与欧洲各个海港的发展、建设以及日常运营业务,而是强调港口自主经营的法律地位,确保港口之间的自由竞争。

二是实行会员制,提供多元化服务,通过会员大会为各成员单位提供相互交流和讨论重要问题的平台,以及协调各个港口之间的利益。

三是用法律形式确保欧洲海港群总体利益,其政策主要涉及多式联运、近洋运输、海运安全、环境等方面。

四是为港口的特定项目提供技术咨询和资金支持。

五是主持特殊项目的研究,统计欧洲港口的各项数据。

欧盟推出了"Customs2007"海关行动方案,主要目标是保证欧盟成员国海关之间协调工作、行动一致,以促使欧洲各国的海关工作能够满足欧盟内部市场的发展需要。

3. 枢纽机场协同服务

欧盟现有的较大枢纽机场有巴黎戴高乐国际机场、德国法兰克福国际机场、荷兰阿姆斯特丹国际机场等,这是欧洲大陆最主要的国际航空枢纽。

机场协同发展是指区域内所有机场通力合作,取长补短,最终实现系统功能大于各机场功能之和的一种状态,注重在目标的实现过程中,多机场系统与单个机场、机场与机场互利双赢。欧盟枢纽机场有以下特点:

一是航空客运和货运专业化分工。枢纽机场航空客运和货运专业化分工,不同城市的枢纽机场之间充分利用各自优势,发挥特色,相互协调完成航空运输任务。

二是"天空开放"和"航空自由化"。"天空开放"是指相互开放航空运输市场。"航空自由化"是指航空运输经济自由化,使资源在航空运输与其他经济部门之间实现优化配置。

借鉴意义

欧盟海关的经验表明,现代化必须是建立在先进技术的基础之上的,任何改革都需要有技术作为支撑。欧洲海关所运用的信息技术平台的共同之处在于:平台都是依托所在国家或地区的港口而建立的;信息化构架采用的是跨行业、跨部门的公共数据中心模式,超越了传统的本部门独立开展系统建设的阶段,是一种"超越海关"(Beyond Customs)的信息化联网;其数据信息几乎覆盖了海关、税务、港口码头、供货商等物流供应链的所有环节,并具有网络开放性好、用户接入成本低、信息安全措施到位等优点。

欧盟区域交通一体化发展的经验有四:一是要有充足的机场设施保障能力。基础设施是机场保障航班运输不可或缺的硬件资源,也是一个地区民航产业发展的重要载体。二是要设计发达的航线网络。门户枢纽机场通常具有密集的国际国内航线。采用中枢辐射式航线网络结构,形成多个进港和离港航班波峰,注重航班之间、航班与其他交通方式的衔接,可使旅客在较短的衔接时间内获得最多的中转服务机会。三是要注重机场服务水平的提高。四是政府、企业要有力支持与紧密合作。航空公司、空管、海关、边检、航空油料供应、客货运代理等相关部门和企业只有密切协作,航空枢纽才可能维持高效运行。

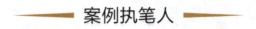

案例执笔人

大连海事大学贾鹏、李欣

素材提供人

大连海事大学匡海波

轨道上的城市典型案例——日本

案例摘要

日本的交通纵横交错,发达便捷。日本人口密度较大,为缓解交通拥堵问题,日本通过五次基本规划调整,建立起了完善的交通网络体系,并由此带来了整个首都圈的经济协调发展。在城市建设发展的过程中,日本以铁路车站为中心建立商业圈并逐渐形成城市中心,随着城市的不断扩大,铁路承担了主要的城市交通功能,并引导城市逐步向外扩张,推动了城市的进一步发展。

关键词

综合交通体系、轨道交通、站城一体化

做法与成效

(一)案例背景

进入21世纪以来,城市间的快速交通需求持续增长,乘客对出行效率的要求进一步提高,日本在全国范围内进一步完善了新干线铁路网,同时在各地建设机场,形成了全国性的航空网。长途运输主要由新干线和民航运输承担。结合实施贯通运营等,东京对横穿市中心的长途线路配设了超车线,缩短了出行所需时间,达到了更加快捷的效果。

随着地铁网络向高密度化发展,轨道交通相对于小汽车的竞争力不断提高。在东京和大阪的中心地区,基本上步行500米就能找到一座轨道车站。高密度的轨道网络大幅提高了公共交通的分担率(附图2)。

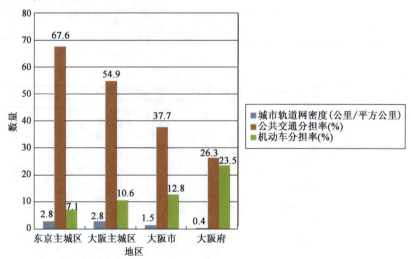

附图2 城市轨道网密度与公共交通分担率

同时，结合交通需求，日本开发建设了中运量的新交通系统以适应中短途运输需求。为了促进城市与交通的协调发展，日本打造了集交通功能和城市功能于一体的综合交通枢纽。日本早期的轨道交通枢纽车站更多承担的是交通功能，随着城市用地的高强度开发，车站开始附加一些城市功能，如引入商业设施。这一时期的轨道交通建设更多地关注设施完善和功能提升，更加注重以人为本的细节设计。如采用轨道和常规公交通用的交通卡，大大方便了公交乘客；对于换乘不便的轨道车程，实施互通运行等改良措施；设置垂直电梯、自动扶梯等，实现车站设施无障碍化。

（二）典型做法和经验

1. 站城空间一体化

一是利用地下空间。地下空间是枢纽站点空间拓展的常用手法，可作为商业街、车站设施、交通广场、公共停车场、步行通道等多种用途空间。地下空间疏散了原本集中在地面的复杂功能空间，使不同的交通流线相互错开、互不干扰。同时，在地下人行流线上植入商业等公共设施，大大增加了空间的活力和收益。

二是建立步行者网络。轨道交通枢纽站往往是不同交通设施换乘的节点，交通流线复杂，极易相互干扰。建立步行者平台，把人行流线从诸多车行流线中分离出来，保障了人行交通的舒适、安全、便捷。

三是巧妙植入交通核。在站城一体化开发中，车站与周边区域的通达性变得极为重要。立体城市规划手法既拓展了垂直空间的范围，又打通了水平空间的界限，使整个站城空间网络变得十分复杂。在这样的环境下，植入一个连通垂直和水平空间的节点——交通核，可以让步行网络变得清晰、便捷。

2. 站城功能一体化

一是车站建筑内部的站城功能混合。从单一的站舍建筑转为功能混合的站城一体建筑，使不同的功能聚集更为紧凑，大大缩短了人的步行路线。

二是车站枢纽及周边区域的站城功能整合。空间的立体开发使站城用地的水平界限被打破。地块与地块间不再单纯地被城市道路分割，步行天桥、地下街区甚至城市道路从建筑底层下穿等手法让站城的空间更加融合，联系更加紧密。在此基础上，站城空间的功能可以被更为有机地整合于一体。

3. 枢纽空间及内部交通一体化设计

综合交通枢纽的一体化组织是对空间资源（轨道车站、换乘枢纽设施及道路疏解系统等）的优化设计和对时间效益的优化设计（优化交通方式的换乘关系），从而使各种交通方式紧密衔接，缩短乘客换乘滞留时间，提升枢纽时间和空间的使用效率，保障城市公共交通系统高效运行。

4. 多种公共交通补贴政策

为强化轨道交通的吸引力，减少自驾车数量，日本政府还制定了各种补贴政策，且补贴政策不仅局限于政府补贴，具体包括政府补贴部分公交项目的基础建设、由乘客承担运营费用、大部分公交线路由私营公司经营，采用自负盈亏和优胜劣汰的规则等。

(三)应用效果

1. 城市功能布局多元化

日本综合交通枢纽地区的用地开发建设以纵向复合和横向复合趋向三维方向发展。枢纽的横向复合指围绕功能较为单一的枢纽用地,在周边开发商业、办公、文化、居住等多元功能,与枢纽交通功能形成协作和互补。这种复合空间的开发策略为枢纽使用者提供了更多场所活动的可能性,同时提高了交通枢纽的使用率。

2. 出行可达性增强

日本通过开启交通节点与公共空间、商业和住宅区复合共生发展的道路,实现了轨道交通人流与商业人流的无缝转化,提高了人们出行的可达性,分散了轨道交通枢纽站的巨量人流压力,为核心区开发提供了更多空间。对于老城区或原本就是城市中心的地区,交通枢纽可强化现有地区的中心地位,对既有车站进行改良,完善区域基础设施,使得该区域的可达性更高。对于城市郊区或新城区,交通枢纽作为新的增长极核,通过与区域交通(如高速公路)的衔接,能提高整体交通网络的可达性,并带动郊区发展为新的城市(副)中心。

借鉴意义

轨道交通系统具有运量大、快速便捷的特点,能够满足现代居民快节奏和远距离的出行需求。一方面,轨道交通的建设可以带动沿线城市的用地开发;另一方面,城市用地的集中开发也可以为轨道交通提供稳定的客流支撑。

在交通系统的策划组织过程中,可利用轨道交通引导城市发展,即首先考虑轨道交通系统的规划发展要求,再综合布置高速道路和其他交通基础设施。可依靠快速轨道交通干线把大城市及其影响地区组合成为多中心的城市结构体系;通过建设副中心引导城市由单中心结构向多中心结构转变,以引导外围新城的开发,构建多中心城市结构。

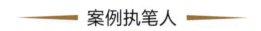

案例执笔人

大连海事大学贾鹏、李欣

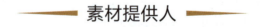

素材提供人

大连海事大学匡海波

大航空集群典型案例——美国

案例摘要

依托于良好的自然条件、经济和科技实力,以及一系列法案、政策的颁布实施,美国已基本形成集航空、公路、铁路、水路和管道为一体的综合交通运输体系。美国以各交通方式的不同优势为基础,构建了综合化、高效化和现代化的公共交通体系。同时,利用高科技手段,创新交通运输模式,改善交通环境,提升了运输资源的使用效率和使用水平,增强了运输业发展的延续性。

关键词

综合交通运输体系、运输政策、航空枢纽、支线机场

做法与成效

(一)案例背景

美国是航空业的诞生地,其航空基础设施完善、业态成熟、飞行文化浓厚,运量占全世界航空总运量的40%以上。美国航空业的发展经历了从政府管制到自由竞争,再到垄断竞争、寡头竞争的全过程。2012年至今,美国航空、美联航、达美航空、美国西北航空等企业在激烈的竞争环境中不断发展,成长为巨型航空运输企业,与此同时,以美国西南航空为代表的低成本航空兴起扩张,推动低成本航空业成为美国乃至世界民航业发展的另一个趋势。

经过长期发展,美国已基本形成集航空、公路、铁路、水路和管道为一体的综合交通运输体系,在此运输体系内,以创新开拓、以科技为导向,各种运输方式在各自的客货运输范围内各尽所长,互补所短,使得各自的技术经济特性都得到了充分体现。

(二)典型做法和经验

1. 支线航空与枢纽运行模式紧密结合

国际航空枢纽是连接世界各国的中枢和纽带,可在国际航线之间、国际航线与国内航线之间组织高效率、高集中度的联程联运,是国际航空活动的区域中心。国际航空枢纽通常占据较好的地理区位,拥有较好的市场腹地,在主基地航空公司的运力支撑下,具有能有效汇聚航空客货流的航空服务网络。构建国际航空枢纽有助于占领全球运输网络的制高点,提升国际竞争力;通过合理的运力投放,可提升网络通达性和市场覆盖,以较少资源实现大众化航空运输服务。亚特兰大国际航空枢纽如附图3所示。

支线航空是民航运输业的重要组成部分,对于发展民航强国具有强大的支撑作用。支线航空对枢纽运营具有重要价值:一是充当组织客源的角色,通过支线飞行把客流量较小的中小

城市旅客集中到枢纽机场,再通过枢纽机场飞到更远的地方。二是通过其高密度的航班,更快地把枢纽机场的旅客输送到其目的地。正是由于这两方面的作用,支线航空成为航空枢纽模式运转的有机组成部分。支线的增长得益于枢纽的发展,枢纽的发展同样离不开支线的支撑。

附图 3　亚特兰大国际航空枢纽

2. 基础设施布局科学

机场的基础设施建设和空域条件是决定机场容量的关键,其跑道的条数、长度,候机楼的面积,停机位的数量及远近机位的比例,空域容量及高峰小时流量,皆是决定枢纽机场容量限制的关键因素,是一个机场能否在供给端提供有效支撑或保障能力、突破航空运输发展瓶颈的重要因素。

以美国亚特兰大国际机场基础设施的设计为例,其设计以"便捷高效"为主旨,有 5 条平行跑道,分别为北部 2 条平行跑道、南部 3 条平行跑道,起飞和降落跑道分开,独立运行。为避免外侧跑道起降飞机穿越内侧跑道,亚特兰大国际机场北部内侧跑道头设计了一条环形滑行道。外侧跑道飞机落地后,通过环形滑行道绕过内侧跑道滑入机坪。这种设计大大降低了飞机穿越跑道的风险,提高了机场的运行效率。亚特兰大国际机场旅客候机中心由主候机楼、T形候机大厅、4 个独立的国内候机大厅及 2 个国际候机大厅组成。这种结构使飞机停靠机位数量得以最大化,从而为大量航班的集中到达、集中疏散提供了可能,为航班波的实现创造了条件。

(三) 应用效果

由于支线航空充当着为枢纽提供客源和为枢纽轮辐式航线网络提供服务的角色,所以支线航空公司与主干航空公司的关系十分紧密,几乎所有的大型支线航空公司都与主干航空公司签订了代码共享协议,或其本身就是主干航空公司的下属公司。2003 年,这些与主干航空公司有关联的支线航空公司所承运的旅客运输量占全部支线旅客运输量的 99.1%,仅有不足 100 万人次由完全"独立"的支线公司承运。

根据美国支线航空协会(RAA)数据,美国已有 600 余个机场为支线航空提供服务,还有400 余个专门的支线机场,它们为美国的支线航线网络发展创造了有利条件。

支线航空公司按照飞行班次或飞行小时获得固定收入的合作模式,使支线航空公司能够全力做好航班飞行,并将注意力集中在降低成本上,不仅有效保障了枢纽的高效运转,也提高了支线航空公司的经营效益。

借鉴意义

(一) 政府的政策支持是促进枢纽建设的有力保证

航空枢纽建设是一项复杂的系统工程,需要国家和地方政府以及行业管理部门出台配套政策、放松相应管制。如需要政府给予宽松的市场经营环境;在资金、政策和税收方面予以一定的倾斜和减免;对于航空枢纽建设,海关、边检等部门应采取有效措施,设计并实施简化高效的联检程序。

(二) 较好的服务水平和运行效率是枢纽的软实力

枢纽建设应把持续改善旅客出行体验作为旅客服务工作的出发点和落脚点,建立完善的客户服务体系,不断提升服务水平,增强旅客的舒适度和满足感。从国内外的机场范例可以看到,旅客愉悦的出行体验是提升枢纽竞争力的重要因素。因此,航空枢纽在基础设施设计阶段应提前考虑包括旅客、飞机、车辆、货物、行李在内的各类设备和要素的运动路径,合理布局,实现最优运行,降低后期改造成本。

(三) 便捷的地面交通体系是枢纽建设的重要支撑

成功的交通枢纽还必须使繁忙的客货流能够方便、安全和快捷地进出枢纽。与市区及周边城市间的便捷的地面交通是枢纽旅客、货邮高效集散的重要依托,也是交通枢纽建设必不可少的重要内容。因此,交通枢纽应具备与市区相连的城市轨道交通系统以及与周边城市连接的公共交通系统,拥有较多的旅客集散点以及较高频次的地面交通服务。

(四) 安全运营是枢纽建设和可持续发展的底线

从以人为本的角度出发,实现安全运营,保障旅客的安全是航空运输的发展基础。不断减少事故征候和不安全事件的发生,是实现枢纽可持续发展,提升枢纽形象与品牌的基本要求。

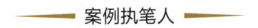

案例执笔人

大连海事大学贾鹏、李欣

素材提供人

大连海事大学匡海波

多网融合典型案例——英国

案例摘要

英国作为较早进行城市交通拥堵治理的国家,拥有其独特的交通政策理念,"伦敦市长交通战略"以健康街道方法为核心,以"健康街道健康市民、良好的公共交通体验、新职住"为三大目标。英国自开展拥堵收费以来,收益已超过 10 亿英镑,全部被用于改善交通系统,成为提高公共交通的服务水平、改善慢行交通系统的出行条件和交通基础设施以及实施其他交通需求管理政策重要的资金来源。英国通过执行拥堵收费政策、低排放区政策以及采用良好的轨道交通管理模式,极大改善了大伦敦地区的交通状况,同时改善了空气质量。

关键词

拥堵收费、低排放区、轨道交通、政策制定

做法与成效

(一) 案例背景

英国的规划体系大致分为结构规划和地方规划两个层级。自 2004 年后,大伦敦以外地区的结构规划被区域空间战略和地方发展文件取代,大伦敦规划相当于该地区的区域空间战略。

目前,伦敦轨道交通每天运送旅客约 300 万人次,年客运总量为 8.15 亿人次,运行间隔城区为 2~2.5 分钟,郊区为 10 分钟,轨道交通客运量约占伦敦步行以外交通方式日均客运总量的 22.1%。四通八达的轨道交通网络系统已经成为伦敦重要的骨干交通方式。

伦敦自 2000 年起开始建立大伦敦市政府,市长、市政府和伦敦交通局积极改善交通系统,缩短居民出行时间,减少出行费用和由交通引起的环境污染。在一系列的交通措施中,中心区拥堵收费政策和大伦敦市区低排放区政策具有很强的代表性。

(二) 典型做法和经验

1. 拥堵收费政策

伦敦于 2003 年 2 月开始在市中心地区对行驶车辆实施拥堵收费,以缓解交通拥堵。中心区内除了小汽车出行之外,还有很多可选的出行方式,如地面公交、地铁、出租车、自行车和步行等,十分适合采取拥堵收费。截至 2015 年,收费区域覆盖了伦敦市中心内环路以内 21 平方公里的范围。收费时段为周一至周五 7:00—18:00,其余时段则不收费。拥堵收费的对象为所有在区内行驶的机动车,根据车辆的种类、使用目的、注册用户的居住区域等不同,有些可以获得拥堵费的折扣或豁免。

2. 低排放区政策

作为拥堵收费政策的配套政策之一,伦敦于 2008 年 1 月开始实施低排放区政策,以控制高污染的重型载货车辆进入伦敦市区为主要目标。同时,伦敦通过征收费用的方式鼓励机动车尤其是柴油车进行车辆改造或更新以达到车辆的清洁化,从而应对伦敦的空气污染问题。为控制污染,提高空气质量,伦敦低排放区政策几乎覆盖了整个大伦敦地区。

3. 轨道交通规划

英国的轨道交通建设规划一般为五年规划,由路网公司研究提出并报送交通运输主管部门。交通运输主管部门委托铁路监管办公室进行复核,来自铁路产业、各运营商、网络公司、乘客关注总署以及国土、经济方面的专家共同对规划提出意见和建议。交通运输主管部门根据审核和国家财力情况,对规划进行修改和完善,其间与路网公司沟通和协商,最终确定规划方案。整个规划的拟定过程经历了自上而下和自下而上的研究论证,特别是相关各方广泛参与和研究,使规划更具有科学性和可操作性。

(三) 应用效果

1. 拥堵收费政策的经济社会影响

为了衡量拥堵收费政策的经济社会影响,在政策实施前,伦敦交通运输主管部门就定期开展了交通运输、社区活动、企业、学校、公共服务、商业、旅游及环境等方面的监测,并且在政策实施后收集数据进行了对比分析。在拥堵收费政策实施一年后,监测和调查数据显示:

收费时段进入收费区内的私家车减少了 30%,拥堵水平平均下降了 30%。收费区域内 41% 的居民认为出行速度有所提高,拥堵时间有所减少。同时,之前预计因为绕道而产生拥堵的收费边缘地区车流量保持稳定,拥堵状况略有改善。

与 2002 年相比,2003 年收费时段进入中心区的巴士和长途客车同期增长了 20%。早高峰(7:00—10:00)使用地面公交进入收费区的乘客从 77000 人次增加到 106000 人次。同时,拥堵状况的改善使地面公交的可靠性得到显著提高,在整个伦敦范围内,由晚点等造成的等待时间减少了 20%。

2. 低排放区政策的效果

伦敦的低排放区政策对车辆的更新换代产生了显著影响。2008 年,伦敦市区不符合欧Ⅲ排放标准的车辆比例从 47.4% 降至 31.9%,这意味着与车辆自然更新速率相比,低排放区政策促使额外 20% 的不达标车辆被替代。尽管在 2008 年之后车辆的更新速率又回落至自然水平,需要不断提高排放标准以维持其效力,但截至 2013 年 6 月,进入低排放区的车辆 95% 以上都已能满足相应的排放要求。伦敦的空气质量也因此在进入低排放区的货车数量增长相对较快的情况下仍能得到显著改善。低排放区政策对于颗粒物排放的影响较为显著,而对于 NO_x 的减排作用不明显。研究显示,低排放区内的颗粒物浓度下降了 2.46%~3.07%,而外围地区颗粒物浓度仅下降了 1%。

借鉴意义

(一) 建立和完善其他交通方式

以伦敦为例,机动车是造成伦敦中心区交通拥堵的主要原因。实施拥堵收费前,机动车交通流量占全部交通流量的68%。实施收费后,机动车所占出行流量比例降到59%。机动车出行量的降低引发了人们出行方式的转变。

道路拥堵收费政策通过价格机制调节车辆需求,是缓解城市中心区交通拥堵的有效途径。伦敦的案例表明,实施道路拥堵收费前,必须建立便捷的公共交通网络,提供可替代的交通方式,再建立并完善自身收费系统,收费措施才能较好地作用于区域交通状况。道路拥堵收费政策实施不当,不仅会加剧地区其他交通系统压力,还会对地区社会经济产生负面影响。

(二) 做好立法保障

拥堵收费的实质是在区域范围内收取道路使用费用,本身并不具有法律约束力,但《1999大伦敦政府法案》为拥堵收费政策的实施提供了法律依据,因此也为拥堵收费政策的管理和执法提供了有力保障。其中非常重要的是明确了拥堵收费收益的用途,规定至少在十年内,拥堵收费的所有净收益必须用于交通系统的改善。因此,若要在某些地区施行拥堵收费政策,应当在法律法规上做好保障。

(三) 制定配套措施

伦敦在推出拥堵收费的同时,还实施了一系列配套的交通措施以确保拥堵收费政策的有效性,包括提升公共交通服务、提供替代绕行方案、优化交叉口信号配时等。尤其值得一提的是,考虑到收费边界外围周边的居民和商户是受拥堵收费影响最大的人群,为减少对他们的负面影响,伦敦制定了一个全面的包括停车限制和交通管理在内的配套方案以保障收费区域周边居民的停车需求。

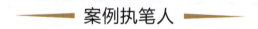

案例执笔人

大连海事大学贾鹏、李欣

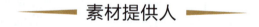

素材提供人

大连海事大学匡海波

国际航运中心典型案例——新加坡

案例摘要

新加坡港地处马来半岛南端,毗邻马六甲海峡,是连通欧、亚、非三块大陆的重要海上枢纽。新加坡以国际航运枢纽为锚点,实现航运金融创新发展,形成了新加坡独特的海事信托基金模式。新加坡在发展过程中的成功经验可以为其他国家提供借鉴与启示。

关键词

航运枢纽、航运金融创新、集装箱吞吐量

做法与成效

(一)案例背景

新加坡港是世界上最繁忙的港口之一(附图4),共有250多条航线来往于世界各地,约有80个国家和地区的130多家船公司的各种船舶日夜进出新加坡港,平均每12分钟就有一艘船舶进出。PSA新加坡大士港共有57个泊位,分布在丹戎巴葛、吉宝、布拉尼和巴西班让集装箱码头,其中巴西班让码头是PSA最先进的码头。为了建设亚洲最大的集装箱码头,新加坡港务当局在丹戎巴葛码头对面的布拉尼岛上新建了第二大集装箱码头,建成后将拥有5个干线泊位和4个支线泊位,码头面积达80万平方米,可堆放1.5万标准箱,预计全部完工后,集装箱年吞吐能力可达1300万标准箱。2015—2020年新加坡港集装箱年吞吐量如附图5所示。

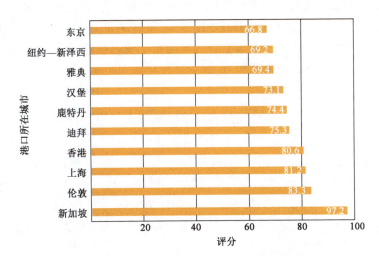

附图4 2020年国际航运中心发展指数评价结果

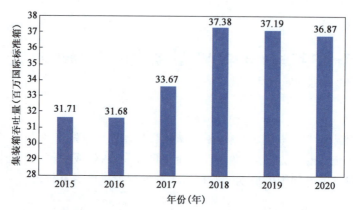

附图5　2015—2020年新加坡港集装箱年吞吐量

（二）典型做法与经验

1. 不断深化与全球联系

在国际法层面，新加坡积极参与1973—1982年《联合国海洋法公约》的制定，推动了领海海峡过境通行制度的生成，对外保障了使用国船舶的通行权利，对内为沿岸国自主管理海峡事务提供了合法性。在地区合作层面，新加坡作为东南亚唯一的发达国家和东盟创始成员国，与其他沿岸国一道，主导建立了护航、反恐、打击海盗等诸多安全治理合作机制。

2. 正确处理政府与市场关系

新加坡是市场经济发达国家。为保持港口的领先地位，新加坡政府通过持续投资不断增加港口容量。新加坡高度重视亚洲内部的经济交往，大力发展亚洲内部业务，努力开发亚洲内部市场。

3. 坚决提升法治化水平

新加坡的自由贸易区主要用于吸引转口贸易与提供物流附加值，在自贸区内，货物可以重新包装、分类和重整，但只允许进行一般商业性加工，限制深加工。因此，新加坡港口的自由贸易区对大量的转口贸易商人极具吸引力。新加坡的整个贸易机制十分开放，通过透明的海关监管、清晰的税制，以及强大的物流和服务，成为享誉全球的国际型枢纽港。

4. 加强港口服务与物流便利化

新加坡港十分重视港口物流枢纽功能和物流网络节点作用的发挥，注重为港口物流上下游客户提供全方位的价值链服务。一是延伸服务范围，加强与港口物流链上下游各方协同合作，打通物流链的海陆节点，实现物流链资源整合与集成，为货主、物流公司、航运企业及联盟提供更具价值、更方便的优质服务。二是打造"单一窗口"服务，通过有机整合商贸、港口、海事三个平台，为政府部门、航运公司、物流企业、金融和法律服务机构等提供多方业务协作及运营基础平台，为港口物流供应链提供统一的信息服务，保障物流运作安全、高效、便捷、精确。

5. 提高港口智能与信息化水平

新加坡港注重以科技带动生产力提高，超前规划，前瞻布局，持续推进码头自动化、智能化。在完善港口软硬基础设施的同时，充分利用现代科技手段和自动化、智能化机械设备，挖掘港口内部潜力，实现高效运作，弥补其资源空间紧缺的短板。结合大数据、物联网、智能控制、智能计算等技术手段，强化码头平面运输作业、堆场作业、道口进出等自动化、数字化控制。布局高科技，抢占制高点，提高运营效率，为新加坡打造智慧港口奠定了坚实的基础。依托港口大数据中心，新加坡港整合港口物流数据资源，开展了基于大数据的基础设施建设、生产运营、客户服务、市场预测、业务创新等应用。

6. 坚持港口绿色发展战略

新加坡港注重全球化视野定位，整体谋划推进开放协作、高度协调、互惠互利的港口生态圈打造。新加坡港广泛与港口物流服务链相关方建立战略合作伙伴关系，积极推进生态经济发展；不断推出各类优惠政策，吸引国际企业总部落户，加大对航运企业的优惠政策力度，鼓励跨国公司在港区建设物流中心、配送中心等。

(三) 应用效果

1. 港口运营更加智能化

随着现代科技快速发展，以及绿色环保、人文生态理念的逐步深入，港口运营自动化、智能化成为必然趋势。一方面，港口充分利用现代信息技术、AI 技术、自动控制技术及智能化机械设备等，推进实现港口作业调度、平面运输及堆场作业等全过程自动化、智能化，提升了码头运作能力。

另一方面，通过大数据智能分析技术、移动互联网、云计算等手段应用，打通港口物流供应链的"信息孤岛"，整合港口物流链信息资源，实现基于数据驱动的智能化运营服务，全面提升港口运营效率与生产力水平。

2. 港口生态圈更加和谐化

打造开放共享、互联互通的良好港口生态圈是智慧港口运作的根本与保障。智慧港口生态圈既涵盖港口自身，也要考虑港口价值链的整体优化战略，突出资源的开放与共享，以最大化地提升资源利用率。新加坡港强化生态圈战略意识，突出资源的开放与共享，以最大化提升资源利用率为目标重构港口生态体系和业务流程；围绕港口物流供应链，积极打造了开放协作、高度协调、互惠互利的港口生态圈体系；积极推进绿色港口建设，深入推进港产城协同融合发展，改善港口配套生活与人文环境，促进了港口更好地融入城市环境。

借鉴意义

(一) 高效的通关服务

新加坡作为繁忙的国际航运枢纽，平均每 12 分钟就有一艘船舶进出。高效的通关服务成就了新加坡港的现有规模，设计和优化通关程序，对于港口的发展至关重要。

(二) 完备的法律体系

新加坡形成了以宪法、法律条例、司法判例、法律惯例为主要内容的完整法律体系，设立了专门的《自由贸易区法案》,对自贸区的定位、功能、管理体制等进行全面规定,保障了自由贸易区的正常运转。完备的法律法规是港口持续发展的关键。

(三)面向未来,打造智慧型港口

面对全球经济复苏乏力、运营成本上升,以及船舶联盟化、大型化趋势,世界各大港口都已开始进行新的战略布局。港口的战略焦点将从控制资源转为精心管理资源,从优化内部流程转向外部互动,从增加客户价值转为将生态系统价值最大化。面向未来,全球港口都将持续向智慧型港口转型发展。

案例执笔人

大连海事大学贾鹏、李欣

素材提供人

大连海事大学匡海波